U0500630

毓老师说

人物志

爱新觉罗·毓鋆 / 讲述

陈絅 / 整理

花山文艺出版社

图书在版编目（CIP）数据

毓老师说人物志 / 爱新觉罗·毓鋆讲述；陈絅整理. —石
家庄:花山文艺出版社, 2019.6（2020.8重印）
　ISBN 978-7-5511-4650-0

　Ⅰ.①毓…　Ⅱ.①爱…　②陈…　Ⅲ.①人才学－中国－三
国时代　②《人物志》－研究　Ⅳ.①C96-092

　中国版本图书馆CIP数据核字(2019)第095397号

书　　名:**毓老师说人物志**
讲　　述:爱新觉罗·毓鋆
整　　理:陈　絅
责任编辑:林艳辉
责任校对:梁东方
美术编辑:胡彤亮
装帧设计:棱角视觉
出版发行:花山文艺出版社（邮政编码：050061）
　　　　　（河北省石家庄市友谊北大街330号）
销售热线:0311-88643221/29/31/32/26
传　　真:0311-88643225
印　　刷:三河市嘉科万达彩色印刷有限公司
经　　销:新华书店
开　　本:880×1230　1/32
印　　张:10.5
字　　数:220千字
版　　次:2019年8月第1版
　　　　　2020年8月第2次印刷
书　　号:ISBN 978-7-5511-4650-0
定　　价:55.00元

（版权所有　翻印必究·印装有误　负责调换）

扫一扫，进入课程

凡

例

　　一、《人物志》为三国时魏刘劭所著，全书分上、中、下三卷，共十二篇：卷上《九征第一》《体别第二》《流业第三》《材理第四》；卷中《材能第五》《利害第六》《接识第七》《英雄第八》《八观第九》；卷下《七缪第十》《效难第十一》《释争第十二》。十六国时期西凉刘昞注，附于正文之后。

　　二、前附《四库全书提要·人物志》、北宋阮逸序、刘劭自序及王三省后序。后附青羊跋、《刘劭传》及《刘昞传》。

　　三、毓老师于1988至1989年在奉元书院讲述《人物志》全文；2000年针对"序"及《九征第一》再深入阐述。兹将两部分编排整理，作为本书之主要内容。文中有阙漏、讹误者，尚祈方家惠予斧正，并俟来日补苴罅漏。

　　四、刘劭文以宋三体呈现，文内字词解释以括号小字夹注，如"盖（启语词，就是）人物之本，出乎情性"。刘昞注以楷体小字

1

随刘劭文呈现,如"人物情性,志气不同"。毓老师讲述部分以宋一体呈现,引文出处以括号楷体表示。

五、相关背景、说明部分,以仿宋体呈现,如"《管子》一书共八十六篇"。参考资料及相关著作者,略交代出处。如有疏漏之处,尚祈指正。

扫一扫，进入课程

扫一扫，进入课程

《人物志》三卷，魏刘劭撰。劭字孔才，邯郸人。黄初（220—226，魏文帝曹丕第一个年号）**中官散骑常侍**（皇帝侍从，职在规谏皇帝过失）。**正始**（魏齐王曹芳第一个年号）**中赐爵关内侯**（秦汉二十等爵位中第十九等。自魏晋以后，渐实行虚封，仅是爵位名称）。**事迹具《三国志》本传。别本或作刘劭，或作刘邵。**

此书末有宋庠（996—1066）**跋**（文章或书籍正文后面的短文，说明写作经过、数据源与成书情形等）**云：据今官书《魏志》**（《三国志·魏志》）**作勉劭之劭，从力；他本或从邑者，晋邑之名。按字书，此二训外别无他释，然俱不协孔才之义。《说文》则为邵，音同上，但召旁从耳，训高也。李舟《切韵》训美也。高美又与孔**（美，大）**才义符。扬子《法言》曰"周公之才之邵"是也。所辨精核，今从之。**

其注为刘昞所作。昞字延明，敦煌人。旧本名上结衔（头衔，官阶）题凉儒林祭酒，盖李暠（351—417，十六国西凉建立者）时尝授是官，然《十六国春秋》（北魏末崔鸿撰《十六国春秋》，一百卷，记载东晋时期北方十六国史书）称沮渠蒙逊（368—433，十六国北凉君主）平酒泉，授昺秘书郎，专管注记。

魏太武（拓跋焘，408—452，北魏第三位皇帝）时，又授乐平（拓跋丕，魏明元帝庶长子，为乐平王）从事中郎。则昺历事三主，惟署凉官者，误矣。

劭书凡十二篇，首尾完具。《晁公武读书志》（南宋晁公武著，中国现存最早、具有提要内容的私藏书目）作十六篇，疑传写之误。

其书主于论辨人才，以外见之符验内藏之器，分别流品，研析疑似，故《隋志》（《隋书·经籍志》四卷，唐魏徵等撰）以下皆著录于名家。

然所言究析物情而精核近理，视尹文之说（尹文子，战国齐人，先秦名家）、兼陈黄老（假托黄帝和老子，实为道家和法家思想结合，并兼采阴阳、儒、墨等诸家观点而成）申韩（战国时法家申不害、韩非，后世以"申韩"代表法家）、公孙龙（战国赵人，平原君门客，名家）之说，惟析坚白同异者（名家公孙龙"离坚白"和惠施"合同异"之说），迥乎不同。盖其学虽近乎名家（重视"名实关系"，公孙龙、宋钘、尹文、邓析、惠施等），其理则弗乖于儒者也。

昺注不涉训诂（以词义为主，兼及语音），惟疏通大意，而文词简古，犹有魏晋之遗。

刘昺注，并没有对每字作解释，但是他把要义都说出了。

《汉魏丛书》（明程荣编，是一部断代综合性丛书）所载，惟每篇之首存其解题十六字，且以卷首阮逸（北宋音乐家，精通经学，擅长辞赋）之序误题晋人，殊为疏舛。

此本为万历甲申河间刘用霖所刊，盖用隆庆壬申郑旻旧版而修之，犹古本云。

刘劭善运用《论语》，成其《人物志》。《人物志》乃《四书》之精华，是《四书》的提纲，分类聚在一起的，可以说是《四书》的简练本。

但是《人物志》有一半不伦不类，因为刘劭并没有读通《四书》。

《人物志》中，有很多地方近于道家的思想，不尽然是儒家的东西。

扫一扫，进入课程

阮逸序

人性为之原，而情者性之流也。性发于内，情导于外，而形色随之。故邪正态度，变露莫状，涽（混乱）而莫睹其真也。惟至哲为能以材观情索性，寻流照原，而善恶之迹判矣。

圣人没（殁），诸子之言性者各胶（固）一是，以倡惑于后，是俾驰辨斗异者得肆（纵）其说，蔓衍（滋生演变）天下，故学者莫要其归，而天理几乎息矣！

予好阅古书，于史部中得刘劭《人物志》十二篇，极数万言，其述性品之上下、材质之兼偏，研幽（不显）摘微，一贯于道，若度（量）之长短，权（称）之轻重，无铢发（比喻微小之物）蔽也。大抵考诸行事，而约（束）人于中庸之域，诚（真）一家之善志也。

由魏至宋历数百载，其用尚晦（不明）而鲜（少）有知者。吁（叹词），可惜哉！矧（音 shěn，况）虫篆浅技（喻微不足道的技能），无益于教者犹刊镂（刻印）以行于世。是书也，博而畅，辨而不肆，非众说之流也。王者得之为知人之龟鉴（龟可以卜吉凶，镜可以比美丑，喻借镜），**士君子得之为治性修身之檠括**（音 qíng kuò，约束矫正），**其效**（效用）**不为小矣，予安得不序而传之？媲**（比）**夫良金美玉，籯椟**（存放珍宝的器具）**一启，而观者必知其宝也。**

我有许多感触，想讲实用之学。

你们要"养浩然气，读有用书"，不可以有功利境界，才能深入。要读切实际、能用的东西。

智慧无所谓新旧，读书贵乎求智慧。读书不易，讲书更难，辞难达意。

人物，物包含人、事、物。"志者，心之所主也"，《人物志》系记载人心之所主的事，此即人之所以能为万物之灵的本钱。人之所以为人，必得心有所主。一个人心能有所主了，则"坚刚不可夺志"，才是一个有成就的人物。

孔子"三十而立"，即立于己之志，乐于己志，而且乐此不疲，心有所乐，日有所进益。志，乃一个人心之所主，所以人心必有所务，即有所事事，不可以每天净是扯闲。孔子一生乐道，学不厌，教不倦，所以"不知老之将至云尔"（《论语·述而》）。

人生最要即"继志述事"。继志，最大的责任在"为往圣继绝学"；述事，使事业更为发展。但可非易事！知识分子的责任，在"为天地立心，为生民立命，为往圣继绝学，为万世开太平"（北宋张载语）。

人为万物之灵。如果人非万物之灵，那又如何"智周万物"（《易经·系辞上传》"知周乎万物而道济天下"）？既是如此，那么智、慧、灵三者有何区别？懂得不同之处，才知道在什么时候用什么。

《人物志》一书，专评人与事。一个人有修养了，加上德、能，方能成就事功。知人者智，知人为成事之要，使"贤者在位，能者在职"（《孟子·公孙丑上》）；若在位的不是贤者，则不论团体大小，其失败，一也。按《人物志》修养、品评自己，依那个标准改造自己，必先把自己培养足够了，做事才能够知人善任。

曾文正说："做大事业的以培植接班人为第一要义。"而欲成就事业，贵乎能知人。但是一个人在你面前一过，即能看出其人，那可非易事！有知人的经验，乃是时间的经验，并不是读一本书即可以得到的。

我教书，天天摆弄人，见人之多，虽非属上乘，但看人心里自会明白。识人的功夫很重要，试一试，觉得前人的经验还是很可靠的，百试不爽。

《人物志》是由人的情性，窥其外貌，而验其内藏。如何得书之精义？此必要下"默而识之"的功夫。你们要一边读书，一边去体验，才能够心会神通。如不懂得"默而识之"的境界，那就是读多少书，也不能用上。学任何东西，能有所成就，皆必达到心会神通的境界。口耳的作用不重要，真能用乃是"默"的功夫。自修的功夫比什么都重要。

扫一扫，进入课程

刘劭自序

夫（启语词，没意义）圣贤之所美（称赞），莫美乎聪明；【刘昺注，下略】天以三光著其象，人以聪明昭其度。

圣人，"知进退存亡而不失其正者"。应死时，不躲避；应活时，必得活。人活着，就是"进退存亡"。进退，含义多；存亡，更不必谈！知何时应死、应活。进退存亡，各有其时。国之存亡为要，不该死也不能死。

圣人，并非最高境界，但是活着时并不糊涂。贤人，"自觉觉人"，见贤思齐，要与他等齐，不让他专美于前。

聪，耳；明，目。耳的最高境，即聪。子张问明，子曰："浸润（水之浸物）之谮（谗毁），肤受（切身利害）之愬，不行焉，可谓明也已矣。"（《论语·颜渊》）人都有个性，不道人之短，就不犯人的忌讳。

一个人的明，是在明于不听信谗言。一个听是非、不懂是非、被人利用的人，绝对不能明。

聪明之所贵（重要），**莫贵乎知人**。聪于书计者，六艺之一术。聪于人物者，官材之总司。

聪明，耳聪目明。聪，听远，听时将耳达至高境；明，见微，看时将眼达至高境。眼不看正事，专看邪辟事，虽有眼，却是不明。必要善用眼的德与能，方称为目明；耳，亦同。

骂人绝无好话，听了又何必跳起来？"浸润之谮，肤受之愬，不行焉，可谓远也已矣。"遇事，人骂你，不必再听；人赞美你，也不必听，才能撑得住。做事是为求得人的了解？

我每天都得学习，觉得没有真正了解台湾人，因为知人特别难！"惟帝其难之。知人则哲，能官人"（《尚书·皋陶谟》），以尧之智，犹有"四凶"（《尚书·舜典》中记述的四凶是共工、欢兜、鲧、三苗），况常人乎？做事业，头脑必要清楚，知人者智。

曾文正（1811—1872）既用《人物志》，亦善用《冰鉴》（又称《冰鉴七书》），一辈子在知人上很有表现，成就清朝的中兴事业，但操劳过度，六十来岁即故去；其子曾纪泽（1839—1890）在外交上有成就，但亦早逝。"一人丧邦，一人兴邦"，"一言偾事，一人定国"。曾氏父子并非上智，但是都认真，能够严格地训练自己，乱世出英雄，要看《曾文正公家书》。

我应付乱世，绝对有逾于曾。知了，还贵乎能行；不做，一点用也没。

台湾地区之小，一件小事，就整个受影响。因为没知识、没水平，所以社会上玩意儿多。

我在屋中坐五十年。好好学，过了这个村，可没这个店。

《大学》《中庸》是乾、坤两卦最早的衍义。你们好好看"学庸"，最好烂熟在胸，可以用一辈子。

《礼记·礼运》"大道之行也，天下为公……是谓大同"，《中庸》"致中和，天地位焉，万物育焉"，是谓"元同"。因元同，故曰"性相近也"，以"元"作为标准。

必注意"一点"，其代表自我之永存，"得一"的境界。

问："天下恶乎定？"曰："定于一。"问："孰能一之？"曰："不嗜杀人者，能一之。"（《孟子·梁惠王上》）此即大一统的境界。一统，不等于统一。"一"的观念很重要。

"得一"的境界："天得一以清，地得一以宁。"

《老子·第三十九章》："天得一以清，地得一以宁，神得一以灵，谷得一以盈，万物得一以生，侯王得一以为天下贞。"

以什么证明"大一统"的"一"，即老子所言"得一"？"天下之动，贞夫一者也。"（《易经·系辞下传》）

孙女学做家事，自洗碗开始。你们是娶娘，哪是娶太太？娶老婆，就败家。女人多少必得负点"人"的责任，否则家庭不会有幸福。我绝不受"人不人、鬼不鬼"的气！人应自求多福，如活得没有意义，那还不如不活！

印光讲经，剩下二人，就桌子与椅子；此后不为一般人讲经，只讲开示（对初学讲"信愿念佛"，对老修行则讲"老实念佛"）。

印光（1862—1940），俗名赵绍伊，字子任，法号圣量，别号常惭愧僧，净土宗第十三代祖师，同时也是净土宗的重要中兴人物，并为中国近代佛教复兴做出显著贡献，常被尊称为印光大师。相传他是大势至菩萨的化身。

知人诚（真的）**智，则众材得其序**（位次），**而庶绩**（政绩）**之业兴矣。**

智，知日，是体；日知其（己）所无，是用。日，包含月，日月光华，"旦复旦"（《尚书大传·虞夏传》）。何以"旦复旦"？天行健。培智，日知己所无。

用什么方法能达日知己所无？好问、好察迩言、无一不取于人。求知，问自己不懂的、有所疑的；看看左右人的反应如何。"遏恶扬善"，先"叩其两端"——是非、善恶、黑白，然后"执其两端，用其中于民"（《中庸》），中，性也，是对人类的服务。

《易经·大有卦》称："君子以遏恶扬善，顺天休命。"《论语·子罕》云："我叩其两端而竭焉。"叩，击也。《礼记·学记》称："叩之以小者，则小鸣；叩之以大者，则大鸣。"处理事情，先看对象，有步骤，不存主观见解，再研究如何解决。

尽自己的责任，为人类服务，都必得用智，此指性智而言。

人活着都是有责任的，至少要"遏恶扬善"，再低则"执中爱民"。

人都具有性智，但何以大多数人却是光有想法而没有做法？从性智到情智，"率性之谓道"，"可离非道也"（《中庸》），因离了，而成情智。何以离？因为"习相远也"。

性相近，质直，"人之生也直"（《论语·雍也》），要过性智生活。但是习相远，因为习气、风气而成情智。所以，改正习气为第一要义。

《论语·阳货》云："性相近也，习相远也。"师尊曰：本性相近，性智，性生万法；习性相远，情智，因习性不同，人的样子乃不同。所以要"慎习"。"学而时习之"，学，含觉、效，即知行合一。学完得演习，学无废学，皆适时之用。"传习"，传了，回去就要演习。

"知人诚智"，知人的才是真智者，知人才能善任。不知人，则常浪费人才。

"众材得其序"，序，乃是伦的初步，有伦有序。人才得其序，即使人才皆能得其所应得之位。使人才得其位了，则所学能有所用，可以发挥其专能，有了专才能成其业。知人之要，在此。

每人都有所长，但是如果放错了地方，那就不得其序了。天下之所以会乱，就是净用关系，而不用人才，以致"外行领导内行"，误事莫此为甚！

但是知人，并非专门要别人如何如何，而自身却失败。要能够知人，必先要有自知之明。自知者，知自己缺什么，就修什么，才能修己。

一个人应有自知之明，自己不能的事不能做，必要自求多福!

"庶绩之业兴"，业，可大，讲用，非只是口头而已。做事业，头脑必要清楚。《尚书·尧典》称："昔在帝尧，聪明文思，光（广）宅（有）天下。"《易经·系辞上传》云："盛德大业至矣哉！富有之谓大业，日新之谓盛德。"

成圣贤之业，乃是这些人的情智尚未达"天地位，万物育"（《中庸》）的大人境界（《易经·乾卦·文言》"大人者，与天地合其德"），但是在情智上有所成就，如大禹懂得处理危、微，"人心惟危，道心惟微。惟精惟一，允执厥中"（《古文尚书·大禹谟》），及其成功，一也，因为他能"允执厥中"。

学《人物志》，不是要你们动心机，而是要按着做人的智慧做人、学做人，不妄求。

读《管子》，在学做事。《人物志》与《管子》，可以两相为辅。因为一个有修养、有德能的人，才能成就事功。

《管子》一书共八十六篇，其中有十篇文已佚。全书十六万言，内容可分八类：《经言》九篇，《外言》八篇，《内言》七篇，《短语》十七篇，《区言》五篇，《杂篇》十篇，《管子解》四篇，《管子轻重》十六篇。内容庞杂，甚至间有抵牾，有很强的法家色彩，包括大量具体的治国方术。

知人才能善任，做事可以事半功倍。但是如果净以圣人要求别人，则绝对没有出息，证明你卑鄙。

贵乎知人，而不求人，就能"存真"。今天要以"唤回人性"

作为第一要义，必自根上认识问题。

如果没有智慧，读什么《人物志》！人活着，并非贪求。自然界，行健不息；人，自强不息（《易经·乾卦》"天行健，君子以自强不息"）。

元智的功用是什么？日月光华，立德。日月，以光华天下；如果没有日月，那万物什么也不生了。月，泽天下，润泽万物。智，知日，"日知其所无"，日知己所长，要以自己所长华天下。

师尊有"达德光宇宙，生命壮自然"闲章。

中国人的聪明，每个思想都得能实践。培智的目的，是在为人类服务。那要怎么求智、得智、培智？

中国，乃中道之国。中国人，以"中"华天下，中为性之用。性，"天命之谓性"，是与生俱来的。

𡕢（夏）：𦣻，头；𦥑，两手；夊，两足。"中国之人也"（《说文》）。夏→诸夏→华夏。华夏，入中国则中国之，"夷狄进至于爵，天下远近小大若一"（《春秋公羊传何氏解诂》隐公元年），天下一家，中国一人，即《中庸》所谓"舟车所至，人力所通，天之所覆，地之所载，日月所照，霜露所队（同'坠'，降也），凡有血气者，莫不尊亲"。

到达"华夏"了，即"大同"，"天下一家"，"远近大小若一"，为人类的标准。"人人皆有士君子之行"，"人人皆可为尧舜"，"见群龙无首，吉"（《易经·乾卦》）。完全讲德行，是何等的境界！

你们读《人物志》，是在学做人、做事，而非读文字。无论是对人、对物、对事，都得做得合情、合理，此即《大易》所谓"和顺于道德而理于义"（《易经·说卦传》）。"义，宜也，裁制事物，使各宜也"（《释名》），此为做事的标准，即把事情办得恰到好处。

做事如没有"当其可"，则过犹不及；当其可，即中节。"君子而时中"（《中庸》），时中，恰到好处。如把持不住，则想任事难。

但知了，还贵乎能行，不做不急之务，要急所当务。看人一天尽做些什么，就知其等。

是以圣人著爻象，则立君子、小人之辞，君子者，小人之师；小人者，君子之资。师资相成，其来尚矣。

"爻者，效也"，效此者也。"象者，象也"，像此。"辞"，见乎情，书信通情。阳卦，"一君二民"，君子之道；阴卦，"二君一民"，小人之道。

"圣人有以见天下之赜，而拟诸其形容，象其物宜，是故谓之象。圣人有以见天下之动，而观其会通，以行其典礼，系辞焉，以断其吉凶，是故谓之爻"（《易经·系辞上传》），爻、象，表德，非断吉凶。不卜而已矣，"不恒其德，或承之羞"（《易经·恒卦》）。

一爻一乾坤，何止一卦一乾坤！

"知进退存亡而不失其正者，其唯圣人乎！"（《易经·乾卦·文言》）什么叫做"时"？"当其可之谓时"（《礼记·学记》）。何以要"学而时习之"？何以"习相远"？何以"远元"？因为做事没有当其可，过犹不及。中节，恰到好处；当其可，时中。把持不住，想任事难。

叙诗志，则别风俗雅正之业，九土殊风，五方异俗，是以圣人立其教不易其方，制其政不改其俗。

"诗言志"（《尚书·尧典》），"志者，心之所主也"，讲人心之所主。《诗经·关雎》表达未婚男子之志，形容追求之难！女孩子的心，真是无法琢磨！

喜怒哀乐之未发，即那个点；发了，皆中节，就是当其可。风俗之雅正，乃是志之作用。

心必有所务，不可以每天净是扯闲。我是自苦中奋斗过来的，但没有想过要自杀。

"学诗乎……不学诗，无以言"（《论语·季氏》），诗言志，不单是言自己之志，也可以"兴、观、群、怨"（兴人之志、察社会风俗、使人能有群德、知当时人之不满），故可以"通天下之志"（《易经·系辞上传》"是故，圣人以通天下之志"），知道民间的疾苦，因为圣人贵通天下之志。

"诵《诗》三百，授之以政，不达；使于四方，不能专对；虽多，亦奚以为？"（《论语·泰伯》）读《诗》后，应是可以办内政、外交，能够干事的。办外交，必要有"专对"的智慧。

专对，单独应对，随机应答。《公羊传·庄公十九年》称："聘礼，大夫受命不受辞，出竟（同'境'）有可以安社稷、利国家者，则专之可也。"受命出使，在外应答，不必事事请示。

孔子何以重要？自伏羲一画开始，经尧、舜、禹、汤、周公，法与礼皆有成就了，孔子则集古圣先贤文化之大成，故称"集大成"。

孔子开始得一了，自喜"一以贯之"，"天下之动，贞夫一者也"，那时犹未"改一为元"，为集大成。但是最后"变一为元"，成就自己的哲学——《大易》与《春秋》。元的成就，所以《大易》与《春秋》又叫"元经"。

秦焚书，乃有所为，极具威胁力。孔子的新思想，有违周以前的宗法社会结构，秦始皇不喜。至汉唐，塑造中国礼法的社会，直至清为止。

熊十力不满意过去，称为"伪经"。我自"元"开始，并不全盘否定，而是要"道正率性之元，学校钦定之枉"。必懂得对时代的使命，可能结束一段。届时，中国思想的真面目可出。

必自"学"入手。"学而时习之"含义深。何以"性相近，习相远"？没学，没有学习。学了，还要"以时习之"，成"时儒"。

何谓元？"元者，善之长也"，所以要"止于至善"。那么"善"是什么？"可欲之谓善"，"克己复礼为仁"，克制自己的欲，"四十而不惑"，不惑于欲。人不能没有欲，否则焉能"发而皆中节"？

何谓时？当其可之谓时。欲，可欲之谓善，当其可之欲，有节。如是绝欲，那岂不是偷偷摸摸？

看中国人的智慧绝不偏僻，故谓"中国"，中道之国，"喜怒哀乐之未发，谓之中"，即性。生在中国可是不易！

称程朱之学为"伪学"，确有先见之明。

朱熹大肆鼓吹"革尽人欲，复尽天理"，当时社会上有些反对派把程朱之学斥为"伪学"。陈亮等人为此和他反复辩论多年。

我的韵文，是向师母学的，其家以"选学"（《文选》之学）传家。成惕轩的骈文，不过"骗文"。师母的韵文，绝对在成之上。

成佛，是在心，不在口。光修口，不知修心，那牛马吃草，岂不是都上极乐世界了？净用心机，骗尽天下人，不过自欺罢了！"杀一不辜而得天下，不为也。"但是有辜者，必杀之。杀恶人即是作善。

中国人要成"真人"，因为"人之生也直"，"直心即是道场"，直人即真人，保住"人之生也直"。"举直错诸枉"，用直人教育枉者，使之皆成为直人。

佛，是印度的观念，有思想，亦想救民。

我来台湾地区时，四十二岁，有四条狗看着。我画千张观音像，一套观音像十二张。一个人必要有精神寄托，否则日子过不了。

我反对你们不结婚，不结婚并不代表你高，而是男的没人要，女的嫁不出去。

我的眼光是"杨二郎"，没找到合适的，绝不受委屈，怎能只要是女人就要？

杨延定，杨家将之一，金刀老令公杨业的次子，故称"杨二郎"。二郎尊敬长兄大郎，同时对众弟既严厉又呵护，在兄弟中负起次兄的职责，众弟也对他十分听从和尊重。为人骁勇而有胆略，在杨家将中担任副指挥，兼任先锋；曾经连杀十几员辽将，经常在大军的最前方冲锋陷阵。

我绝不用一字一文歌颂任何人。

"可欲之谓善"，谁能把"欲"发展在界限之内，就是善。不是要"绝欲"，而是要可（当动词）欲，当其可之欲，知节也，是"节欲"。

连孔子都想要出妻，孟子亦然，至圣、亚圣都出毛病，那我应称"极圣"！

《礼记·檀弓上》记曰："伯鱼之母死，期而犹哭。夫子闻之曰：'谁与哭者？'门人曰：'鲤也。'夫子曰：'嘻！其甚也。'伯鱼闻之，遂除之。"又记："子上之母死而不丧。门人问诸子思曰：'昔者子之先君子丧出母乎？'曰：'然。''子之不使白也丧之，何也？'子思曰：'昔者吾先君子无所失道。道隆则从而隆，道污则从而污，伋则能安？为伋也妻者，是为白也母。不为伋也妻者，是不为白也母。'故孔氏之不丧出母，自子思始也。"

《荀子·解蔽篇》记："孟子恶败而出妻，可谓能自强矣。"《韩诗外传》卷九记载，孟子进门时看到妻子"踞坐"（伸开腿坐着，不合古礼），就告诉母亲想要休掉妻子。孟母斥责他进门时没有出声提醒他人，自己违反礼制不应当休掉妻子，于是孟子自责而没有休妻。

"止欲于至善"，止欲，好色只是其一，好名、好利，凡是有所好，都是欲。人不能没有欲，要将欲止于至善。

既无有系统的思想，又怎能叫别人有系统？思想，得有系统。

我五十年绝不变，志在"又一村"的事业。真有前途，必得育"又一村"。

"毓鋆"，毓，育也；鋆，美金也。想儿子不但有金，还是美金，这也是欲。

汉时，通六经者称"通人"。《易》为五经之源，真弄明白，那中国学问就通了！中国文化绝对有系统。

再十年，我可为你们预备好垦荒的工具。

老学生选一经，每周做读书报告，要留传经的种子。中国学术的时代来了，我勉励你们赶上，时过境迁就来不及了。我为你们留下史上留名的机会。

"安仁者，天下一人"，没有分别心，一视同仁。"天下一家，中国一人。"合在一起，才成一家。

昔日卿相皆学人，今天师生一个稿子。

学什么，要马上将自己的器质与责任提到那个本位。

接着《史记》，而继《春秋》。"善教者，使人继其志。"

读书，绝对混不好饭吃，因为不能发财。台湾地区有些人都好钱，"世路难行钱为马"，以"孙中山"（指新台币，钱币上印有孙中山头像）打前锋，都通了！就是做人难！一个人如大家都"骂"他，绝对有希望。

你们为什么学？为继绝学也。现要还中国思想的本来面目。时代到了，自元开始，好好立说，可以另辟天地，再造百家争鸣。

孔家分南北二宗，嫡系即南宗，现在浙江的衢县，早年随南宋南迁。孔家如读懂《论语》，又何必南北兴讼？康熙帝真聪明，立南北二宗。孔家无出一岳飞，几代纷争。读书明理，要懂事实。

一个人为"个"，二个人为"仁"。要善用头脑，学什么，要将自己提升到那个境界。继志述事，是每个人的责任。

孔子"不知老之将至云尔"，因为"死而后已"。职上可以退休，但是志上没有退休。

人最可怕的，即自欺与满足。我如此有劲，你们也应好好努力。

我是陪中国受敌人蹂躏长大的，恨侵略者，更恨汉奸。我在日本长大，但绝不亲日；在台五十年，绝不与蒋家打交道，拒绝当"太傅"；在李时代，门被喷"王八"，贴讣文。

台大教授黄光国的父亲黄子正，是宣统帝的御医。

> 黄子正（1901—1959），台湾台北人，末代皇帝溥仪的御医。"满洲国"覆灭之后，他随着溥仪逃亡，最终埋骨辽宁铁岭。

如果想做人，什么都可以丢，就是德不可弃。

以前到五六岁了，不与父母同住，孩子们住在一起，大的称"孩子王"，五六岁到授室期间聚在一起，除过年过节外，吃大锅饭。所以，大孩子无不盼"授室"，赶快脱离孩子王。后楼，是女孩子住的。

要明辨之，然后笃行之。汉奸，出卖组织与团体。为开辟未来，团体绝对不要失德之人——不孝、欺世盗名之伪君子。

社会上没有巧取之事，就是好好干，亦未必成功，至高境界太难了！不学圣，又何以继绝学？如既学法，就必懂得礼与法！

制礼乐，则考六艺祇（音 zhi）**庸之德，**虽不易其方，常以诗礼为首；虽不改其俗，常以孝友为本。

有关"制礼乐"，看《大学》《中庸》，再看熊先生的《原儒》。

"考"，研究，还得证实。圣人作书，不在与人捉迷藏。

"祇庸之德"，祇，平也，人人都能学。《中庸》言"中和"，郑康成注："名曰中庸者，以其记中和之为用也。庸，用也。"《周官·大司乐》称"以乐德教国子——中和、祇庸、孝友"，为六德。

六经：《诗》《书》《礼》《乐》《易》《春秋》。六艺：礼、乐、射、御、书、数。均为实用之学。

学，不会一次就懂的。孔子小气，问三次就不告诉，"举一隅，不以三隅反，则不复也"（《论语·述而》）。我见谁，都开玩笑，"人不知而不愠，不亦君子乎？"（《论语·学而》）

一个人不知自己是什么，最悲哀！

你们皆非平庸之才，但碰上平庸之师，可惜！《四书》讲明白，谈何容易！

要追究其所以，《四书》应是每句都是活的。好好下功夫，每个都得翻版。

我是"杂货铺"，什么坏事、好事都懂，但绝不做伤品败德的事。人必要懂得为何而活。活，必要活得有价值。

"有始有卒者，其唯圣人乎"（《论语·子张》），今天何以无一人"有始有卒"办一事？因为多半一见了利，就忘了义。以前人是怎么学，怎么做。

"学礼乎……不学礼，无以立"（《论语·季氏》），立于礼、立于法。真想要有所成就，那就必得有所立。不学礼，无以立。

中国的社会经验太丰富了，邓小平"中国特色的社会主义"，不但救了中国，还强了国。

圣人贵通天下之志。心之所主，不是"死而后已"（《论语·泰伯》"士不可以不弘毅，任重而道远。仁以为己任，不亦重乎？死而后已，不亦远乎"），而是要负起"继志述事"（《礼记·学记》"善教者，使人继其志"）的责任，使事业更为发展，即张载所谓"为天地立心，为生民立命，为往圣继绝学，为万世开太平"，这是读书人责无旁贷的责任。

太平，华夏，大同，天下一家，所有人类都一样了！

"功成作乐"（《礼记·乐记》"王者功成作乐，治定制礼"），乐含有舞，有德有位，才能制礼作乐。"兴（起）于诗，立于礼，成于乐"（《论语·泰伯》），诗言志，可以兴人之志；立于礼，克己复礼；乐以和性，故成于乐。

没有智慧，不可以教书，否则断子绝孙。真慈悲，应不再生，人活着多苦！

"均无贫"（《论语·季氏》），不患寡而患不均。好好研究如何均天下。均与分，是管子给孔子甚大的启示。应知怎么汲取古人的智慧。"均无贫"，有均的境界，则可以无贫。此最切人生，有无好好研究"均"的思想？

知人，才能够善任。到任何地方，先了解环境，则事半功倍。

看问题，分几个层次，往下推。

政治上焉有道义可言？就讲术，视谁高一招，故曰"无所不用其极、无入而不自得"。

我老教学生有智慧，但是学生都失败在没有智慧。有什么机会到手，不懂用智慧，能够应付？

到什么时候，用什么人。

做事，要先了解环境，再派人去，可以一拍即合。利用环境，环境与人绝对有关。不是一人长于外交，就用他办外交。

所有的书，乃是作者一辈子经验的结晶。人的时间有限，哪能读闲书？要"读有用书"。

历史多半假话，如何认清历史之真？要以古鉴今，求真的知人。

文丐能够解决事情？贵乎能解决问题。今天所有的文章，皆文丐！

旧同学，每月写自己的见识。

台湾地区就一个"乱"字给百姓看。台湾地区的乱象，读书人有拨乱反正之责。

不要怕事！有事，就叫他来个见真章。

古人盗亦有道，朋友经过不抢。梁卓如（梁启超，1873—1929）批评袁项城（袁世凯，1859—1916），袁马上请梁担任司法总长、币制局总裁；梁不称职，不逾百日辞职。

今人就缺少"格"。

"文王既没，文不在兹乎？"（《论语·子罕》）文没在兹，得"守死善道""死而后已"（《论语·泰伯》）。退休了，并非等死。"经纬天地曰文"，"行有余力，则以学文"（《论语·学而》），是学"经纬天地"之术。

康熙帝打下中国的大地图。故宫，由国家代为保管，今天则属于人类的文化遗产。

今天需要真智慧。台人只会竞选那一套，还知正格的吗？智慧，也要学正格的。要讲正格的，必要有正知正见，不可以就嘴上胡扯。

昔日师爷必找绍兴人。未入流，就没有资格升官，"恶居下流"。升官图，是自"白丁"开始，一步步升。有时，因为出毛病被降级，不知要送多少礼！

先"养正"，人有一"正"字，而后能"率性之谓道"。知道怎么修性、修命？"在天曰命，在人曰性。"说一人"命不济"，日月之运，旭日初升与落日余晖，大为不同。日过当中，就快了，就看命运走到哪儿。"法天之运"，"天之历数在尔躬"，可见中国人"人格"之神圣！

"文没在兹"，人人皆有文，"贤者识其大者，不贤者识其小者，莫不有文武之道"（《论语·子张》）。不卜而已矣，"率性之谓道，修道之谓教"。

人性之大，在于孝，孝为第一要义，"夫孝，德之本也，教之所由生也"。凡事，物极必反。再不反，将满街再也找不到一个"人"了！"道也者，不可须臾离也；可离，非道也。"

要解决问题，不要无病呻吟。如某些人于世无济，就会作文。

躬（身）**南面，则授俊逸辅相之材，皆所以达众善，而成天功也**。继天成物，其任至重，故求贤举善，常若不及。**天功既成，**

则并受名誉。忠臣竭力而效能，明君得贤而高枕。上下忠爱，谤毁何从生哉？

正格，"恭己正南面而已矣"。为君之责，"恭己正南面"（《论语·泰伯》）。恭，不懈于位。得学康、雍、乾，不懈于位。

中国规矩，主管面朝南。在本位，绝不懈怠，尽到领导人的责任。

俊，俊杰之士。汉初三杰——张良、萧何、韩信，于汉有功。

若无董子，孔子之学焉能树于一尊？至今，犹深深影响着中国人。董子、管子的书，要读一辈子，至今犹为治事良方。管子，对中国政治思想起莫大的作用。

在什么环境，用什么人。哪个人有作用，皆操之在己。"不学无术"，反之，学就有术。"养浩然气，读有用书。"我要你们"青出于蓝，更胜于蓝"。

知耻近乎勇，勇者见义必为。

逸，野逸之士。溥儒（1896—1963，恭亲王奕䜣后裔）是庶出，但其母有学问，造就其子成才。溥心畬说"愿做天下第一等人"，隐居于西山戒台寺（位于北京市门头沟区的马鞍山上，始建于唐武德五年，即公元622年，寺内建有全国最大的佛教戒坛，民间通称为戒坛寺，又叫戒台寺），谢绝交游，潜心读书，自号"西山逸士"。不到四十岁，终成"南张北溥"之声名。

张大千（1899—1983）、张泽（1882—1940，号善孖，以画虎闻名，号虎痴）兄弟二人之画，亦学自其母张太夫人。

女人，除生子以外，教子为要。如何能有本事教子？

"辅相之材"，辅与相有别。"固相师之道也"，相，领着瞎子走路。为相，不怕当政者没有眼睛。看什么看不清楚，瞎子，必找相。知己之短，找相领之。

如是无定见，乃惑也，得找辅。朝三暮四，糊涂！应好好辅导。辅者，辐辏，乃车子能动的关键所在，有它才能够载重致远。一个东西有用与否，不在大小。"以文会友，以友辅仁。"

了解字的深意了，才能够读书。

治世之道，缺一不可。

才，可遇不可求，必要识货。我不欺无知之人。

什么事要多接触，一个读书人能不有好奇心？我心烦时，在故宫坐一天。

我反对反常的。人莫不饮食也，鲜能知味。台湾地区什么都有，但什么都不像。"食色，性也"，既有食谱，也应有色经。昔有春宫画，即是色经图。真懂得爱的真滋味了，才能此情不渝。

我在台五十年，就没有碰到一个对眼的。滋味不对，怎么可能凑在一起？爱情，应当正大光明，不可以躲躲闪闪的。师母死多年了，我都不敢去见，可知她的慑力有多大！

想要有完整的事业，必要有健康的身体。为实现自己的梦，必要善保身子。

热天，绝不可以吃冷东西，否则早晚中病。我绝不吹风，永远戴帽；屋中没有冷气，所以至今腰不酸、背不痛。

有抱负，必要保养身体，饮食之道尤为第一要义。

夏天，每天吃绿豆、薏仁、红枣、黄芪，但是不可以吃凉的，最低要是温的。

冬吃萝卜，夏吃姜，秋收什么都可以吃。

孔子"不撤姜食，不多食"，姜伤目，也不可多食。餐餐吃点姜，切完泡醋，放在坛子里。

喝茶，吃用醋泡的花生米，泡一周。

"达众善，而成天功也"，人可以辅天工（自然界）之不足，此亦为知识分子活着的责任。

"天工，人其代之"（《尚书·皋陶谟》），自然界的山山水水，皆是天工。不许怨天尤人，《大易》"智周万物，道济天下"，要以技术济天下。如果社会尽是外行领导内行，那怎么会进步？

是以尧以克（能）**明俊德为称，舜以登庸**（举用）**二八**（凭借升用十六贤材而建功）**为功，汤以拔有莘之贤**（伊尹）**为名，文王以举渭滨之叟**（姜太公）**为贵。**

《尚书·尧典》称："克明俊德，以亲九族。"俊德，天德，"峻极于天"，天德好生。"唯天为大，唯尧则之"（《论语·泰伯》），尧是第一位"则天"的。

武则天，母的则天。春生秋杀，如不杀，吃什么？

《太平御览》卷二十四引《尚书大传》：天子以秋命三公将率，选士厉兵以征不义，决狱讼、断刑罚、趋收敛以顺天道，以佐秋杀。

秋天尝新，什么都可以吃。

我按自然规则吃，所以健康。人如血气不周，精神就不济。

"二八"，高阳氏有子八人，谓"八恺"；高辛氏有才子八人，称"八元"。

舜举用"二八"，内平外成。

《史记·五帝本纪》：舜举八恺，使主后土，以揆百事，莫不时序。举八元，使布五教于四方，父义，母慈，兄友，弟恭，子孝，内平外成。

"有莘之贤"，指伊尹，名挚，原是汤的妻子有莘氏的陪嫁奴隶。

伊尹利用进食的机会，以"五味调和说"与"火候论"，向商汤分析天下形势。汤任以国政，尊他为"阿衡"。

"渭滨之叟"，指吕尚（姜尚）。

吕尚以直钩钓于渭滨，周文王出猎相遇，二人相谈甚欢，同载而归，对人说："吾太公望子久矣！"因而号为"太公望"，立为太师。

由此论之，圣人兴德，孰（谁）**不劳聪明于求人，获安逸于任使者**（垂衣裳而天下治，无为而治）**哉！**采士饭牛，秦穆所以霸西戎；一则仲父，齐桓所以成九合。

耳聪目明，耳要听得明白。必懂得什么是聪、什么是明。聪明，要用在求人。

为文，必有对象。政治家惠民，因"小人怀惠"（《论语·里仁》）。

如果用人正确，自己岂不是就可以享受？事必躬亲，就累死。

发号施令的，只有一个。既是民主，何以要选出浑人控制一切？

合，是群德，结死党，"仁以为己任，不亦重乎？死而后已，不亦远乎？"（《论语·泰伯》）真正儒家，是死党。合群，有让德，绝不可以抢旗夺号。如果没有群德，就永远不会发挥效率。

同学够标准的，都"任远"董事，谁有办事能力，就谁管事。真有群德、群力，十年总能够跑出名堂。

群德、群力之外，更重要的是群策。志同道合，合在一起，遇问题，研究之。越是眼前事，必得越清楚，才能够解决问题。

至少必要"奉元一家"，大家互相"辅仁"，要拣选、控制。千万不可以跑单帮。按步骤走，绝对少有所失。

是故仲尼不试（不为世用），**无所援升，犹**（尚且）**序**（按次序排列）**门人以为四科，泛论众材以辨三等。**举德行为四科之首，叙生知为三等之上。明德行者，道义之门；质志气者，材智之根也。

孔子"吾不试，故艺"（《论语·子罕》），因为没人用，所以拼命努力，才练出了艺。没有当政，冷眼旁观，看尽人生的疾苦，有独门学问，即艺。

礼、乐、射、御、书、数，六艺之用，是一切做事的技术与手段。学到一个程度了，则"无所不用六艺之极"。所，地方；极，最高的手段。"无入而不自得"，进入一环境，势必有自得。

孔子将艺传给了冉求，"求也艺"，将艺达到境界了，故"于从政乎何有？"（《论语·雍也》）于从政何难之有？因为已经"无入而不自得"了。

韩非，书呆子，没有经验。

孔子不试，拼命努力，得了绝学——艺，传给冉求，"求也艺，于从政乎何有？"

我五十年不用，积己之用，显己之所得。

孔子是至圣，有教无类，但严于分科，因为术业有专攻。他将弟子分成四类——孔门四科：德行、言语、政事、文学。

又将人才分为三等："生而知之者，上也；学而知之者，次也；困而学之，又其次也。"（《论语·季氏篇》）《中庸》曰："或生而知之，或学而知之，或困而知之。及其知之，一也。"

又叹中庸（中庸之为德也，其至矣乎，民鲜久矣），**以殊圣人之德，**
中庸之德其至矣乎！人鲜久矣，唯圣人能之也。

《人物志》一书，大抵考诸行事，而约人于"中庸"之域。

以中庸分"君子、小人"，"君子而时中，小人反中庸"（《中庸》）。

尚德以劝（勉励）**庶几**（回也其庶乎）**之论，**颜氏之子，其殆庶几乎！
三月不违仁，乃窥德行之门。若非志士仁人，希迈之性，日月至焉者，岂能
终之？

人的才智不同，看法绝不同。我看一人的表情，即知事可为与否，故于穷苦之中拼命修"研究院"。

你们必要自求多福！我之坏，想得多，不只转十圈。整夜不睡，晚上写文章。

我认为《孙子》多有不足，必续之。自己可以不做坏事，但是也必得有智慧叫别人也不做坏事。

训（解说）**六蔽**（六种毛病），**以戒偏材之失，**仁者爱物，蔽在无断；

信者露诚，蔽在无隐。此偏材之常失也。

子曰："由也，女闻六言六蔽矣乎？"对曰："未也。""居！吾语女：好仁不好学，其蔽也愚；好知不好学，其蔽也荡；好信不好学，其蔽也贼；好直不好学，其蔽也绞；好勇不好学，其蔽也乱；好刚不好学，其蔽也狂。"（《论语·阳货》）

人有美德了，加上学，方不致有所偏失。

思狂狷，以通拘（拘谨）**抗**（奋发）**之材**，或进趋于道义，或洁己而无为，在上者两顺其所能，则拘抗并用。

子曰："不得中行而与之，必也狂狷乎！狂者进取，狷者有所不为。"又曰："狂而不直，侗（无知）而不愿（老实），悾悾而不信，吾不知之矣！"（《论语·泰伯》）如何立世？

"通"：一、伏羲作《易》，为"通"神明之德，类万物之情；二、圣人贵通天下之志；三、父母之丧，天下之通丧也，由天子以至于庶人，一也。"通"，即没有分别。

《资治通鉴》，当时很时髦，今天已过时。

"鉴"，昔日以水为鉴，后用铜镜。以史为鉴，才知何谓历史。殷鉴不远，一个重要的借鉴。"通鉴"，治理天下，上自天子下至百姓，皆用以为鉴。读史，如不能自历史得教训，白读！

我天天自找费脑的事，我无不望学生成龙。

读《春秋》，再读《史记》，因为《史记》"上承麟书"。

要负历史责任，为师者"为配上帝"，岂是易事？

疾（讨厌）悾悾（音 kōng，诚恳）而无信，以明为似（貌似）之难保。厚貌深情，圣人难之。听其言而观其所为，则似托不得逃矣。

立信，"无信不立"（《论语·颜渊》），要取信于人。千言万语，年轻人必要立信，"朋友信之"（《论语·公冶长》），任何团体绝不会找投机分子。立信了，碰上知人者，可以有用。

最需要用教育为子孙谋，否则光有想法，没有做法。无论大小事，单有想法，没有做法，永远不会成功。

没有人白养你，谋生必要有一套。人必要有所为，否则连自存都成问题。

又曰"察其所安，观其所由"，以知居止（长时间的日常行为）之行。言必契始以要终，行必睹初以求卒，则中外之情粗可观矣。人物之察也，如此其详。不详察则官材失其序，而庶政之业荒矣。是以敢依圣训，志序人物，庶（副词，表示希望）以补缀（补充辑集）遗忘，惟博识君子裁览其义焉。

处世、观人之道："视其所以，观其所由，察其所安。人焉廋（音 sōu，隐藏）哉？人焉廋哉？"（《论语·为政》）于人之察也，如此其详！

《人物志》记载人、物、事。必真明白什么是义理，是学事，并非读文字。无论对人、物、事，都必得做得合情合理，此即"和顺于道德而理于义"。义者，宜也，此乃做事的标准，把事情都办得恰到好处。古人专讲义理，办事必得合情合理。

孙子初中毕业了，我为其题字："依众生养我身，以我身报众生。"何谓"报众生"？

人最重要的是学思想。有思想了，就能为文，"行有余力，则以学文"，以"入则孝，出则弟，谨而信，泛爱众而亲仁"（《论语·学而》）作为大前提，成君子之德。

孔子穷一辈子，到处宣文。死后，成文宣王。

孔子在世时，被誉为"天纵之圣""天之木铎"。唐玄宗开元二十七年（739年），追谥孔子为"文宣王"，此孔子封王之始也。宋真宗咸平元年（998年）谒文宣王庙，追谥孔子为"玄圣文宣王"；大中祥符五年（1012年），追尊孔子为"至圣文宣王"。元大德十一年（1307年）八月十七日，加封为"大成至圣文宣王"。

韩愈倡"文以载道"，人称"文起八代（东汉、魏、晋、宋、齐、梁、陈、隋）之衰"。

苏轼《潮州韩文公庙碑》称韩愈"文起八代之衰，道济天下之溺"。汉以降至唐，经历了"五胡乱华"，以及其所带来的文化侵略，到了唐代已是佛、老兴盛，儒门衰微。韩愈与柳宗元发起古文运动，倡导"文以载道"，掀起华夏文化道统复兴运动的潮流。

为文，不可以离开人性，是在解决问题，不是做政工。

"文没在兹"（《论语·子罕》"文王既没，文不在兹乎"），人人皆有文，"文武之道，未坠于地，在人。贤者识其大者，不贤者识其小者，莫不有文武之道焉"（《论语·子张》），得"守死善道"，

"死而后已"（《论语·泰伯》）。退休，并不是等死。"经纬天地曰文"（《史记·谥法》），学文，乃是学"经纬天地"之术。

在一地方，必知其人之长短，要用其长，而避其短。

法天之运，"天之历数在尔躬"，"上律天时"，法自然之运，宇宙是一大天地，人是一小天地，成功则人与天齐，"与天地参矣"。

人为"天民"，万物皆备于我，是自己应得的。天均、天德、天爵（善人、君子、贤人、圣人、大人）、天禄、天权，皆与生俱来的。

是天民，所以不可以做缺德事，要自尊自贵，"天爵自尊吾自贵"。可见中国人"人格"之神圣！

必要告诉社会人什么叫"正"，则骗术就不能得逞。先养正，造次、颠沛皆必于正，进而才能"拨乱反正"。正，性命，"各正性命"（《易经·乾卦》），养得好，得"性智"，否则成"情智"。

知耻近乎勇，内圣，日知己所无；见义必为，外王，执两用中。

我讲《孙子》，为不战而胜；讲《人物志》，在求知人。

读书之钥：细心，懂要点。

我在屋中坐五十年，搞组织能胜过我？

是同学，未必是同志。一听是同学，无所不谈，错误！同学相残，如韩非与李斯，庞涓与孙膑！

每个人心中皆有戥子。耳聪目明，耳要听得清楚，眼要看得明白。必要懂得什么是聪、什么是明，聪明是用在求人。

我以前一桌十二只猫，大小狗都养。自从张同学有了小孩后，我不再养宠物。孙子吵，正需要人抱。如孙子比不上宠物，那这家还能和？嫌猫狗不会拿拖鞋，看我多"奸雄"！

人必要察微，不可以忽微。国要察微、识微，家也得察微、识微。

我"奸诈"，觉得你们太呆，没有文化基础。上一代不识字，这一代又碰上蒋的愚民！你们生于斯、长于斯，必要自求多福！

"《诗》三百，一言以蔽之，曰'思无邪'。"邪对正，养正就无邪。无邪即存正。故政治、外交，不能养正，绝不会成功。

不懂"烹"之术，则什么也得不到。小鱼一烹，连骨头都没了！"治大国，若烹小鲜"，偶一不慎，就分崩离析了。

读《老子》，首"得一"，即修为；其次，必要懂得烹之术，即为政。这岂是一般人能懂的？

要小孩读《老》《庄》，还不如教他读《千字文》。

为学不易，读书人必要有责任。

扫一扫，进入课程

王三省后序

余尝三复《人物志》，而窃（私自）有感焉。夫人德性资之继成（继之者善也，成之者性也），初未始有异也，而终之相去悬绝（相去甚远）者，醇驳（精纯与驳杂）较于材，隆污判（分）诸习（习性），曰三品、曰五仪，胥（全）是焉，而贤、不肖殊途矣。是以知人之哲，古人难之。言貌而取人者，圣人弗是也。兹刘劭氏之有以志（记）人物也乎？修己者得之以自观，用人者持之以照物（包含人、事、物），乌（何）可废诸？

读《人物志》，修已者得之以"自观"，用人者持之以"照物"。

中国人长于治世之道，但贵乎本身能站得住。"己欲立而立人，己欲达而达人"（《论语·雍也》）。如本身低，那看谁都低。

到一地方用人，必要知其人之长短，要用其长而避其短。在什么环境用什么人，哪个人有用与否操之在己。应世，得"无所不用其极"，才能"无入而不自得"。

读《人物志》，不仅要知人，反过来必要修己，以此衡量自己做事是在哪一个境界；如无修己的功夫，亦无知人之术。学了，必须要有修养境界，才能用那个术。

《人物志》要置于床头，终生读之。

读完《人物志》，应懂得修己。人想有成就，就得修己，如自己是下品，更应好好修，以入上品，否则下品支配不了上品。

然用舍之际，人材之趋向由之，可弗（不）慎乎？精于择而庸适其能，笃于任而弗贰以私，则真材获用，大猷允升矣。其或偏听眩（惑）志，而用不以道，动曰才难，吾恐萧艾（喻品质不好的人）弗择，鱼目混珠也。

中国人要成真人，"人之生也直"，"直心即是道场"，直人即真，保住"人之生也直"。"举直错诸枉"（《论语·为政》），用直人教育枉者，使之皆成直人。

台湾地区大多老师不教小孩做人处世之道，小孩教育乃成问题，所以青少年问题多。

读书的目的，是在改变"器质"。"形乃谓之器"（《易经·系辞传》），器有大小，定形定量，形形色色，不一而足，器识、器度、器量、器能、器宇、器局、器重。人亦为器，故曰"玉不琢，不成器"，或器小易盈，或大器晚成，或庙堂重器，必要培养之。

学外交，志在当外交官，有无提升自己成为外交官的器质，懂得外交官的礼仪与威仪（《中庸》"优优大哉，礼仪三百，威仪三千。待其人而后行"）？

看王宠惠、顾维钧这两人的器质如何？

王宠惠（1881—1958），字亮畴，广东东莞人，生于香港。精通日语、德语、英语，民国时期著名法学家、政治家、外交家。作为法学家，著有《宪法评议》《宪法危言》《比较宪法》等。他是第一个将《德国民法典》翻译成英文的人。1937年3月，任国民政府外交部长。淞沪会战爆发后，同年8月14日领导外交部放弃了被揶揄为"不抵抗政策"的对日宥和政策，以外交部长名义发表抗日声明。直到1941年4月，任国民政府外交舵手。1943年11月，随蒋介石出席开罗会议，据理力争。1945年，旧金山召开的联合国宪章制定会议上，他作为中国代表出席。

顾维钧（1888—1985），字少川，江苏省嘉定县（今上海市嘉定区）人，中国近现代史上卓越的外交家之一。1912年任袁世凯总统英文秘书，后任中华民国国务总理摄行大总统职，国民政府驻法、英大使，联合国首席代表，驻美大使，海牙国际法院副院长，被誉为"民国第一外交家"。1972年，出席联大的章含之受毛泽东之托邀请其访问中国大陆。1985年，病逝于美国纽约，时任中华人民共和国常驻联合国代表李鹿野前往吊唁。顾维钧口述的600余万字的人物回忆录，为研究中国近现代外交的重要资料。

你们必先问自己：要学些什么？学一东西，是否到了境界？有无改变自己的器质？如忘了自己要学什么，又如何能改变自己的器质？先成器，成就大器。最高则为不器，无定量、定形，无所不容，"君子不器"（《论语·为政》）。

昔日女子并没有到学校读书，但是结婚后懂得做贤妻良母。

现在，从幼儿园读到博士班了，犹不知自己要学些什么，根本没有达到"人"的水平，一点苦也不肯吃，就想捡便宜，所以不能担当大任。

一视同仁。天下一家（大家庭），中国一人（为大家庭中的一员）。合在一起，才成一家。

"首出庶物，万国咸宁"，此为奉元文化的目标。

从"安"到"宁"，万国咸宁的境界高于天下平。

"元者，善之长也"，天下之至善，故曰"奉元"。

如无超人之智，别想走在人前。你们如此年轻，何以不求"君子上达"（《论语·宪问》）？启示：有超人之智，才能超过人。

练达，培养自己的智慧。"惟精惟一"（《古文尚书·大禹谟》）、"刚、健、中、正、纯、粹、精"（《易经·乾卦·文言》），要经过多少步骤，才能达到"精"的境界？

一者，"纯亦不已"（《中庸》），得永纯，如纯蜂蜜、精油。一，永纯，颜回"其心三月不违仁"；其余，"日月至焉而已矣"（《论语·雍也》）。

你们现在发愤，犹为时未晚，还来得及。人固然有不同，何以不培养至高之境？做事必得"精一"。

《四书》完全是智慧产物，《人物志》将《四书》做分类，为其简练本。《人物志》是《四书》的精华，必须烂熟在胸。

《管》（《管子》）《晏》（《晏子春秋》）《商君》（《商君书》）《人物志》《冰鉴》，以上皆必读书，要终生读之，置于床头。

研究商君何以不能自保，才能够保身。学《管子》，要将自己当作管子。

学《大学》，以尧、舜作为模范。学《中庸》，学尧、舜、禹，

"好问、好察迩言，执两用中""惟精惟一"。随时代的变迁，"执中"的方法亦有别，"君子而时中"。

读书，要点抓住了，往内中想。就如同下棋，一子可定局。世事如棋，二人如何摆子，明白人可以看出结局。中国所有学问都是棋谱，就看你会用否。

讲考据？又不是开当铺！考据学，有其时代背景，不足以为法。

学问，是随时的，要"学而时习之"，不合于时的，都没有用。"生乎今之世，反古之道；如此者，灾及其身者也"（《中庸》）。

学不好，也总比不学好。

培己，懂得自己责任之所在，"守位曰仁"（《易经·系辞下传》），要"素其位而行，不愿（务）乎其外"（《中庸》）。真喜欢了，才能深入。

必要有如同天地之心，才办得到。必要下功夫。

孔子"四十不惑"（《论语·为政》）。人有欲，必有惑。"不惑于欲"，去欲，就是功夫。

一般人除了"欲"以外，没有别的，就在"惑"中生存。惑这一关，逃出太难了！

孔子"五十而知天命"，"五十以学《易》，可以无大过"（《论语·述而》），经过十年，学《易》了，才至"无大过"的境界；尚有小过，但懂得"率（顺）性"做事。

小过，有害于己；大过，有害于人。人人皆希望"安宁"，但仍有人倡导"战争"，此即大过。

想临事，必得有"聪明睿智"（《中庸》"唯天下之至圣，为能聪明睿知，足以有临也"）的本钱。聪，听得清楚；明，看得明白；睿，为智之母；智，知日，日知己所无。

人有"聪明睿智"，特别难；但具此，方足以有临，即面对一切事情。有"先觉觉后觉"，社会才能进步。

佛教说"到彼岸"，如何度？一部《心经》，"照见五蕴皆空，度一切苦厄"。观自在，必自度，没有人能度你。不惑于欲，即是自度。

我下功夫，是为了自度。在屋中坐五十年，和古人算账，把气出在你们身上。

人必得有浩气，浩气长存。人人都能，但得下精一功夫。

《论语》还有如此深的道理，讲"均无贫"。如真明白，则真能。"不患寡而患不均"，"均无贫，和无寡，安无倾"。

证严倡环保，沿街捡垃圾。如市长去捡垃圾，如己分？何不将此时间、精力致力于市政之大者？

人类最大的敌人是谁？

《孟子》称"万物皆备于我"，何以穷人什么都没有？天有好生之德，"生而不有，为而不恃"。

曼德拉（1918—2013）说："来指导非洲，不要来剥削非洲。"

美国占世界人口 6%，而消耗物资 48%。我倡"亚非合作"，不许美国人浪费物资，也必要用此智慧。

一举一动为了明天，今天的努力，是为开辟明天。要以爱心协助非洲开发，天天要发掘祖宗文化。

"五四"时，胡适等均有领袖欲，而今安在哉？中国文化要另评估，始自"五四"，最后为熊十力捷足先登了！现必得另评估中国文化，钦定的完全不要，"学校钦定之枉"。

你们懂得用脑？如何"均无贫"？

台湾地区留美的，所为何来？你们就"忘义"二字，焉能成事？

高级知识分子可想过人类的大敌是谁？可知我天天在想些什么？老百姓就懂得真理，没有比读书人再浑的！

"巧妇难为无米炊"，你们懂得我的阴险？完全是穷要饭的，无耻之徒，无知！可知全人类的病根何在？你们脑子根本没有褶子。

必得是"文化中国"，而不是"出卖祖产的中国"。

你们不好好学，我瞧不起你们，还为某些人做走狗，一点智慧也没有！

要善用头脑，自己为何受苦都不知，就净学为奴！

孙中山明白一点"均无贫"，倡民生主义。我以为人类是贫在帝国主义的铁蹄下。

知识分子想些什么，努力的目标何在？光知消耗，而不知培植，又如何能有未来？中国人的本钱足，但是多欲，使智慧为之埋没。

元智、性智、情智。"中庸不可能也"，因"喜怒哀乐之未发，谓之中"，性智与情智画上等号，太难了！

《四书》富无尽藏，就怕你不善读。"致中和"，则性即情、情即性，体用不二，发而皆中节。

人生在世，必要无忝所生。安定的环境，干一辈子，就写几篇无病呻吟的文章？

我的"长白又一村"知否？要使中国离开帝国主义的铁蹄，此为我一生奋斗的目标。你们头脑冷静，何以不明白？为人不易！就大贫与小贫，还均什么？

办杂志容易，但有头脑的文章，难！要谈天下，天下文化。以什么治寡？孤家寡人，办不了事。老者安之，安仁者。

《易》"首出庶物，万国咸宁"，此为奉元文化的目标。从安到宁，"万国咸宁"的境界高于"天下平"。

自钦定所传下的伪思想，就东抄西抄，必要去之。

成立专经班，必得写读书心得。取人之长，到哪儿，必要学人之所长。

你们欣逢盛世，而我生长在乱世。要练达，培养自己的智慧。

中国人可以享福，也能够吃苦。你们每天尽做些什么？

我在书中未见颜如玉，但找到乐处，常拍案叫绝。

看《论语·季氏篇》，自一例可以引申很多。什么环境、什么事，都可以培养智慧。其次致曲，见《中庸》。

大弟子入圣庙，不成问题，但都没脑，不会想。

我有一原则：杀恶人即做善事，有辜者必杀之。孔子一上台，即杀少正卯。

必要有先见之明。亚、非二洲必要合作，能够相得益彰。

我急于作交代。我母入土已十五年了，我犹天天喊，得天独厚，当谢天地，感恩。

我并不反对宗教，但不许宗教过于泛滥。宗教在台是一劫，念珠亦可成为装饰品。有先觉觉后觉，社会才能进步。什么环境产生什么宗教，是环境造成的。

满人火葬。太祖、太宗、顺治帝皆火葬，至康熙帝才不火葬。火葬，在哪儿死，在哪儿行火葬，不用僧、道。但我希望将骨灰扔在天池。

人能不惑，太难了！方东美把书捐中正纪念堂，不给台大。骨灰由王升扔到海。方老自洁一生，不当"院士"却犹有惑，最后的两个决定都错。聪明睿智特别难，具此方足以有临，即面对一切事情。惑这关，逃出太难！

得《易》之道，《易》学成了，可以无大过！

学《易》，首先必守住不卜、恒德，永其德；"不恒其德，或承之羞"，没有德，当然承己羞。

学，学着作为第一要义。有德者，会吃亏，但无德者绝不能成事。有德，和成就高低没有关系。商君无德，终落得遭五马分尸。证严，见苦就救。仁者无敌，没有分别心，焉有敌？

有兵法，就得有武术。两者有何区别？学武术，不可伤人，止戈为武。懂得兵法了，还得懂得止戈之术，不战之术，因要全人之国。得如常山之蛇，击其中则首尾相应。

每天都得冷眼旁观，留心时事。不许有半点主观，要"毋意、毋必、毋固、毋我"（《论语·子罕》）。

人活着，就好好活一遍，不为名利，乃本性之所好，则事半功倍。一有目的就坏，失智慧。性智、情智合而为一，难！佛家亦讲性智。

我所讲，皆不出经书，乃是串在一起。

《学庸》（《大学》《中庸》合称）必要会背，于你们处世为人能有帮助。

史上成就者又几人？司马迁立史例。董子，其政治思想影响至今。王充，懂得辨是非。

扬雄，对孔子不服气，作《法言》《太玄》，结果一无所成，终落得"莽大夫扬雄死"之讥，因为不服一切，而忘了立德。

现在中国又逢三岔路口，要如何走出自己的路子？人的才智相差无几，就视有无下"精一"的功夫。

刚，无欲，不惑；健，自强不息；中，保持"喜怒哀乐未发"的本色；正，止于至善，一也，善也。纯，纯亦不已。纯、粹、精。

孔子与老子，两人的时代与修养不同。

孔子受教于老子，得"一"后自吹"吾道一以贯之"。其后，感到有所不足，乃"变一为元"。元者，善之长也，含乾坤，"大哉乾元，万物资始，乃统天；至哉坤元，万物资生，乃顺承天"。

"大哉乾元，万物资始，乃统天"，孔子除掉宗教，此其伟大之所在，以元为资始、资生，连天在内，都是"元胞"，同元共荣。

中国道教的最高神是"元始天尊"，称尊，乃神格了。

自中西的神话，可以看出互相影响的关系。

熊十力的《乾坤衍》，对未来中国思想启发太多，可以据此往前想。

八卦，中国人最高智，元智。奉元行事，否定人为之道，自元智开始，下分性智、情智，最后合而为一，旁通情也。

奋斗、努力，二十一世纪必把思想脱胎换骨。

文，永不变；史，纪文之变。人人皆有文之道。文王，非指姬昌，"法其生，不法其死"（《春秋公羊传何注》），是活文王，"文德之王"，人人皆可以为文王，"行有余力，则以学文"。

孔子一辈子宣文，成功了，成"文宣王"。

《论语·子罕》称："子畏（有戒心）于匡。曰：'文王既没，文不在兹乎？天之将丧斯文也，后死者不得与于斯文也；天之未丧斯文也，匡人其如予何？'"足见孔子是以文王自居，"法其生，不法其死"，一辈子致力于宣文，也认为人人皆可为文王，故孔子一生"有教无类"。

人必得有浩气，浩气长存。我做梦也没想到，自己"造谣"愈来愈厉害。人人都能，但得下精一功夫，贵乎行，头脑才会清楚。

好东西不一定有补，我不喜吃没营养的东西。

必实事求是，得有修养。做事沽名钓誉，苦，伪善。我没有一次骂过"人"，是人还能挨骂？是给他教育。有守方足以有为，有守有为，不论男女。但有守，太难！

在人鬼之刹那间，决定自己要怎么做事，片刻之间决定自己怎么做事，就看是否摆得开。

扫一扫，进入课程

人物，此"物"包含人、事、物。《人物志》乃是人、事、物的记载。"知人者智"，人为万物之灵。如人非万物之灵又如何智周万物？如此，智、慧、灵三者有何区别？懂得不同处，才知道在什么时候用什么。了解字的深义，才能读书。

学《人物志》，并非要动心机，而是要按做人的智慧做人，不妄求。大事决之于天命，小事决之于德。

治世之道，缺一不可，"知进退存亡而不失其正"（《易经·乾卦·文言》），但是正太难了！正，含性与命，"各正性命"（《易经·乾卦》）。

"保合太和，乃利贞"（《易经·乾卦》），"太和"，是与生俱来的元气，"太和元气"就是阳；"保合"，是精神，得有环境的培养。"保合"才能"太和"，有环境的培养，才能得"太和元气"。"太和"，是"性相近"；"保合"，是"习相远"。环境不一样，结果也会不一样。

"天下之动，贞夫一者也"（《易经·系辞下传》），所以孔子说"吾道一以贯之"（《论语·里仁》）。一，是阳、男、贞；二，是阴、女、牝母之贞。"乾道变化"，男加女，一加二就成三；三生出来，再生万物，就生生不息了。所以说"乾道变化，各正性命"（《易经·乾卦》）。

如何养性？用"保合"功夫。如何养命？用"太和"功夫。"保合太和，乃利贞"，"保合太和"，既没有伤命，也没有伤性。但最高境则是能将德行出，有行力，"中和"，即将所有德行皆行出，"致中和，天地位焉，万物育焉"（《中庸》）。此紫禁城前三大殿"太和殿、中和殿、保和殿"命名之由来。

中国，"中"乃是"喜怒哀乐之未发"，能控制住为难，隐忍不发最苦。有修养者，中而不发。

大人，最高境界，"与天地合其德"（《易经·乾卦·文言》）。《大学》在学大，"唯天为大"，学大即学天。《大学》学完，到人的最高境界了，"大人者与天地合其德"。《中庸》讲用中之道，"君子而时中"。学大、用中，《大学》与《中庸》相为表里。

中国学问是讲致用之学。《易》唯"形而上者，谓之道"（《易经·系辞下传》）外，余皆致用之学，不尚空谈。空谈者，皆《火珠林》之类。

《火珠林》成书于唐末宋初。作者系麻衣道者，唐末宋初人，相传为陈抟老师，善相术。《火珠林》提出"卦定根源，六亲为主"，用五行生克刑害、合墓旺空等进行断卦，继承《京房易》的理论，为后来卜筮的传播打下坚实的基础。后人称此筮法为"火珠林"法。

《易经》中可有一句告诉人如何卜？孔子说："'不恒其德，或承之羞'。"（《论语·子路》）。

正，性命也，"各正性命，保合太和，乃利贞"。从"首出庶物，万国咸宁"（《易经·乾卦》），到"致中和"境界，必保存人性的本色。今天，台湾地区最缺的即是人性的本色，何以至此？孰之过？要"原心定罪"（《春秋繁露·玉杯》"春秋之论事，莫先乎志"）。青年至此怎么办？吾人要养老、怀幼。

读《人物志》，在学做人。读《管子》，在学做事。

"在天曰命，在人曰性，在身曰心"，命、性、心，三位一体。正心，自诚意始；心正，就天下平。此心，不是肉心，乃是"学问之道无他，求其放心而已矣"（《孟子·告子上》）之"放心"，即要把心安在腔子里。

要懂得用智慧，必得有高深的修养，在色、利、名前能够撑住；如撑不住，就变了，因为私心作祟，怕好事别人抢在先。

现在天天闹笑话，因为智慧面临考验时常迷了。"先迷失道，后顺得常"（《易经·坤卦》），先迷，失道，"率性之谓道"（《中庸》）；不怕迷，"后顺，而有常"，顺着人性，回到常道，"道也者，不可须臾离也；可离，非道也"（《中庸》）。

人物情性，志气不同，征神见貌，形验有九。

九，为虚数，非仅止于九而已。

"九征"，是全书的开宗明义，点出"人物之本，出乎情性"。所谓"九征"，是指神、精、筋、骨、气、色、仪、容、言的外在现象，自此以判断一人情性的平陂（音 bì，倾斜、不正）、明暗、勇怯、强弱、躁静、惨怿（音yì，悦也）、衰正、态度、缓急等。所以，可以从人外在的表征，推验其内藏的资质。

人的情性，因受习染的影响，可能有各种的偏失，但要"以人治人"，用人性治人，"改而止"（《中庸》），改了就到此为止，不要净是以完美的眼光去要求别人。

盖（启语词，就是）人物之本，出乎情性。性质禀之自然，情变由于染习。是以观人察物，当寻其性质也。

"人物之本，出乎情性"，此道尽了人之三昧。

宇宙是一大天地，人是一小天地，"天之历数在尔躬"（《论语·尧曰》），元智。

性情，旁通情也。讲生人之事。人封自己为万物之灵。十九岁小孩打死半身不遂父亲，现在每月皆有逆伦之事。

小善不足以遏众恶，《易》讲"遏恶扬善"（《易经·大有卦》）。人与动物有别。动物到不吃奶了，已经不认识母亲，故而乱伦。人与动物有别，有了"名分"就不可以乱伦。师生，"犹父犹子"（《论语·先进》子曰："回也视予犹父也，予不得视犹子也。"因为颜回有真爸爸在），守"心丧"三年。所以，我反对师生结婚。老师虽不在五伦之内，但是没有老师，五伦就不亲。所以"师"本身不可以乱伦，为师之责任即在正伦。

嘉庆师王尔烈，师母可面君。师母称哀家，同于皇后，其仪制如同亲王、东西宫。可见昔日为师之尊！

什么都可以做，绝不可以做乱伦、逆伦之事。人懂得伦，故为万物之灵。中国人称谓一定，辈分清楚。

人必自修！必自根上解决才生智慧。

一部《易经》，多少人靠它吃饭。何以从一点开始，至今犹猜不透？

人必要做自己懂的事。制药是救命事业，能不读书？

《四库全书未收书目》实比《四库全书》还宝贵，有精义之所在。《四库全书》所收者，皆钦定之书。今天必要废除钦定。《五经正义》一出，中国书的精义皆没了！康熙帝用朱子，成就"圣祖仁皇帝"。

中国思想必得另立，自伏羲的一点开始。《易经》要挑一挑，"太极生两仪……"乃道家之言。

情性之理甚微而玄，非圣人之察，其孰（谁）能究之哉？ 知无形状，故常人不能睹，惟圣人目击而照之。

《四部备要》本《人物志》，"玄"皆作"元"，乃是避讳康熙帝名讳——玄烨。

以前读书，自小就学避讳。如《红楼梦》中，黛玉读书，遇有"敏"字，即读别音，因其母即贾母的女儿贾敏。

我活得长，从旧社会到最新的社会。我额娘一辈子只到过一次日本，她看见日本女人穿木屐，说是"赤脚算账"，以后再也不出国了。

恋爱，第一步即情，一颗青心。如以青心去爱，就是纯纯的爱，怎么会成问题？但如只是基于需要，则为"欲"，并不是"情"，故无不为矣！小动物会动，就懂得情了。了解问题，自根上认识，真是看破世情惊破胆！

自情性研究人，因为人有情智，而有所谓石痴、花痴、情僧、情圣等，不一而足；但情并无高低，就看情不情。《浮生六记》，沈三白与芸娘，乃真情之流露！

《浮生六记》，清沈复（字三白，号梅逸）著。"浮生"二字，典出李白诗《春夜宴从弟桃李园序》："夫天地者，万物之逆旅也；光阴者，百代之过客也。而浮生若梦，为欢几何？"书分六卷："闺房记乐""闲情记趣""坎坷记愁""浪游记快""中山记历"（佚）、"养生记道"（佚）。陈寅恪指出，吾国文学，自来以礼法顾忌之故，不敢多言男女间关系，而于正式男女关系如夫妇者，尤少涉及。盖闺房燕昵之情意，家庭米盐之琐屑，大抵不列于篇章，惟以笼统之词，概括言之而已。此《浮生六记》之"闺房记乐"，所以为例外创作。

自一人之习性，可以观察其长短，所谓"眼乱看，不成才"。应按习性品评一人，以此观察一人，但此指常人而言。

"玄"，无影无形，《老子》云："玄而又玄，众妙之门。"知玄，则知元之所以为元了！玄，万物之门，生生不息之门。

《易经·说卦传》称："神也者，妙万物而为言者也。"一个"妙"字形容了一切！神"妙万物而为言"，此为中国人对神的观念与理解，代表一个民族的智慧。

有神品、妙品，两者有何区别？看什么，得马上生疑。有神笔、神刀，才有神品。

中国绘画作品，分为四级：能品、妙品、神品、逸品。"能品"，谓形象生动，对客观事物的形象把握准确，可供临摹学习。"妙品"，谓笔墨精妙，技法娴熟，是得心应手的有法之法。"神品"，谓刻画事物的精神本质，达到了至高境界。"逸品"，谓笔墨技法达到极致，为无法之法，是"画到生时是熟时"的境界，"奇思异想"加上"妙手偶得"，不迁就世俗，强调个性、自我情感的抒发。"逸品"，为真情之流露，画如其人，非常人可仿得。如元四大家之一倪瓒的画，淡笔空灵，令人有出尘之想，涤除俗虑。

读书必要深入，把每个字深悟。凡人焉能识微？"玄"更非易事！

最高的智慧是元智，有形了才有性智。懂得植物之性，才能改良品种。情性，不单是人有，动、植物都有。造物者，元神。《春秋繁露》有"立元神"章，但丢太多，帝王故意为之。

吾人应尽量从"元"去发掘。文化就是文化，不能政化。文化必得大革命，但是自无形的"元"、有形的"点"开始。日久明白了，就可以立说。

"明"与"聪"，有何不同？此即察的功夫。"情、性"两字明白，可以少走多少错路。人一生皆在"多少、污浊"中，最糟为污，好坏皆在此四字。

一个人不可以做自己不懂的事。不仔细，怎么做人？

"天地之大德曰生，圣人之大宝曰位"（《易经·系辞下传》），素其位而行，不务乎其外，不在其位不谋其政，"守位曰仁"（《易经·系辞下传》"何以守位曰仁"）。想做事，得找行家。守位，不多不少、不污不浊。读明白了，则每句话都可以得启示。合内外之道，必修至此，方至境界。《中庸》与《大易》相表里。"学庸"乃乾、坤两卦之衍，熊十力作《乾坤衍》。

指出毛病，方知如何去毛病、多少污浊。与生俱来就有正，但是没有养正。污、浊，相近但绝不同。本是清水，因受外力，而浊了，成为浊水；污，则是自己糊里糊涂，玷污，污秽。要常练达，才能养成如何识微。

脑子不清，则许多事皆似是而非。人的立场不同，是非也就不同，此一是非，彼一是非，所以是非、善恶，不能只用一个眼光去看。其实，人生如戏台，跑龙套的与生、净、旦同一重要，缺一不可，并无所谓高低。人世亦然，并没有超人，都是人。

要想事业成功，必要知人善任。因为人生就在"功利"的境界中，当和尚也是一种职业，与大学教授有何区别？其要钱，一也。做事，要先抓住要点，才知道要做什么。出家，不过是吃饭的地点不同而已，有何高超？人皆自迷也。如将事情弄清楚，就不迷了。

"馋当厨子，懒出家"，自己不迷了，遇事就会冷静，可以把事情看得清楚；一迷，如戴上有色眼镜，就换了一个颜色。

看人的好坏，目的是要他完成我们交付他的任务。说"为国任才"，不过是口号罢了，恐怕是为自己任才。既然是功利的境界，那观念就必须先弄清楚，就知道要怎样做事，不必要假惺惺。

孟子的阿Q精神值得学，"说大人则藐之，勿视其巍巍然"（《孟子·尽心下》），胆大，就谁都敢用。在社会上混的，都同一境界，不要受其障眼法，被迷住了，他不一定特别好。人世就是人世，不要被假惺惺的人迷住，他不过是善于"作伪"罢了。只要自己不迷了，就无不可用之才。

你自以为"望之俨然"（《论语·子张》），但是没人用你，你也必得失业。想要御（支配、控制）天下，必要知己、知人。

牧牛的无不想叫牛听他的。一个人能自知就能修己。将许多人都变成超人，能用？在我眼中看，都是唱戏的，缺一不可。真懂"人生如戏"，就能御天下。

说"君子固穷，小人穷斯滥矣"（《论语·卫灵公》），证明孔子有人生经验，能唬住学生。

孔子有抱负，但也到处碰壁。周游列国，在陈国遭厄，断了粮食，随从的弟子都饿得起不来。子路有"愠"，见孔子说："君子也有穷途末路？"孔子答："君子固穷，小人穷斯滥矣。"人和人差不多，不同在修养。性与情合了，乃有成就。

古人教人，说"人与人都一样"，所以不论是谁，他都能支配。读古书，可以到处得经验与教训。

做官的看谁都不伟大，他想用你，就在你的立场捧几下，说"兼容并包"，不过美其名罢了。民间团体时常造偶像，当政者并不反对，但是他不相信。

圣人也不用，齐景公一句"我老了，不能用你了"，孔老夫子只好走了！

《史记·孔子世家》：景公止孔子曰："奉子以季氏，吾不能。"以季孟之间待之。齐大夫欲害孔子，孔子闻之。景公曰："吾老矣，弗能用也。"孔子遂行，反（返）乎鲁。

习性，并无所谓高低、好坏。圣人才能深究情性之妙，自此研究出一套办法以御社会，因为圣人"知进退存亡而不失其正"（《易经·乾卦·文言》），知时，懂得"时中"之道。

只要肯细心，都能有"察"（分析明辨）之境界。

蒋庆向我问好。蒋未懂"元"，受康南海的影响大，犯同一毛病，恐十天也不会成功。

《易》"大哉乾元"，"至哉坤元"，"万物资始、资生"；《春秋》变"一"为"元"，"万物资始"。元年，群之始年，成公（天下）意也。

《春秋》"隐公元年，春王正月"，公羊传：元年者何？君之始年也。春者何？岁之始也。王者孰谓？谓文王也。曷为先言王而后言正月？王正月也。何言乎王正月？公何以不言即位？成公意也。

除何休注以外，其他的注皆讲不出其所以然。

我最近有许多想法：以台湾今天之乱象，讲学作用不大，还是写重要。

政治谈何容易？康南海，人评论其"书生误国"，误了德宗光绪，犯了《管子》所谓"骤令"之病。想治国、平天下，连《管子》都没读，如何"胜残去杀，天下一家"？

一切道理贵乎行，非讲。"有颜回者，不迁怒，不贰过"，知行合一之谓学。

《论语·乡党》云:"不撤姜食,不多食。"为此,我查遍医书。姜多食伤目,知可能指不多食姜。什么都要仔细,不可看过就完了。

我整天想:人类天昏地暗必得结束,21世纪应澄清,但也得有澄清计。每个人的责任不同,扫马路者把马路打扫好即可。市长得拟订市政红皮书,有大智者得叫黄河清一次。

对应兴应革,必超出一般人的见地,没下功夫焉能懂?将来接受熊十力思想的人会越来越多。智不同,责任不同;位不同,责任亦不同。圣人之言,绝不我欺。用不上,乃没真明白,完全似是而非!

元一,变一为元。孔子得一了,说"吾道一以贯之",而后"变一为元"。《易经·系辞下传》言"天下之动,贞夫一者也"。孔子谈贞元,贞下启元,元亨利贞、元亨利贞。复,一元复始。

冯友兰有《贞元六书》。冯一辈子未能成家,新瓶装旧酒。梁漱溟亦未能创新,在四川北碚办勉仁书院。马一浮办复性书院,借庙讲学。今北京有中国文化书院,汤一介接,成函授学校,没什么作用。

复性,首要在率性,不违背良知。做完事心里舒服否,此为我的生活原则。别人骂,不过如狂犬吠日,不必当一回事。人得有点阿Q精神。

中国人唯父母之丧、受刑时不戴帽。国亡时犹戴帽,但去缨。睡觉犹有睡帽。启蒙礼,昔日拜师。

真孔子像,吴道子所画,手是上下合掌。古人赝品必与真品有别。

书院有师尊所典藏的唐朝吴道子《孔子像》，手势是上下合掌。

人没有德行，绝不会传什么东西。今天曲阜之盛况仍在，经得起考验。

文化，以文化世，以人文化成天下。学文，在"以文化世"。中国文化，天下文化，"天下一家，中国一人"，没有界与际的观念。

大一统，统，始也。一元复始，终始，开始有新气象。"周虽旧邦，其命维新"，即一统、元统。复，其见天地之心乎！生生不息，故"其命维新"，维，有独一性。

我将学会宗旨，又加几个字。学会宗旨："秉大至之要道，行礼运之至德。通志除患，胜残去杀。智周道济，天下一家。强德未济，复奉元统。"

大至，元一以为质，"大哉乾元"，"至哉坤元"。

礼运至德，"大道之行也，天下为公"，世界大同，天下一家。

通志，圣人贵通天下之志；除患，圣人贵除天下之患。

胜残，没有残暴；去杀，没有杀戮。

智周万物，道济天下。天下一家，中国一人，没有际界。

自强不息，厚德载物；"未济终焉"，无穷的盼望！

"强德未济"，此为《易经》最伟大的思想。未济，即人生。

"复奉元统"，复其见天地之心乎！一元复始。元者，群之始年也，故不言即位，公天下。最后元统，统，始也。元始，自元开始。

读书没有明白，怎么能够做事？书呆子绝对难以成事。行事特别难，真知更是不易！没有坏人，但足以坏事，因为没学亦没问。

台湾人最大聪明即是捡便宜。学，都不一定成，况未学乎？在台湾，从上至下就混事！学什么？学到真知了？真知，亦未必能行，况未真知乎？

台湾人遇事，往往大而化之，就无节制。我深信文化基础的重要。

人必要求真知，天下绝没有白捡的。台湾人当要有自救之道，本来没有问题，却要自己找问题。

韩国问题大致解决，只是时间而已。要解决亚洲问题，中、日、韩必要好好合作，自民间文化开始，此为釜底抽薪。

日本犹有武士精神，美国则完全投机文化。中国人思想是要求人类利益，普济众生，芸芸众生。

许多问题临到身边了，即真正的问题。亲生子弑父，想一想何以如此？何以至此？宗教在台湾没有作用，幸好犹有慈济，但恐证严之后亦成问题，至少分成三派。我为了解慈济，到慈济医院住院十天。无论什么团体，一到形式化，就快了！

人有特殊长处，就是嫉妒。如看别人好，心里不舒服，即是嫉妒，乃失德之始。

以例子深想。台人为了一己之私，可以牺牲全体。投机、乘势，未来十几天之热闹！什么都没有，最后子子孙孙付出，还这一代的糊涂账。

一时之愚，而祸贻三代；一时之智，则福及无穷。就在愚、智之分。

什么事都要认真，谁都帮不上你的忙。多给点时间，多出点笑话。

凡有血气者，莫不含元一以为质，质不至则不能涉寒暑，历四时。

"凡有血气者"，此句有语病。因为连植物在内，莫不含"元一"，石头亦然！读书必要谨慎。以先觉觉后觉，尽自己责任，否则为失则。

有了思想，什么都可以创造。一与元，变一为元，境界不同。《易》为中国思想之源。要把所有的书都变成活的，旧注都得翻新。

"元一以为质"，体用以为质。凡是能动的，如蚂蚁、人皆含"元一"。"大哉乾元，万物资始"（《易经·乾卦》）。始，为本质；元，智慧高。

"元一以为质"，此语有何毛病？元，质，体；一，文，用。

一、有生于无，中国人的思想，不谈宗教。天文、人文、地文，皆属于有。

二、"道生一，一生二，二生三，三生万物。"一画开天。一者，主，我也，文之始。元是体，一为用。所以，"元一以为质"有语病。必用脑，许多书都错了。

三、变一为元：《易》"大哉乾元，至哉坤元"，"元"含乾、坤。汉儒说"元者，气也，造起天地，天地之始"。

此即"文"的历史，自"无"来。文史，乃"用"的研究。

什么境界才叫"元"？元为质，"质至"，止于至善。

伏羲"一画开天"，如画画，一动笔即"文"。

"喜怒哀乐之未发，谓之中"，质，大本。"发而皆中节，谓之和"，文，天下之达道。宇宙为一大天地，人为一小天地，"致中和"，所以"天之历数在尔躬"（《论语·尧曰》）。

文，政治学的体；文祖，政治家的祖师爷。

"文质彬彬，然后君子"，文、质得相称。"修文德以来之"，文德，文德之王，"法其生，不法其死"。

我在屋中"造反"，要进行文化上的大革命。有一知心者，都能成事。我绝对有公心，回内地，第四次带张同学。深深刺激你们，必自教育着手。

我每次均留下伏笔，要看你们是否会用脑。

"有生于无"，多聪明的思想！其后命名为"道"。

《老子》第一章："无，名天地之始；有，名万物之母。"第四十章："天下万物生于有，有生于无。"第四十二章："道生一，一生二，二生三，三生万物。"

孔子"变一为元"，"大哉乾元，万物资始""至哉坤元，万物资生"，谈两性的生生不息。

今天文史系，完全是死人骨头。应研究"文"的历史，可以震惊人类，要"盘皇另辟天"。

文质彬彬，体用不二。一个意境，即文史（变迁）。

文，在中国占的地位太重要！构思，想，元；一落笔，用，文，元之用。有形了，即用；道，即元，无形，为体。

阴阳图，一个东西的两面，性，阳中有阴，阴中有阳，不是分成两半。"太极生两仪",此一说法笨,成为两个东西了。

《易》说"乾元、坤元""大哉、至哉",没有说从哪儿来,也不说"元"含乾、坤。阴阳,非相对、决裂的,乃是互含的。今天科学家亦说:"男性也有女性荷尔蒙,女性亦有男性荷尔蒙。"这是宇宙本身即具有的,含无尽藏。人类不断地摸索、寻找、发现……并不是增加的。依此类推,犹有许多无尽藏待人去发掘。

"九二一"震灾给台人一警示:什么都可以做,绝不可做乱伦、逆伦之事。人因为懂得"伦",乃成为"万物之灵"。中国人的称谓一定,辈分极为清楚,此即文化。要以文化世,知有伦。

你们要好自为之。必要自修,自根上解决,才能生智慧。一个人真有志,也必须好好地训练自己,有基本的修养。

好好看《大学》《中庸》,烂熟在胸,可以用一辈子。

《学庸》乃乾、坤二卦最早的衍义。"大哉乾元,万物资始","至哉坤元,万物资生",人因元同,故曰"性相近",即以元为标准。

禀阴阳以立性,性资于阴阳,故刚柔之意别矣。

两性不和合,则不生。"禀阴阳以立性",男女在一起,必合德才能生育。《易》"阴阳合德,而刚柔有体",并不是结婚了就能生育,中国人早有此一认识,中医将《易》之道发挥得淋漓尽致。

阴阳、男女、刚柔,皆由"元一"生出,因为"大哉乾元,万物资始,乃统天"。元,为体;一,为用,两者的境界不同。孔子"变一为元"(《春秋公羊传何氏解诂》隐公元年),乃是进步了,因为自觉一有所不足。《大易》与《春秋》都讲元，称为"元经"。

天下"一致而百虑，同归而殊涂"，"阴阳合德，刚柔有体"（《易经·系辞下传》），乃由自然趋势而来的。此为天人境界，是"人与天地参矣"，可见先民极有智慧。

《中庸》云："唯天下至诚，为能尽其性；能尽其性，则能尽人之性；能尽人之性，则能尽物之性；能尽物之性，则可以赞天地之化育；可以赞天地之化育，则可以与天地参矣。"

体五行而著形。骨劲筋柔，皆禀精于金木。

"生来即天民"，此一思想太可怕！"天民"的含义：万物皆备于我，人人皆可享受万物，没有特殊阶级，多取，即是盗贼。今天，许多行政上的错误，造成许多人发财，如保险业等。

"人无生而贵者，天子之子曰元士"，士中的老大。"和无寡，安无倾"（《论语·子路》），家家与（参与）国是，人人为元首，"首出庶物，万国咸宁"（《易经·乾卦》）。大一统，犹指王说，王统；群之始年，元统。

以前按何休注解释的不能传，必要钦定的才能够出书。永留的又有几人？康熙帝，学德俱备，为中国留下"金饭碗"。

天职、天民，"予，天民之先觉者也"，中国人把人看得多尊贵！知识程度对一个人的影响大，必打破钦定思想。读书不明白，即造孽！

苟（诚，真的）**有形质，犹可即**（就）**而求之。**由气色外著，故相者得其情愫也。

"苟有形质，犹可即而求之"，不管什么事，只要有了形质，即可根据其形质了解一切，就其内心隐微处，亦可以了解。

可按形质研究一切，求得许多智慧。"形质"，即使是片纸只字也是形质。

"求"字意义特别深。求，索也，如求婚、求职、求生、求知，中间得费尽多少心机？要随时注意"形质"，才可以"就而求之"。

社会事，只要是有形的，均可按其形质，求到治之方。医生即按人的形质，求治人之方；科学家则按物的形质，研究到微乎其微。有知识、有智慧者，绝不走空路、妄想，必要按形质求。

侯德健当年作《龙的传人》，多么有志！而今开"易言堂"，为人卜卦，又何等消沉！何以至此？

陈鼓应在大学时，亦不可一世，与我见一面，被训了一顿，始知遇到高人。到北大教了数十年书，现回到台大，成若有若无，何以故？

要专门研究一般人不了解之处，察微，识微。从外头打进去，即使叫人祖宗，人亦不承认你是孙子。梦中梦，梦话焉可说出？没找到庙，要拔庙，多可笑！只告诉人你白跑了！

找对象，也必如此，才不会上当。人生最重要即找对象，人生的成败与之息息相关。"苟有形质，犹可就而求之"，何必说？不管什么事，只要有形质，即可根据形质了解一切，就其内心隐微处亦可了解。

真学问，非只会背书。人活着，就得用智慧。我懂得人喜什么，跟我的都不走。你们完全不懂得人是什么，我到哪儿皆身体力行，绝对有一套办法，绝对了解台湾人。

我一生尽在敌人堆中活，你们一天也活不了。那敌人要你命，连鸡也不如。帝国主义者、日本人有拿台湾人当人？认为台湾地区无价值，台人受罪了，还说人家好。

"八一五"至今，五十五年了，我不知这五十五年是怎么过来的。

民国三十四年（1945年）8月15日，日本宣布无条件投降，台湾及澎湖地区归属中华民国接管。而当时一般台湾人民对于中华民国的统治，大多抱持欢迎的态度，并以内地其他地区所没有的热烈心情，迎接国民政府。9月1日，国民政府在台设立台湾省行政长官公署，作为管理台湾的最高机关，由陈仪担任行政长官。

什么都不可靠，就智慧可靠；财富也不能跟着走，唯有智慧可以跟一辈子。

何以战胜了，转眼间皆妻离子散？何以尧舜以后第一人，却成民族罪人，而死无葬身之地？尽想好，得有绝对的智慧。现在有什么，都不可靠。有了智慧，就可以应付环境。天下无一事可靠，可靠的是自己的智慧。

我儿孙满堂，如今只身一人在台；王爷之后，如今财富又如何？好好培养智慧，唯智慧永随。遇变动不必伤心，此乃人世之必然！流离失所历代有之，也非你才遇上。如对什么有依靠心理即无知！

国民政府还都南京时，是蒋先生最尊崇之时，四夷传译；而仓皇"辞庙"，则犹如丧家之犬，雪上加霜。其荣与辱，我皆亲见之。世事无一有保障，唯有智慧永随。以智慧应世，则永无失败。必要懂得应世之智慧。以你们读书的方式，就是读多少，亦开不了窍！

"人焉廋哉？人焉廋哉？"做人是有一定的，"虽不中，亦不远矣"（《大学》）！想白头偕老，也必有那个德行。乡下老夫妻其乐无穷，因为了解少，吃饱就知足了！

既是"食色，性也"，则应"内无怨女，外无旷夫"，此为色的原则，亦为奋斗的目标；必谈，则可以扫除多少麻烦。伟大之事如偷偷摸摸，更易出事。

智慧，书为古人智慧的结晶，用以启发自己的智慧。智慧无古今。

有什么是现在，明天就没了！有智慧，就可以应付一切事之变。

如没法就其形质而识微，那形质对你也没有用。知其微义所在，即智慧。

先求温饱，慢慢改造，教育可是非一日之工。

我看一东西，与你们的看法完全不同。

必有形质，才能即而求之，求治之方。圣人之察察（**明辨清楚**），即懂"即而求之"功夫。"即而求之"，其中包含多少体验功夫。用人，要用其所长，而避其短；御之之方，有形质，就好对付。

知人，谈何容易！了解人的神情，必是经验、年龄与时间的累积，才能达到的境界。要重视体验，事不关己，无利害关系时，才要详细地看，能有时间好好地品评、品评。"看热闹的不怕纸草多"（纸草，祭亡灵时，用纸扎的房屋、用具、人物等），因无悲戚之情。冷眼旁观，才能培养自己的智慧，因为旁观者清。

凡人之质量，中和最贵矣。质白受采，味甘受和。中和者，百行之根本，人情之良田也。

"中和最贵"，但太难！

《人物志》乃《四书》最好的注解。

"质"，指中说；"和"，指量言。有容人之量，发而皆中节，即和。每一个人皆有喜怒哀乐，但必发得恰到好处，发而皆中节。讲易，行难！

能容人，有量，术也。我为有目的，不能不压抑，也不能发而皆中节，是有目的的容忍。和一没有关系的人相处三十多年，况且他什么都有。你凭什么了解台湾人？我自登上这块土，就必要了解这块土，到山地一住六年，并非空言。

人皆有目的，属于欲，要有成就。人最可怕的是有欲，或想名传千古。"中和"为贵，但谈何容易！

中（指质说）**和**（指量言）**之质，必平淡无味，**唯淡也，故五味得和焉。若苦，则不能甘矣。若酸，则不能咸矣。

中和之器，才能惟精惟一。思想境界，有层次。

平淡无味，出头的橼子先烂。

蒋勋善于言辞，我们第一个出版社——世铎，由他做，其母为满人；后留法，但没拿到学位，到东海当系主任，因没有副教授资格，降为讲师。

同学有知足感，一点成就也没。必系统化了，才叫思想。本身不下功夫，就因为知足，所以不必奋发有为。

"喜怒哀乐之未发，谓之中；发而皆中节，谓之和"，两者平衡了，此时性即情、情即性。但少能久矣，又变了，所以中间要加一功夫——"致"，"致中和"。《中庸》的意境实比《坛经》深。

《坛经》主张佛性本有、见性成佛，"以定慧为本"，"佛法在世间，不离世间觉"，与《涅槃经》说"一切众生悉有佛性"，可谓一脉相承，以"法即一种，见有迟疾"，"法无顿渐，人有利钝"。

致，是主动力。致中和，体用不二，使"中"与"和"不分家，即回到"元智"的境界，此时"天地位焉，万物育焉"（《中庸》），亦即"大人者与天地合其德"（《易经·乾卦·文言》）。"中"与"和"不是相对的，此时宇宙是一大天地，人是一小天地，"天地之道位于吾心"，即我与天地合德了，自己的一举一动即是"天德"的体现。

"各正性命"，自性而生情，故"旁通情也"（《易经·乾卦》），"老吾老以及人之老，幼吾幼以及人之幼"，果真如斯，则"天下可运于掌"（《孟子·梁惠王上》）。

"中和最贵"，谈何容易？一个人的出发点未必高，但如"欲"是正确，亦可有成就。如"希圣希贤"（宋周敦颐《通书·志学》"圣希天，贤希圣，士希贤"）也是欲。和，则自然，没有欲。中和之质，必平淡无味，如同白水，才能调和五味。

平淡无味，才能调和五味。《礼记·学记》也有此一说法，如说师不在五伦之内，但无师则五伦不亲。

《礼记·学记》：古之学者，比物丑类。鼓无当于五声，五声弗得不和。水无当于五色，五色弗得不章。学无当于五官，五官弗得不治。师无当于五服，五服弗得不亲。

想要成就大事，要把持自己本色，不要着上颜色。

中和最贵，但是太难太难！往往是"智者过之，愚者不及"，中庸之难能可贵在此。真有"中和之质"，必平淡无味，不自感是圣人，"唯淡也，故五味得和焉"（《管子·水地》"淡也者，五味之中也。是以水者，万物之准也"）。"绘事后素"（《论语·八佾》），必先有白纸，才能画画。

永不显自己特色者，成功最多。早画形，则终将埋葬自己，此乃作茧自缚也。

"无染存诚"，因为"诚者，天之道；诚之者，人之道"（《中庸》），才能保存本来面目，"成性存存，道义之门"（《易经·系辞上传》）。如有了味，再想改变，就不容易。

一个人如不平淡，怎么聪明？平淡，近乎乡愿，两者其实不同。

《论语·阳货》："乡原，德之贼也。"《孟子·尽心下》："孔子曰：'过我门而不入我室，我不憾焉者，其惟乡原乎！乡原，德之贼也。'……阉然媚于世也者，是乡原也……非之无举也，刺之无刺也；同乎流俗，合乎污世；居之似忠信，行之似廉洁；众皆悦之，自以为是，而不可与入尧舜之道，故曰'德之贼也'。孔子曰：'恶似而非者：恶莠，恐其乱苗也；恶佞，恐其乱义也；恶利口，恐其乱信也；恶郑声，恐其乱乐也；恶紫，恐其乱朱也；恶乡原，恐其乱德也。'"

能平淡，是大智若愚。劲气内敛，足以有守，故足以有为。"天何言哉？四时行焉，百物生焉"（《论语·阳货》），"上天之载（事），无声无臭，至矣"（《中庸》）。

故能调成五材，变化应节。平淡无偏，群材必御，致用有宜，通变无滞。

"平淡无偏，群材必御"，有偏好者，则"爱之欲其生，恶之欲其死"（《论语·先进》）。做事一旦分核心、外围，就不能成大事。因有所嗜，就不平淡。

"致用有宜，通变无滞"，一有了偏私，就会耽误人的聪明。察人，必自根上。

"变化应节"，节有一定的限度，有节操，即守节也。节骨眼，恰到好处，中节为要。任何东西皆有其恰到好处的地方，如说话必恰在"眼"上（围棋中，双眼则活，胜负所系。"节骨眼"之眼，应近此说）。

"应节"，应世的智慧，不要贴上标签。

唯智者，有应世的智慧，可以变化应节，"万变不离其宗"（《荀子·儒效》"千举万变，其道一也"，《庄子·天下》"不离于宗，谓之天人"）。我一生在敌人手中长大，就懂得变化应节。

适应环境，必先适应之，再慢慢改造。得投入一个环境，才能改变这个环境。变化应节，节骨眼。

社会何以出毛病？乃未投入，就先批评。团体中"百人千习"，如不能"不痴不聋",又如何做事？

京剧《打金枝》：唐郭子仪既平安史之乱，功高望重。唐肃宗以女妻其子郭暧。郭子仪夫妇八十双寿，家人相率拜贺，独公主不出拜寿，郭暧大怒，乘醉打公主，公主回宫哭诉皇后。郭子仪闻之大惊，立刻缚其子，负荆上殿请罪。唐肃宗笑曰："鄙谚有之：'不痴不聋，不作家翁。'儿女子闺房之言，何足听也！"

要装成没听到、没看到。团体中绝无上乘（**佛教用语，借指高妙的境界或上品**），团体中人多品杂，并非皆上乘。如是上乘，那内中不知有多少功夫，非一日之工！

团体中不一定都是圣人，但绝不能有卑鄙者出卖团体、组织，否则团体非垮不可。

要慎微、识微、察微。偶一不慎，王婆扯得一发不可收拾。我的事业绝对交给有才、有德者，否则不如卖掉。

要读活书，能用上，否则没用。

是故观人察质，必先察其平淡，而后求其聪明。譬之骥騄，虽超逸绝群，若气性不和，必有毁衡、碎首、决胸之祸也。

"聪明"，指视、听，有正知正见，是阴阳之精，"刚健中正纯粹精"，一点掺杂也没。精之中没有欲，能控制欲，有"格"者，没出格。生也自然，死也自然，庄子"顺自然"。一般人没出格，即能"守约"（《孟子·公孙丑上》）。要做大人、圣人……守住这个约，但不够精。

守，就是有机会也得守。"圣人之大宝曰位……何以守位曰仁"，致中和了，与天地同德。

处人最难！姑息养奸绝对是败事之源。团体中绝不许有一贼人。必须以团体对团体，以组织对组织。做人不易，成事更难！

学《管子》，到国外学国际法，必当上国际法庭的法官，必要知法官需具备的条件。学外交，举止、言谈、坐卧都必像外交官。学当老师，必要为师范，要学做人与技术。

我什么都不信，就信一个人智慧的成长。你们太忠厚了！太傻！我懂得防未然，在事未发生前即划界限，逾此则不接受，此即知止，知止而后有定。我教书时，绝不上教授休息室，那是是非之根苗。

做事要先止限，不让人有造谣生事的机会，不能约束别人可以约束自己。平淡无奇则无是非。己如无正，焉能养正？以正养天下，"蒙以养正，圣功也"（《易经·蒙卦》）。

看时事，必要懂得是怎么一回事。细心，练达，留意。防人之心不可无，要察言、观色。不知察言观色，就是睁眼的瞎子。

聪明者，阴阳之精。离目坎耳（《易经·说卦传》），视听之所由也。

"聪明"，指视听，有正知正见，是"阴阳之精"。精中之精，没有欲。刚、健、中、正、纯、粹、精，没有一点掺杂，精一不二。精之中，没有欲，无欲乃刚。

要做大人、圣人。一般人没有出格，即能守约。

《孟子·公孙丑上》："昔者曾子谓子襄曰：'子好勇乎？吾尝闻大

勇于夫子矣：自反而不缩，虽褐宽博，吾不惴焉？自反而缩，虽千万人，吾往矣！'孟施舍之守气，又不如曾子之守约也。"

守住这个约，但是不够精。守约已经不易，但并非至境，亦不精，不是中和，不过是做人的初步境界，不出格而已。

如出格，就没有人格。守身如玉，犹在格内。有守，就是有机会也得守，此为第一步。先求有人格，不出格。"有耻且格"（《论语·为政》），知耻能改，每天有进步。

阴阳清和，则中睿外明。圣人淳耀（大明），**能兼二美**（指中睿外明）。

"阴阳清和，则中睿外明"，此作书人的主见，其实亦不明其真义。

"睿"，聪中之聪；"明"，子张问明，子曰："浸润之谮，肤受之愬，不行焉，可谓明也已矣。"（《论语·颜渊》）不中人的计，不接受没有亲见的事。明者必有睿，聪中之聪，怎能相信谣言？说是非者，就是是非人。社会上有几个人不是王婆式的爱谈八卦？

内无聪中聪，则外无明。舜"好问，好察迩言"（《中庸》）。不够聪，则不明，被人利用了，犹不知。

我喜忠厚者，不喜聪明人。

要"诊钦定，复元智"，将思想的错误诊断出，恢复元智。熊十力跑第一棒，对我的启发大。

研究中国政治历史的演变。如不懂得司马迁何以写《史记》，又何必讲《史记》？中国人的思想，青出于蓝而胜于蓝，后生可畏，焉知来者之不如今也?

曾文正智非高，但忠。一法通，百法通。只要有智慧，什么都能做。培智为第一要义。

《徐霞客游记》《水经注》不单用脑，也用行，成就高。古人作书，作文章者多，用脑者少。要自基本思想学会怎么用思想。《四书》真明白，中国道统就得一半。

时代之病，病源在老师糊涂。一个人最重要的是思想。先秦思想蓬勃，秦后都钦定了!

辽、金、元、清，皆少数民族入主中原。重视少数民族，造成中国民族的融合。

《楚辞》之美，其意境无人能画出，思想致密，了解之博!今人应再造中华，因为中国人无智慧，久矣!

日知己所无，每天有新境，一乐也。我敲木钟，你们要敲铜钟。我坐屋中五十年，心无外骛。笔要勤，走到哪儿，想到就写，好好下功夫，开创可不易!

每天要以智慧衡量自己，不要贪。如懂"日知己所无"，则每天有进步。天下无难事，就怕有恒人。《诗经》三百篇，每天奏厕时读一首，一年就可以读毕。无恒产而无恒心，有恒产而有恒心。产，非指田地。"心作良田，百世耕"，思也。所以"学而不思则罔，思而不学则殆"（《论语·为政》）。

有形，文，元之用。天天用元，不一定天天作文。夜里做梦，元都不停止。人生不但好事成就不易，一生又做过几个好梦?我一生就做过三个较舒服的梦而已。

人生太难!真有点成就得下功夫。培元→元培，乃是下功夫而有成就了！元培好了，就奉元行事。孔子一辈子宣文，死后封文宣王。可见，文并不是当"文章"讲。

一即一点的延长。元，孔子一辈子努力的目标，宣文，付诸行动。

我在铁蹄下成长，深感帝国主义的痛，日本当时在中国成立了五个伪政权。人必受刺激，才会成长。我痛恨汉奸、帝国主义者。做人为第一要义，绝不可以卖国。

我保有宣统的《八骏图》，陪侍诸臣都盖章，当时在天津。我卖给故宫，为宣统立碑。用智慧，忠与诚，比会说重要。

做事三部曲，必要懂得用脑，才知道自己责任之所在。遇事，想到我，不会有大成就；如能想到别人，可得点安慰。

我天天说，希望你们自中了悟，接着做。你们自根上自知怎么想。遇事必知怎么想，守住大原则就够。

想要有元智，就必得培元；培元成功了，即为元培。蔡元培在北大，新旧人物并用，作风开明。

办事，必得用智慧。谁有德，谁享盛名，并非第一任。人世就是比较，而有高低、上下之分。

天则，立秋后，早、晚天气就凉了，此即节气。做事要中节，就是混饭吃，也要像个人样。

成大事不易，得经过千锤百炼。贵乎有恒，不在早晚。

知微知章，耳目兼察，通幽达微，官材授方，举无遗失。**自非圣人莫能两遂**。虽得之于目，或失之于耳。

做事想到一境界，必"知微知章"。微者，章之本；章者，微之用。

要慎微、识微、察微。识微，即知其微义之所在，也是智慧之所在（《易经·系辞下传》"夫《易》，彰往而察来，而微显阐幽"）。无微不至，见微知萌，识微知著，微言大义。

《人物志》读熟了，则和任何人谈一天话，就可以知他是什么人。应每天训练自己，闲聊、喝酒时亦可看出那个人，要在平时观察人。

人应世，就是耳与目，耳之所闻、目之所见，成败皆系于此二官。

好名者，必作伪。人必得真实，如天天务好名，哪有工夫干真的？本身无深厚之修养，焉能成就伟大之事业？成就事业，智慧与知识，缺一不可。做事有目标，必具备智慧与知识。

"生也自然，死也自然"，即顺自然。学，就要学个明白，活活泼泼的。何以时代不同，人的境界会差那么多？有学养与修养，则"知进退存亡而不失其正"。圣人的境界并不高，不过能知进退存亡，所以人称孔子为"至圣"，加一"至"字。

人活着，就是进退存亡。进退，含义多；存亡，更不必谈！知何时应死、应活。中国人没有退休观，"仁以为己任，死而后已"（《论语·泰伯》）。人生五六十岁是巅峰期，退休等死，最为残酷！

进退存亡，各有其时。应死时，不躲避；应活时，必得活。国之存亡为要，不该死，也不能死。圣人非最高境界，但活着时并不糊涂。

故明白之士，达动之机，而暗于玄虑（会想），**达于进趣而暗**

于止静，以之进趋，则欲速而成疾；以之深虑，则抗夺而不入也。

"机"，古门扇轴的中心点。"达动之机"，机不可失。"圣人不能生时，时至而不失之"（《易经·大有》）。不糊涂，即"明白之士，达动之机"。必要谋定而后动，"多算者胜，少算者不胜，况无算乎？"（《孙子兵法·始计》）

动如不失机，焉有不成功的？做事成功就两种：乘势，知机。借高骑驴，"时乘六龙以御天"（《易经·乾卦》）。机至而不失之，来得早，不如来得巧，乘势，皆属智慧。唯智永随，这是我的经验。

玄虑之人，识静之原，而困于速捷。性安沉默，而智乏应机，以之闲静，则玄微之道构；以之济世，则劲捷而无成。

思想家，长于"玄虑"。玄，赤黑，黑中带红，幽远，《老子》"玄之又玄，众妙之门"；虑，虑深通敏。玄虑，非人人能。

骂我的，都失败了，因不识时。我就坐屋中不动。人何以没有成就？就因为怕别人比他好。一个为学者到了"独学而无友"（《礼记·学记》），那就没有办法了。

我天天喊，要造一个新的百家争鸣时代，不敢说是对，但至少不一样，因为经过"玄虑"，会想。

人有所长，就有所短。富贵不过帝王，宣统最后又剩下什么？唯智永随，不要依靠身外物。天下夫妻白头偕老的，又有几人？

犹火日外照，不能内见；金水内映，不能外光。人各有能，物各有性。是以圣人任明白以进趋，委守成于玄虑，然后动止得节，出处应宜矣。**二者之义，盖阴阳之别也**。阳动阴静，乃天地之定性，况人物乎？

有形了，即用；道，即元，无形，为体。

"知远之近，知风之自，知微之显"，《中庸》烂熟，不会做事也会做事。

"大哉乾元"，至大无外，能包能容；"至哉坤元"，乾有多大，坤就多大，因坤顺承乾。刚柔，乃一物之两面。做事必刚柔并济、外圆内方。

若量其材质，稽（考察）**诸五物，五物之征亦各著**（显现）**于厥**（其）**体矣**。筋勇色青，血勇色赤，中动外形，岂可匿也？

看相，就看气色。《冰鉴·气色》云："人以气为主，于内为精神，于外为气色。"

中医四诊：望、闻、问、切。首为"望"，是通过观察面色，以诊察病情，即望气色，又称"色诊"。

其在体也，木骨、金筋、火气、土肌、水血，五物之象（表征）**也**。五性者，成形之具。五物为母，故气色从之而具。**五物之实，各有所济**（成）。五性不同，各有所禀，禀性多者，则偏性生也。

人的五行全，不易。社会，相生相克，相济相成。

相书言：五行相生相克，有"合法"，如木生火、水生木，此为顺和。有相合之相，大多富裕，但不会显贵。又如火克金，但有时金也需火；依此推及水、木、土，皆此，此即"逆合"。又有杂格等。人五行全不易，在此。

有时得好处了，却是失败之因。什么是"真得"，要有远见。

人的欲太可怕了，真是欲壑难填，利令智昏。

《易经·序卦传》称："有过物者，必济，故受之既济。""既济"了，接着是"未济"，因为天下没有"全"的事！

汤显祖"临川四梦"之一的《南柯梦》，谓"梦里堆藏总是金"，凡人做梦，多求金银富贵，却像黄粱一梦。描述唐代有位卢姓书生，时常幻想升官发财，有一次在旅居客栈中睡觉，一梦成真，梦中平步青云地娶妻、生子、升官、发财，"福寿全归"。后悠然醒转，那旅店的黄粱还没有煮熟，短短一刻已历尽了一生的荣华富贵。后人就常常把富贵荣华，比喻为"黄粱梦"般的短暂。

谁也不能济，《易经·序卦传》云："物不可穷也，故受之以未济终焉。"《易》以"未济"终焉，豫解无穷，"穷则变，变则通，通则久"，要穷、变、通、久。

是故骨植（直）而柔者，谓之弘毅（抱负远大，意志坚强）。**弘毅也者，仁之质也**。木则垂荫，为仁之质。质不弘毅，不能成仁。

据此以知己。

弘毅之士，外圆内方，外刚内柔。以柔克刚，坤顺承乾。乾，恒健（《易经·乾卦》"天行健"）；坤，柔顺（《易经·坤卦》"柔顺利贞、乃顺承天"）。为人处世，当刚柔并济，外圆内方。

《冰鉴·刚柔篇》谓"刚柔，则五行生克之数，名曰先天种子。不足用补，有余用泄"。

气清而朗（爽朗）**者，谓之文理**（文采条理）。

人的发音不同，或清晰，或清朗，此类人做事不会不安分守己。但也有发音令人难受的。

《冰鉴·声音》以人的声音，犹如天地之气，轻清者上浮，重浊者下坠。声相思，其人斯在。《礼记·乐记》云："凡音之起，由人心生也。人心之动，物使之然也。感于物而动，故形于声。声相应，故生变。"所以能自人声音，察其内心的变化。

《论语·泰伯》云："动容貌，斯远暴慢矣；正颜色，斯近信矣；出辞气，斯远鄙倍矣。"

文理也者，礼之本也。火则照察，为礼之本；本无文理，不能成礼。

理者，礼也（《礼记·仲尼燕居》"礼者，理也"），"天理之节文也"（《论语·学而》"礼之用，和为贵"，朱子注："礼者，天理之节文"），如四时之运。礼节，即法天而来，如天道之有秩序。

体（体态）**端而实**（坚实）**者，谓之贞固。贞固也者，信之基也。**土必吐生，为信之基；基不贞固，不能成信。

人走路如稳重，体端重，行动扎实，则可靠。

多看，深会，可意会不能言传。

筋劲而精者，谓之勇敢。勇敢也者，义（宜）**之决也。**金能断割，为义之决。决不勇敢，不能成义。

"义之决"，一事在恰到好处时，必有所决断，才叫勇敢。

"见义不为，无勇也"（《论语·为政》），应是见义必为，内含牺牲的行为，如三心二意，一迟疑，就失机。勇，可非易事，该怎么做就怎么做，很难！

愈年轻愈精，遇事表之于言、色，但到书一读多，就不敢了。

净做"义之决"的事，就没有好风评，但求无愧于心。

不精，不能纯一不二。许多人什么都懂，连一句正经话都不敢说。

不懂"刚中有柔"之"义之决"也没用，到处树敌。只可能是社会最圣洁的人，但不能用，必上智之士才能用。皆一曲之士，偏僻之士！然社会皆一曲之士，即偏僻之士为多！

色平而畅者，谓之通微。通微也者，智之原也。水流疏达，为智之原；原不通微，不能成智。

"色"，非单指面，乃指形色，形形色色，有无尽义。

周正，即平；傲视轻众，孤芳自赏，皆属不平。不急不躁，缓急适中，乃平之境界。

做事要冷静，"戒急用忍"，办事以此四字，则各方面表现都很平正。"智者不怒"，因为戒急用忍。"忍"字，即心上一把刀刃，多难！由此去悟。

智者必识微、察微，早辨，能见人之所未见。"履霜，坚冰至"，为坤卦之主旨，意即必早做准备，坚冰一来，就无半点损失。

光知往前跑，不知顾后，事也难成。识微，就能杜弊。

事前豫，则立。"圣人贵除天下之患"（《春秋繁露·盟会要》），患除不了，则生患。必要有识微之智，豫防遗留之弊。

"智者利仁"（《论语·里仁》），因为有远见，故所行皆有利于仁道。但是智者于中国道统说，并非至高境界。

五质恒性，故谓之五常矣。五物，天地之常气。五德，人物之常行。**五常之别，列为五德。**

"三月不违仁"（《论语·雍也》），乃是"恒"的功夫。三、九皆虚数。"常"，乃经久不变之道。伦常永不变，一变社会就不成形。"五常"，五伦；朋友亦为五伦之一，必有处朋友之常，"朋友以信"（《论语·公冶长》"朋友信之"）。

从"五常"到"五德"，德为实际的行为，"德者，得也"（朱熹《论语集注》"德者，得也，行道而有得于心者也"），是有得于道，表现在行为上。

是故温直而扰（和顺）**毅**（果断）**，木之德也。**温而不直则懦（胆小），扰而不毅则剉（音cuò，折损）。

想、说皆往大处，但后劲无力，有缺陷，无毅力也。

摆大样，说大话，但不能始终如一。

刚塞而弘毅，金之德也。刚而不直则决，弘而不毅则缺。

刚的东西最易断，刚而能柔才行。

愿恭而理敬（有治而敬谨），**水之德也。**愿而不恭则悖，理而不敬则乱。

"愿"，忠厚，诚实。"恭"，存之于心。理事得存"敬事而信"（《论语·学而》）。"愿恭"，做事必心存忠厚，对人不慢、不傲也不骄。"水之德"，"盈科而后进"（《孟子·离娄下》），能平天下之不平。

理者，履也，行也。做事必有伦有序，然后才能去处理。

年轻人感己有智，处世有过节，则造成人对你一生的坏印象。"不要耍小聪明"，天下事皆相通，不能掩。

"理而敬"则不乱，才能敬业乐群。人各有业，要"敬业"。人之毛病，在坐这山望那山高，在行嫌行，欠缺敬业的精神。应"素其（己）位而行"。其次，乐群，因为事业绝非一人能成功的，必要有群德、群策、群力。

知识分子的责任，在"智周万物，道济天下"。圣人一定是智者，而智者不一定是圣人。水之德，近乎智，因"智者利仁"，水"盈科而后进"（《孟子·离娄下》），平天下之不平，除天下之患，所行有利于仁。

光，容光必照，无所不照，何等公平！水，专找坑的地方；光，专找黑暗的地方。

宽栗（敬谨）**而柔立，土之德也**。宽而不栗则慢，柔而不立则散。

"宽栗"，宽中有威，"望之俨然，即之也温，听其言也厉"（《论语·子张》）。光宽，不知有威，则懈怠！柔能立事，如水之德，很柔，但滴水可以穿石。柔而不立，则懒散！

土之德，既能载物，又能生物。"大哉乾元"，"至哉坤元"。坤厚载物，德合无疆。夫妻，"妻者，齐也"（《白虎通·嫁娶》"妻者，何谓？妻者，齐也，与夫齐体，自天子下至庶人其义一也"），夫妇绝对平等。

简（简约）**畅**（通达）**而明砭**（《说文》"以石刺病也"），**火之德也**。简而不畅则滞，明而不砭则翳。

"简"，《易经·系辞上传》"简则易从"。"畅"，达也。《易经·坤卦·文言》云："美在其中，而畅于四支。""滞"，不通，塞也。"简畅"，简以御繁，畅以治塞。

"砭"，古时候用石头针治病，以后用金针。金针太软，改用银针。五金，皆称金。"翳"，乃是眼被薄膜所遮，《广雅》称："障也。"

"明而不砭则翳"，明的东西仍要常去修，何况是浑的？人有一点成就了，仍得天天谨慎小心，要防未然！

虽体变无穷，犹依乎五质。人情万化，不可胜极，寻常竟源，常在于五。**故其刚柔、明畅、贞固之征，著乎形容**（形体容貌），**见**

乎声色（声调脸色），发乎情味（情感趣），各如其象。自然之理，神动形色，诚发于中，德辉外耀。

故心质亮（谅，诚信）直（本良知良能），其仪（表现出）劲固。心质休（美）决，其仪进猛。心质平理，其仪安闲。

《人物志》有一半不伦不类，刘劭并没读通《四书》。

《论语》中，许多地方皆结论。

夫仪动成容，各有态度。

"仪动成容，各有态度"，百变不离其宗，各如其象。

"出门如见大宾"（《论语·颜渊》），出门不能马虎从事，必要重视自己的威仪，如同会见重要的宾客，穿着、举止必要合体整齐，视己之立场，如是大学生，要让人一见即知你是大学生。

直容之动，矫矫（勇武）行行（音hàng，刚强）。

《论语·先进》称："子路，行行如也。"刚强好勇，没有修养。

休（当形容词，美善、愉悦）容之动，业业（警惕貌）跄跄（威仪庄重）。

美容之动，不急不缓，庄重和悦。《论语·颜渊》云："出门如见大宾，使民如承大祭。"有威仪，恭敬别人就是恭敬自己。《论语·学而》称："夫子温、良、恭、俭、让以得之。"

德容之动，颙颙（音yóng，温恭）卬卬（音áng，慷慨高明）。

"德容之动"，必温恭慷慨，气宇轩昂，即"望之俨然，即之也温"(《论语·子张》)，但是不易。

夫容之动作发乎心气，心气于内，容见于外。**心气之征，则声变**（声音变化）**是也**。心不系一，声和乃变。

《黄帝内经·灵枢·脉度》称："心气通于舌，心和则能知五味。"

"心不系一"，则放失，"声和乃变"。

今天皆"各从其欲，家自为俗"，不知该怎么做。

《春秋繁露·立元神》：天地人，万物之本也。天生之，地养之，人成之。天生之以孝悌，地养之以衣食，人成之以礼乐，三者相为手足，合以成礼，不可一无也。无孝悌，则亡其所以生；无衣食，则亡其所以养；无礼乐，则亡其所以成也。三者皆亡，则民如麋鹿，各从其欲，家自为俗。父不能使子，君不能使臣，虽有城郭，名曰虚邑。

今天小孩不知，也谈不上深刻，就凭一点本钱应这繁华社会。

应以《人物志》当药方，医自己的病。"大学之道，在明明德"，第一个"明"是动词，第二个"明"是名词，即有了"明德"，还要加以"明"的功夫。

夫气合成声，声应律吕（乐律统称）。清而亮者律，和而平者吕。

十二律，分为阴阳两类：奇数六律为阳律，叫作六律；偶数六律为阴律，叫作六吕。合称为六律六吕，简称律吕。《周礼·春官·大司乐》奏黄钟，歌大吕；奏姑洗，歌南吕；奏夷则，歌小吕。

有和平（和谐平稳）**之声，有清畅**（清晰流畅）**之声，有回衍**（回旋荡漾）**之声。**心气不同，故声发亦异也。

"善歌者，使人继其声"（《礼记·学记》）。
京剧的四大名旦，是乾旦，但其举止比女人还美。

1927 年，北京《顺天时报》举办评选"首届京剧旦角最佳演员"活动，梅兰芳、尚小云、程砚秋、荀慧生当选，从此他们四人被誉为京剧"四大名旦"。梅、尚、程、荀四人在艺术上各树一帜，雄踞舞台，表演唱腔精益求精，各有独家剧目、师承及传人，也成为京剧界的一个传奇。

程派，有"回衍之声"，余音绕梁三日。

程砚秋（1904—1958），原名承麟，满族索绰罗氏，满洲正黄旗人。北京人，后改为汉姓程。其表演功力深厚，表情细腻，富于独创性，逐渐形成个人的艺术风格，创立"程派"。其嗓音窄，有如童子，内行称"鬼音"，以走偏锋之险腔取胜，为"刚半音"。程腔纤巧、柔和、若断若续，时而奇峰突起、高入云霄；时而低回宛转、缠绵悱恻。善用气口，断续之处，藕断丝连；高低曲折，自然无痕，最为悠扬悦耳、沁人心脾，可谓巧夺天工。

夫声畅于气（心气），**则实**（充分）**存**（存留）**貌色。**非气无以成声，声成则貌应。

"声成则貌应"，是天生的。听人的声，可知其神。

故诚（真）**仁，必有温柔之色。诚勇，必有矜奋**（坚强振奋）**之色。诚智，必有明达之色。**声既殊管，故色亦异状。**夫色见于貌，所谓征神**（精神外显的迹象），貌色徐疾，为神之征验。

举止适中，快慢适中，为大家闺秀之风。

征神见貌，则情发于目。目为心候，故应心而发。**故仁，目之精**（精气），**悫**（音què，谨也）**然以端**（朴实谨敬）；心不倾倚，则视不回邪。**勇，胆**（胆囊）**之精，晔然**（光焰炯炯）**以强。**志不怯懦，则视不衰悴（忧愁、悲伤）。

"情发于目"，"存乎人者，莫良于眸子"，眼睛会说话，不能骗人，"听其言，观其眸子，人焉廋哉？"（《孟子·离娄上》）

"志不怯懦，则视不衰悴"，心脏很强，但力必用得恰到好处！

"人贫志短，马瘦毛长"，世路人情皆学问，人就在这里活着。人不一定得富，但必"志不怯懦"。

然皆偏至之材，以胜体为质者也，未能不厉而威，不怒而严。

孔子以布衣，两千多年祭祀不绝，多少枭雄老年了还要祭孔，造一辈子孽，死了还要跻入圣人之门。

《史记·汉高祖本纪》载："沛公不好儒，诸客冠儒冠来，沛公辄解其冠，溲溺其中。"但刘邦平定英布后，回沛县，与乡亲父老欢宴数日；十一月到曲阜，用太牢（牛、羊、猪三牲）祭祀孔子，开后世皇帝祭孔之先河。历代帝王或亲临主祭，或遣官代祭，或便道拜谒，总计达一百九十六次之多。

吴佩孚（1874—1939）过大寿，印一部《春秋》，因此自比关公。后来失败，但不住租界、不积私财、不出国、不纳妾。到湖南，赵恒惕（1880—1971）留下他。值是非犹未定之际，此老有正义感。赵全家来台，生活苦，先为顾问，后为"资政"。

社会有正是正非，但未必在你活着时。时很重要，但懂用时的太少，多半等那人故去后，再为其翻身。"仲尼不可毁也"（《论语·子张》），人要自绝于日月，又何损于日月？

正是非不易！听谤，一笑置之，要有阿Q的骨头，在脑中不发挥作用。见多经广了，就知社会即是如此；知此，就知道要怎么活。本着良知做事，但求无愧于心，不要沾奸取巧。

用事（世）时，不可自是其是，必本良知，无愧于心。

这时代年轻人的心理，看谁都不对，只有自己对。昔人听闻有不同的说法，必备四色礼去求教。

四色礼，即四样礼。四色，即四季，表示一年，含有自始至终、完美、美满等意蕴，是后辈对长辈的祝福。

你们应正视自己，品评自己，修己。人家的好坏，与自己半点关系也没有，听人说闲，不可以首肯，否则即是助人为恶，因为你一首肯，就等于勉励了他。

以前重视节操，人有所守。天下绝对有"道"的标准，能衡量天下事。千万不要失守，一失足成千古恨。

故胜质不精，则其事不遂（成）。能勇而不能怯，动必悔吝随之。

胜质仍要精，否则事不成。成事，不等于成功。

"勇而怯"，要恩威并用，但做事恰到好处，不易！

小事做得恰到好处也不易，悔吝由此生。一句话失言就有悔，因对人有所不足。"忧悔吝者存乎介，震（动）无咎者存乎悔"（《易经·系辞上传》）。

是故直而不柔，则木（僵直，呆板）；木强激讦，失其正直。

"直"，一切不保留，"子为父隐，父为子隐，直在其中矣"（《论语·微子》）。直必柔，否则"失其正直"。"激讦"，攻人隐私，"恶讦以为直"（《论语·阳货》）。

皋陶（中国司法鼻祖）受舜命，当执刑官。舜父瞽瞍（瞽，眼瞎。蔡沈：瞍，长者之称）杀人，舜如重亲情，就必去位。

《孟子·尽心》桃应问曰："舜为天子，皋陶为士，瞽瞍杀人，则如之何？"孟子曰："执之而已矣。""然则舜不禁与？"曰："夫舜恶得而禁之？夫有所受之也。""然则舜如之何？"曰："舜视弃天下，犹弃敝蹝也。窃负而逃，遵海滨而处，终身欣然，乐而忘天下。"

一有了尺度，看东西就不糊涂。

有些人说话激烈，尽站在一己立场去责备人，还振振有词，此为"激讦之士"！

开口、闭口总是别人不对。好好读《论语》，可以平心静气。

自以为是洁士，实际是激讦之士，能达公是公非不易。

劲而不精，则力（笨拙）；负鼎绝膑（音 bīn，膝盖），失其正劲。

人的劲，必用到当处。"劲而不精，则力"。"负鼎""绝膑"，"失其正劲"。

读书时，必要把书读好，不要尽搞社团，到社会才叹"书到用时方恨少"！

固而不端，则愚；专己自是，陷于愚戆（音 zhuàng，痴愚、急躁）。

《论语》"毋固"为"四毋"之一（《论语·子罕》子绝四：毋意、毋必、毋固、毋我）。

何以"愚者好自用"？因为专己自是，不近情理。"回也不愚"（《论语·为政》），孔子为颜回打的批，大智若愚应端其固，则是非分明。

气（内气充盈）**而不清，则越**（超过，狂妄）；辞不清顺，发越无戍。

"智者不怒"，因为智者气清，一般人则随时发脾气。

"喜怒哀乐之未发，谓之中；发而皆中节，谓之和"（《中庸》），发而不中节，谓之"越"。"越"，超过界限，逾越。"戍"，人持戈，象人负戈守卫边疆。任何东西皆有边界，在此范围内曰"戍"。

畅而不平（均衡），**则荡**（放荡）。好智无涯，荡然失纪。

"荡"，浪荡，无边，"狂也荡"（《论语·阳货》），放荡不拘。

"学问深了意气平"。学问好，但脾气比谁都大，气平的少，多半古怪。读书人必明理，但仍"畅而不平"，焉称明理？

水之德，"盈科而后进"，平天下之不平，即"畅而平"。

"纪"，纲也，把不同东西拢在一起，网中之大粗绳。纪律，法度。失纪，违法乱纪。

同学上课听得天花乱坠，但下课后做事仍用父母给的本钱，乃未能将所学融入生活中。没有好脾气，根本"读输"了，不能用在生活上。做人之道，天天做人很平整，过得很愉快就是了！太太能侍候你，也必要有几分德行。

是故中庸之质，异于此类。勇而能怯，仁而能决，其体两兼，故为众材之主。

"勇而能怯"，就有识时之智，识时务者为俊杰。但识时不易，许多人将已就木了，犹不知自己要怎么办。

能识时，就能先时、治时。有识时之智，乃知当务之急，就能治时。

因时，偶一不慎即成违时。自以为聪明者，是因时、违时，因时是马后课。因时制宜，来不及了。

学了，应好好往前研究。人最可怕的是无知，因为不学无术；知此，必学，夜里都难眠。你们至少要应世（事）半个世纪。

"仁而能决"不易！仁者，多半优柔寡断，往往婆婆妈妈，焉能决？知已仁，必要修能决之德，才能达到中庸。

"智者利仁"，不会做糊涂事，所做事绝对有利于仁。"仁者安仁"，"其心三月不违仁"，"素患难行乎患难、素富贵行乎富贵"，"造次必于是，颠沛必于是"。

真想成就事业，必培养胆、量、识。读书人有量，但多半缺胆。

陶希圣（1899—1988），青年有为，北大教书，日本人对其佩服备至，但其无胆，与汪精卫（1883—1944）合作过，其妻助其离汪。陶有学问，与马寅初（1882—1982）齐名，年亦相若。

成舍我（1898—1991），在军阀时期，每天油印出版骂军阀，且皆言之有物，来台后创世新，一个小房就办，节衣缩食，真是舍我。

龚德柏（1891—1980），才华出众，办《救国日报》（1932 年于上海），每天三分之二文章皆自写。

张季鸾（1888—1941），创《大公报》。

一个人活着，要有生命力，不要看官。释迦牟尼"唯我独尊"（释迦牟尼来到人间的第一句话，就是"天上天下，唯我独尊"），不要尽同人凑热闹。

五常既备，包（统）以澹（淡）味。 既体咸酸之量，而以无味为御。

"五常"，即上所言仁、义、礼、智、信。

五德，则源自《尚书》九德"宽而栗，柔而立，愿而恭，乱而敬，扰而毅，直而温，简而廉，刚而塞，强而义"；前九字，指人的资质；后九字，指后天的进修功夫。

平淡无味，才能调成五味，左右逢源。如定型了，就无法调。

有味不能成才，平淡则可以配一配。是无味，才能御一切之味，能变化应节，恰到好处。

切记：书读百遍自通！

五质（体）**内充，五精**（用）**外章，**五质澹凝，淳（大）耀外丽。**是以目彩五晖**（彩）**之光也。**心清目朗，粲然自耀。

"五质澹凝，淳耀外丽"，"是以目彩五晖之光"。

"心清目朗，粲然自耀"，眼睛虽不会说话，但什么都告诉你，因为"诚于中，形于外"（《中庸》）。

故曰：物生有形，形有神精（精气和神韵）。不问贤愚，皆受气质之禀性阴阳，但智有精麤（粗），形有浅（淡）深耳。寻其精色，视其仪象，下至皂（音 zào）隶牧圉，皆可想而得之也。

精神虽然看不到，但是可以体悟到。

肉身为质，神为身（质）之主。命、性、心（本心），乃三位一体；在身为心，本心为身之主。支配质的即为本心，亦即明德、良心。如受外诱之私，乃失明德，故要下功夫，明"明德"。

"圉"，马官。不要以为马官就没智慧，什么马到他手中都能被驯服，以贡献论，他与宰相没有差别。

马官，掌牧马政令的官吏，泛指牧畜管马的人。由于掌控皇室、官署用马，以及国家军队运输用马、骑兵之战马需求，负责马政的往往有很强大的政治势力。秦因非子为周孝王牧马有功而被分封秦地。唐朝置太仆寺负责马政，杜甫《韦讽录事宅观曹将军画马图歌》

云："霜蹄蹴踏长楸间，马官厮养森成列。"马政兴衰，往往左右国运。明清沿袭太仆寺制度。明由于马政问题，出现响马。古《马经》失传已久。《西游记》中，孙悟空当弼马温，胜任愉快，十分敬业称职。

能知精神，则穷理尽性（发挥人的本能）。圣人有以见天下之动而拟诸形容，故能穷理尽性以至于命。

尽己之性，才能尽人之性，进而尽物之性，将人、物之本性都发挥出来。每天能尽性，就会成性，精神表现出来，"成性存存，道义之门"（《易经·系辞上传》）。

"生而知之者，上也；学而知之者，次也；困而学之，又其次也；困而不学，民斯为下矣"（《论语·季氏》），没有达到境界，乃因为没有尽性地活，只是混日子，一天没有什么表现。忽略一己之智慧，乃没有达到尽性。

能影响别人发愤图强的，即是能尽人之性。设若人皆能尽性，发挥一己之所长，社会将多么光辉！如读书人什么也不做，净是些不入流者当政，政治怎能好？"武人为大君"（《易经·履卦》），凶！

现在非得重讲中国文化不可。我讲学宗旨，在深处提醒。中国有些书，如能体悟而善用之，人类早就好了！

《易》谓"穷理尽性以至于命"（《易经·说卦传》）。穷理，乃将事物研究至一境界，其目的在尽性，发挥自己性的本能。读书明理，即穷理，把事物之理都弄通了。

《申鉴·杂言下》：或问天命人事。曰："有三品焉，上下不移，其中则人事存焉尔。命相近也，事相远也，则吉凶殊矣。故曰'穷理尽性以至于命'，孟子称性善，荀卿称性恶，公孙子曰'性无善恶'，扬雄曰'人之性善恶浑'，刘向曰'性情相应，性不独善，情不独恶'。"曰："问其理。"曰："性善则无四凶；性恶则无三仁人；无善恶，文王之教一也，则无周公、管、蔡；性善情恶，是桀纣无性，而尧舜无情也；性善恶皆浑，是上智怀惠，而下愚挟善也。理也未究矣，唯向言为然。"

复性，己之性与己之所嗜皆合而为一。"天命之谓性，率性之谓道，修道之谓教"（《中庸》），体用兼备，情性合一。

"和顺于道德而理于义"为第一步境界，是刚开始的境界。知识分子有道德观，做事必合于道德，理事绝不能感情用事，应尽量按道德理事，以此作为标准；理得恰到好处了，即入中庸之德，然后才能入于"穷理尽性以至于命"。

穷理，就知如何发挥自己性的本能，不背感情包袱。如尽是人云亦云，岂不乱哄哄！"天生此人必有用"（李白《将进酒》"天生我材必有用"），不是奴才，求为哪家所用。

性之所尽，九质之征也。阴阳相生，数不过九。故性情之变，质亦同之。

性，良知、良能，一为体，一为用，体用合一了，就可以尽性，发挥一己之本能。书不在读多少，而在能穷理、明理、尽性。

任何事只要发挥到至高境，就是尽性。职业无高低、贵贱之分，就看能否尽性。对人类最没有贡献的，大概就是那些不好好做官的。

"人之有技，若己有之；人之彦圣，其心好之，不啻若自其口出，寔能容之"（《大学》），有容才能发挥作用，因为"有容乃大"。

学，必学"圣之时者"（《孟子·万章下》"孔子，圣之时者也"），圣时，"唯变所适，不可为典要"（《易经·系辞下传》），以时为尚，亦即什么恰到好处，就怎么变。食古不化，不是儒家思想。

"君使臣以礼，臣事君以忠"（《论语·八佾》），君臣关系乃是相对而非绝对的思想。要正视中国的传统思想，天下最无品者莫过于读书人，皆"挂羊头卖狗肉"。

真了悟《论语》思想，许多大本就立住了！

子贡问："管仲非仁者与？桓公杀公子纠，不能死，又相之。"孔子说："管仲相桓公，霸诸侯，一匡天下，民到于今受其赐。微管仲，吾其被发左衽矣。岂若匹夫匹妇之为谅也，自经于沟渎，而莫之知也。"称"微（无）管仲，吾其被发左衽（喻沦为夷狄统治）矣，如（乃）其仁，如其仁！"（《论语·宪问》）可见，孔子认为忠于一人并不重要，而是忠于国家、民族才称为仁者。

召忽之忠，乃是孔子思想之前的忠。

齐襄公十二年（公元前686年），齐国爆发内乱，襄公为其堂弟公孙无知袭杀，召忽与管仲辅佐齐公子纠，投奔鲁国；鲍叔牙与高傒辅佐公子小白，投奔莒国。来年，公孙无知被杀，鲁庄公派兵护送公子纠回国，鲍叔牙和小白也从莒赶往临淄。管仲欲拦截小白，小白"诈死"骗过管仲，快速奔回临淄，即位为齐桓公，并派鲍叔牙带兵迎战公子纠，在乾时（今山东青州）大败鲁军。公子纠退回鲁国，为鲁庄公所杀。召忽自杀身亡，管仲不死其君，其后辅佐齐桓，成就霸业。

此必自深处体悟，大本立住了，才知如何入手做事。

然则平陂（偏邪）**之质在于神，**神者，质（身）之主也。故神平则质平，神陂则质陂。

"平陂"，《易经·泰卦》"无平不陂"，自然现象。"神"，"质之主也"。身心神灵，神即本心。如一人神不好，则身亦不好。身之好坏，完全系于心，一念之转，则身随心转。如真明白此了，绝不作践自己。

心平、质平，身就平，反之，则陂。一个人要自尊自贵，没有人能叫你做坏事。

明暗之实在于精，精者，实之本。故精惠则实明，精浊则实暗。

明暗之根本，在于精之清浊。可用修养功夫使之清，是后天培养的。

一个人精力旺盛，乃是与生俱来的。但如突受外感，也能影响其人的精神。如一人情绪长期不佳，会对身体有所影响。

勇怯之势在于筋，筋者，势之用。故筋劲则势勇，筋弱则势怯。

"筋不对"，乃看一人不太对劲。如缺勇，可以好好培之。孟子"我善养吾浩然之气，其为气也至大至刚，塞于天地之间"（《孟子·公孙丑上》）。

正与不正，在乎自己，要下修养的功夫。看一人很有威仪，

"望之俨然"，乃是完全培养出来的气势。

不怯近乎勇，在于筋，所谓"打断骨头还连着筋"。

俗谚云："姨娘亲，不算亲，姨娘死了断了筋。姑姑亲，代代亲，打断骨头还连着筋。"

筋，有毅力，有连续性。心脏强，则遇事不乱，有勇，但必有礼（理）。勇必合乎义，见义而为；义，宜也。过与不及皆不行，必恰到好处，有耐力、毅力。

"筋者，势之用"，天时不如地利，地利不如人和，此势也。明势，才能乘势。能用势之能为筋，此为修养。

有人看得清，却无用势之勇，遇事往往畏缩不前，亦不能成事。

《人物志》熟读，真能修己。人不可以一点修为也无，而随便长。

强弱之植（立）在于骨，骨者，植之基。故骨刚则植强，骨柔则植弱。

看一人很有架势、很有骨气，即是"望之俨然"。

应降低自己的欲，不要贪财、好名。"无欲乃刚"，才能修己。利欲之徒，根本谈不到修己。

躁静之决在于气（内气），气者，决之地也。气盛决于躁，气冲决于静矣。

"气盛决于躁，气冲决于静"，"言未及之而言，谓之躁"（《论语·为政》），"静为躁君"（《韩非子·喻老》）。

今人养气、打坐，但能化其气者，甚少！没能到化的境界，就没用。

智者不怒，是属于静，冷静得不得了！不动声色的人，才能成就大事，静的功夫能解决一切。是成大事的，都有阴谋，那种涵养可是不得了！

人太柔，也不行，没有作用。刚柔并济，刚克柔克。

"智者不怒"，脾气大的人，绝对成就不了大事。不常发脾气，叫人摸不了你的底，此阴谋之士也。"言及之而不言，谓之隐"，阴险！

惨（悲伤）**怿**（音 yì，愉悦）**之情在于色，**色者，情之候也。故色悴由情惨，色悦由情怿。

"色"，不仅指脸，走路的样子亦在内。人的哀乐，自表情、形色可察见。"色者，情之候也"，有大乱时，最能看出人的形色。

衰正（庄重）**之形在于仪**（仪表），仪者，形之表也。故仪衰由形殆，仪正由形肃。

"衰"，坐无坐相，站无站相。"仪者，形之表也"，表现于行为上。"仪正形肃"，衣冠整齐，举止合宜，"出门如见大宾"，一切必须恰到好处。

礼，必要经过严格的训练，要习礼、按礼行事，都有一定的规矩。如当老师的不懂得礼，那小孩又如何能懂得礼？

做中国人真不容易，一切皆有分寸。"中者，礼义也"，《礼记·冠义》云："凡人之所以为人者，礼义也。礼义之始，在于正容体、齐颜色、顺辞令。容体正，颜色齐，辞令顺，而后礼义备。"

中国乃是礼义之国，因为有悠久的升平世，才能想出这些名堂。

礼法之建树不易，但忘掉很快。今天社会皆"家自为俗"，而形形色色的结果，社会问题乃层出不穷。

态度之动在于容，容者，动之符也。故邪动则容态，正动则容度。

"容"，脸部，美容，不同于"貌"，貌为全体，"貌思恭"（《论语·季氏》）。《礼·冠义》"礼义之始，在于正容体"，正容貌。

为圣为贤，全操之在己，别人是爱莫能助的，应加以重己之自觉与自持。自持，必要有修的功夫，可是不易！

习，很可怕，习相远，一旦成习了，则习成若天性。如习得不好，再想去掉一点，都很难！

感觉自己有所不足了，要学；学了，见贤思齐，即效；行了，即是自持的功夫。一年以上的功夫则成习，习惯成自然，习成若天性。

但难在似是而非之辨。读书，必要能分出是与非，才有用。

缓急之状在于言。言者，心之状也。故心恕则言缓，心褊则言急。

"言行，君子之枢机，荣辱之主也"（《易经·系辞上传》），自己的言谈举止要注意。说话要缓，话到舌边留半句，"讷于言"（《论语·里仁》）。

以前世家子之所以可怕，因为在他母亲的腹中，就已经入道了，此即"胎教"。中国人重视胎教。

以上"九征"，可征验一个人。看多，就有经验印证。

其为人也，质素平澹（淡），**中睿外朗，筋劲植固，声清色怿**（悦），**仪正容直，则九征皆至，则纯粹之德**（能实行出）**也。**非至德大人，其孰能与于此？

"质素平澹"，平淡无味，"其心休休焉，如其有容"（《中庸》），有才而不显，其心休休焉，有容，绝不以自己所长凌人。

"中睿外朗"，"睿"，"思曰睿，睿作圣"（《尚书·洪范》）。一个人如开朗，就没心机，不害人，不隐私。外爽朗，则无不能接近之人。人要正，外就正，因为"诚于中，形于外"，"人之视己，如见其肺肝然"（《中庸》），只能自欺，欺不了人！

"筋劲植固"，担重任者，必须有德。

"九征皆至"，到了至境；"纯粹之德"，"文王之德之纯"，一而不二，"惟精惟一，允执厥中"（《尚书·大禹谟》）。

九征有违（不完善），**违，为乖戾也。则偏杂之材也。**或声清色怿而质不平淡，或筋劲植固而仪不崇直。

任何人皆有点长处，但只是偏杂之才。好耍小聪明的，到哪儿皆想显己之才，则只是"能者在职"，不能在位。担负重任的人，必是有德之士，"贤者在位"。

三度（偏至、兼材、兼德）**不同，其德异称。**偏才荷一至之名，兼才居德仪之目，兼德体中庸之度。

要实际求一问题，自历史得教训，因为无病不死人，研究之，要知其所以然。人世天天斗智，是冷战，必重视之。

对某些事，必要站在本身的立场想问题，用自己所长，才能左右逢源。不要从别人身上想问题。

恕，如心，推己及人，"己所不欲，勿施于人"（《论语·卫灵公》）。心能恕，则私特别少，不自以为是；自以为是的，皆师心用事，唯我独尊。如尽想成功在我，焉能有恕？而终演成争！

故偏至（九征中突出一二方面）**之材，以材自名**；犹百工众伎，各有其名也。**兼材**（五德中突出一二方面）**之人，以德为目**（品评）；仁义礼智，得其一目。**兼德**（九征之德兼备）**之人，更为美号**。道不可以一体说，德不可以一方待，育万物而不为仁，齐众形而不为德，凝然平淡，与物无际（如一），谁知其名也？**是故兼德而至，谓之中庸**。居（守）中履（行）常，故谓之中庸。**中庸也者，圣人之目也**。大仁不可亲，大义不可报，无德而称，寄名于圣人也。

"兼德起至"，圣人之类；"中庸"，"庸言之信，庸德之谨"（《中庸》），此乃"中行"之士。

学得平淡，才能容众，平常就平淡才行，"素（平常）富贵，行乎富贵；素患难，行乎患难"（《中庸》）。

逢势应事，乃投机分子，是伪君子。如内里有平整的智慧，外面则直而不隐，易为人所接受。

如与人谈话时，你静而一言不发，会给人感觉阴险，则人家不敢用你。每人都有智慧，凭经验以维护自己。

不要责备对方如何，而是你自己的做法如何。你自以为特殊，但人家可以不要你。

"诚者，天之道；诚之者，人之道"（《中庸》），"存诚"的第一步即"闲邪","闲邪存其诚"(《易经·乾卦·文言》)。"闲",加一篱笆以阻挡之,即将邪挡住。能够"闲邪",则纯而不杂,闲邪才能存己之诚。

"人心惟危,道心惟微;惟精惟一,允执厥中"(《古文尚书·大禹谟》,为儒家十六字心传),中就是喜怒哀乐之未发。"诚之者,人之道",必守住中,要有信德。

玩时玩,读书时读书,才有生命力。但读书方式不得其法,也没有用,不是整天读书就有用。

我不迷信,但相信因果。人生最苦的,即求不得之苦。人应平淡,人到无求品自高,无求,近于无我,才有大用。

具体而微(九征初具而未能完善),**谓之德行;德行也者,大雅**(雅,常也。才德高尚之大材)**之称也。**施仁以亲物,立义以利仁。失道而成德,抑亦其次也。

孔门四科,以德行为首,"冉牛、闵子、颜渊,则具体而微"(《孟子·公孙丑上》),大雅之材。

一至,谓之偏材;偏材,小雅之质也。徒仁而无义,徒义而无仁,未能兼济,各守一行,是以名不及大雅也。

"一至,谓之偏材",小雅之材。有一技之长,可以糊口,未必能成德,又何必沾沾自喜!

一征,谓之依似;依似,乱德之类也。纯讦,似直而非直;纯宕,似通而非通。

"一征，谓之依似；依似，乱德之类也"，即似是而非，如"郑声之乱雅乐""紫之夺朱"（《论语·阳货》）、"乡愿之乱德"（《论语·阳货》"乡原，德之贼也"）。

乡愿，指乡中貌似谨厚而实与流俗合污的伪善者。东汉徐干《中论·考伪》云："乡愿亦无杀人之罪也，而仲尼恶之，何也？以其乱德也。今伪名者之乱德也，岂徒乡愿之谓乎？万事杂错，变数滋生，乱德之道，固非一端而已。《书》曰：'静言庸违，象恭滔天。'皆乱德之类也。《春秋外传》曰：'奸仁为佻，奸礼为羞，奸勇为贼。'夫仁、礼、勇，道之美者也。然行之不以其正，则不免乎大恶。故君子之于道也，审其所以守之，慎其所以行之。"

郑声，为音乐，乃亡国之音。"郑声淫"，淫，指过分，是叹郑声太美，能乱周的雅乐。其中有赞美，也有感慨！

郑声，也称郑卫之声。郑、卫两国，地处中原腹地，曾是商朝的中心地区，商业自由发达，社会环境开放，各种文化艺术相互交融，保持能歌善舞、喜诗爱乐的传统，在周室衰微、礼崩乐坏的春秋中后期，得到进一步发展。魏文侯对子夏说："吾端冕而听古乐，则惟恐卧，听郑卫之音，则不知倦。"齐宣王则说他非能好先王之乐也，就好世俗之乐。郑卫之音，令人赏心悦目，可见一斑。

一至一违，谓之间杂；间杂，无恒之人也。善恶参浑，心无定是；无恒之操，胡可拟议？

"一至一违，谓之间杂；间杂，无恒之人也"，即《论语》所谓"日月至焉而已矣"（《论语·雍也》）。不能有恒，这是一般人最容易犯的毛病，所以难以有成！

无恒、依似，皆风（教化之意）**人末流**（指难受教化者）。其心孔（甚）艰（难知）者，乃有教化之所不受也。**末流之质，不可胜论**（无法尽说），**是以略而不概也。**蓄徒成群，岂可数哉？

讲文史，要使中国文化有立足处。除知外，还要能行，中国学问乃是"知行合一"之学。

入门，得慢慢来。智、仁、勇，暑假的三个标题。

称一人很有智慧，说这个人有慧根。智与慧有何区别？没真明白，又如何培养？智，知日，"日知其所无"可治"群居终日，言不及义"的毛病。真把《四书》读明白了，中国东西都可以通。今人皆贼智。

元智、性智、情智，层次分明。

资始、资生，"始与生"成了万物。生，终始；明，生生不息。"智周万物，道济天下"，此为元智的责任。有元智、性智、情智。什么智慧有什么用。每个字皆有其功用，不是空谈。

培智，日知己所无。用什么方法能日知己之所无？舜"好问，好察迩言，无一不取于人"。求知，问自己不懂的，看左右人的反应如何。遏恶扬善，遇事"叩其两端，用中于民"。为人类服务，尽自己责任。为人类服务都得用智——性智。

"喜怒哀乐之未发，谓之中；发而皆中节，谓之和"，平衡了，性即情，情即性。但"鲜能久矣"，所以又变了。中间加一功夫，即"致"。"致"是主动力。"致中和"，使中与和不分家，此时"天地位焉，万物育焉"，亦即"大人者与天地合其德"。

"致中和，天地位焉，万物育焉"，此完全是性智的成就，"大人者，与天地合其德"，体用不二，表里如一。天之历数在尔躬，德同天地，人为一小天地。

何以人都有性智，却有想法而没有做法？从性智到情智，即《中庸》所谓"可离非道也"，因离了性智，而成为情智。何以离？因为习相远也。性相近，过性智生活。但因习相远，而成为情智。

情智，乃因"发而不中节"，而"爱之欲其生，恶之欲其死"。性智的责任是"遏恶扬善"，因为"圣人贵除天下之患"。禹的时代，环境已经复杂，其十六字心传："人心惟危，道心惟微；惟精惟一，允执厥中。"此为情智的时代。

既有性智，但因为"习相远"，又到了情智。何以天天要"学而时习之""传不习乎"？传，为什么要习？"学习"与"传习"，这两个"习"的境界，有何不同？如无"习"，那每天岂不都过着性智生活？真弄清楚了，每一个都能实行。

人生最苦的乃是贪求，求不得之苦。就谋夺，在学校还拉帮，抢学校。"本"不立，如何生"慧"、生"道"？

老了，是事实，可没有元！不是浑人，怎会如此投票？必要"导之以正"。如社会上，大家都懂得"正"，那么"邪"就没有了！必要告诉社会人什么叫正，则骗术就不能得逞。养正，造次、颠沛皆必于正，进而"拨乱反正"。正，性命也，"各正性命"，养得好，则得性智，否则成情智。有智，要一步步往前追，圣人绝无空言。

人没有智慧，就没法过智慧的生活。要用智慧研究问题、发掘问题，才能进步。没能懂得病的原理，又怎么治病？

注解，可以引路，但也可以使走错路。自有人类以来有智者少，就学风而已，不知自己错在什么地方。

"德，足乎已无待于外"，无论谁都帮不了忙。瘫子不能立而行，很多事情就垮在知识分子不能立而行。

唐伯虎，是情性中的一把高手，为一风流人物，但是完全没有用，不过是点缀品罢了，唬个傻老婆。屈原，乃是性情中人，也是高手，但是不明道，最后投江自尽了！

中国讲"学以致用"，但历代有许多文集不知扯些什么，于人类有何贡献可言？

人类何以乱？乃因为组织松弛。《管子》与《周官》二部书，均讲组织。天下大乱，就因为《周官》这部书没有人看得懂。管子，是第一个在政治上有经验、有成就者。

的，目标，一个太少，所以要争宠。现在的文宣，尽说假话。孔子一辈子"宣文"，死后成为"文宣王"。

知耻近乎勇，内圣的功夫，要日知己所无。见义必为，为外王，能执两用中。

天下事绝对没有白捡的，我之所以能有今天的境界，还要感谢老蒋。

自古皆用术，《尚书》有《征政篇》及《原性篇》。

情性，一部《诗经》即情性的表现——兴、观、群、怨。因为情性不稳，才有礼。许多历史人物，皆是情性的产物。

"通神明之德，类万物之情"，以《大易》的智慧类情，情乃上轨道。《易》的作用，在"通德类情"。

何以会愚？就因为心不动，知足常乐。人的智慧真能控制一切，但贵乎有恒。

恒，亘心，"亘，通也"（《广韵》），"恒者，久也"（《易经·序卦传》），"恒，德之固也"（《易经·系辞下传》）。人的智慧无穷，但一般人无恒心。痴，念兹在兹。

周公有智慧，用《周易》的智慧。

讲文史，要使中国文化有立足处。除知外，还要能行。"以夏学奥质，寻拯世真文"，另辟天地，要在"文"上下功夫。称"夏学"，举凡中国人之学皆收，要"诊钦定"。

师尊要吾人"学校钦定之枉，道正率性之元"，以此原则整理中国文化，停售昔日帝王货，自元重新正视中国文化，另辟天地，开启新章。

中国传统学问，道家在前，儒家在后。讲治国之道，莫过于《管子》。学《管子》，贵乎知心，三人就强齐，知心之交。利禄之徒、乌合之众焉能成事？

管子，何等智慧！何等境界！孔子少以"仁"许人，却许管子"如其仁，如其仁"，真是管子的知音！大孝，大忠，忠于国家、民族，"如其仁，如其仁"也。

我如此喊，知其不可而为之，想惊醒你们。你们似懂非懂，如真能发心，终有成就的一天。

同学不一定是同志。是同志，进一步是同心。最低也得找同志。先找同志，再求同心。同学缺德，必然的，嫉妒，会要你的命，看韩非与李斯。在人群中，必找同志，而不是拉帮。

学艺不成，要偷艺，历代老师都留一手。要学得精，人一有欲，就不客观，坏！

见利什么都忘了，岂是有序？序，乃伦之初步。

"灵"是什么？人为万物之灵。有人吗？没有人。人比猫聪明？那可不一定！

物，包含人、事、物。《人物志》记载人、事、物。志，心之所主，引申"记载心之所主的事"，此即人为万物之灵的本钱。人，心有所主，好坏事不论。

读书，必了解深义之所在。认识每一字义，才能提起精神。一字一义，每一字皆有无量义，中国人造字，每字皆有深义。你们会解释字？

《说文》云："天，颠也。至高无上。"引申义：天生、天命、天年、天真、天时、上天、天气、天造地设。

今人不认字。昔人必先读《说文解字》，再读书。现自"大猫叫，小狗跳"学，怎能有文化？以前每家有家庙，每餐要先祭祖。台湾有些祠堂是杂货店，祖宗与妈祖一起供奉。

人算不如天算。不必贪，智之敌，利令智昏。一贪，从"人"就变"不像人"了，智慧就低。修行人，戒除贪，智慧高。前朝宰相，当总统，又想当皇帝，洪宪。

人之所以为人，必得"心有所主"。"心有所主"即佛家所说的"当下"。人必"心有所主"，"本立而道生"。

人生，先要立大本。大本没立住，什么也成不了。本立而道生，率性之谓道，顺着人性做事。做完事无人知好坏，但自己总觉得不舒服，即违背人性。良知，半夜感到心安，以"人性"作为标准。

同学说我永无休息，不断奋斗也不发脾气。受气，要不生气，就得忍。忍，一锋刃插在心上，多痛苦！慈安的启示：一生别无所长，就会忍。"食色，性也"，性上之忍，太痛苦了！我自此懂得什么叫作忍。

台湾本无事，庸人自扰之，损失很多。我自小在敌人铁蹄下长大，中国到处殖民地，对外国人绝无好感，认为"杀恶人即做善事"，至死犹浩气长存，即自小养成的，两手都会使枪。我看你们完全不懂自己做什么。我曾指导过一百多名外国学生，来学必行跪拜礼。

人最要即"心有所主"。我绝不以当日本人为荣，也绝不与日本女人握手，绝不中美人计，有人看着。知耻近乎勇，己耻、家耻、国耻。我虽坚强，但心中亦知苦，一有闲暇，就到慈济坐坐，多少可看到人性，法鼓山也去。

有人性的显现就是道。大事绝凭天运，非人事能定；小事完全在自己积德，善有善报。人要不学做人，就没有价值。大事决之于天命，小事决之于德。你们会懂这个结论。

千万不可做违心事，能做多少善事就做多少。小事在己发善念，作善心。在人蛇之间，一念之差，就不是人了。

每有灾变，埔里必有人死，大小庙林立。犯罪者手戴念珠。庙就知要信徒捐钱，没有善念、善心，只有妄求。

学《人物志》，不是要动心机，而是要按做人的智慧做人，不妄求。大事决之于天，小事决之于德。文天祥知"所欠一死"，必得死，成圣了！人到该死时就死，但活着应好好活。

"知进退存亡而不失其正，其唯圣人乎"，人能正太难了！正，含性与命，"各正性命"。如何养性？用"保合"功夫。如何养命？用"太和"功夫。"保合太和，乃利贞。""保合太和"，既没伤性也没伤命。

满族信萨满教，称杀恶人即行善。

萨满教遗俗，主要体现在灵魂信仰、叫魂、追魂、图腾崇拜、梦魇信仰、善人神化等方面。萨满教，每一仪式必须以火献祭，萨满师通过一系列的原始舞蹈，包括肢体语言、萨满歌诀，以及专用的神灵沟通器具，来与萨满教派的神或仙进行沟通。在东北流传着"跳大神"，就是萨满教派仅剩下的遗产。

我只承认在台湾的三个和尚：印顺、证严、圣严。《天下》(《天下杂志》) 列入，英雄所见略同，是非自有公论。没有德，必遭天报。长者还谈恋爱？没德行，没用！不必迷。先迷失道，后顺得常。

欣逢盛世，还不有点成就，岂不是白活了？

我相信因果，种什么因得什么果，早晚报应。罪不及尸，此为中国人之道德。

历史的"阙文"太多，之不可靠在此。

享受，必得心地泰然，食能知味。我常食不知味，亡国奴焉能食而知味？我未见日本人将日本人以外的人当人。许多人不知耻！当儿皇帝还享受，绝对没有良心。必要保存人性的本色。今天台湾这个地方最缺的，即人性的本色，十几年糟蹋至此！何以至此？孰之过？原心定罪。青年至此，怎么办？要养老、怀幼。

"学问之道无他，求其放心而已矣"，我行将就木，犹不放心，况你们乎？钱，必要懂得怎么用，会用钱才是智慧，存钱没用！

我将团体分成三个阶段：六十领导，四十干事，二十跑腿。

"未有学养子而后嫁人者也"，人天性什么都会。

今后我所写的字绝对真的，什么笔都有，就缺写隶的笔。写隶要用狼毫。

天下乱，你们稳不住，心就乱了。"在天曰命，在人曰性，在身曰心"，正心自诚意开始，心正就天下平。此心，非肉心，是"学问之道无他，求其放心而已矣"的心。

名利当头稳住否？稳不住，能用智慧？先立志，看是与谁争短长？环境不同，所成亦不同。为配上帝，是要与上帝争短长，还在与历史争短长之上？

于斌，美男子，在南京，我的住处与他相距不过二十分钟路程，中午上他那儿吃饭。于完全过北方人生活，喜吃大馒头；其母亦满人，人很聪明，无一不有。人就是人！

要懂得用智慧，得有高深的修养，在色、利、名前能撑住；如撑不住就变了，因私心作祟，怕好事别人抢先。现在外面笑话如何？智慧面临考验时，难保有，常迷了。先迷失道，后得顺而有常。

没有读书，净闭门造车，胡扯！恬不知耻，就不学无术。倡乡土文化？中国有五六千年的乡土文化。相如牛郎，能成大事？

谁不想子孙万代？始皇、二世、三世，又几世了？"有始有卒者，其唯圣人乎！"

知人，怎么知人？我每接一段，更加了解台人。

人有私心，就讲究；发现不足，就报复。人当然为自己谋，就视智慧高低。谋其大者，与上帝争，"作之君，作之师，为配上帝"，上帝旁边，即君与师。说君，怕君，称"君亲"，从封建社会开始。要清除钦定思想，是第一个文化大革命。

先迷，失了人性，所以失道，"率性之谓道"。以后因为碰壁，明白了，顺性，所以得常。用在人事上，称常，五常即五伦。人装人，最是可怜！

扫一扫，进入课程

本篇分析各式各样的偏才之人，并指出其缺失，以供自照鉴人。

禀气阴阳，性有刚柔。拘抗文质，体越各别。

《易经·系辞下传》曰："阴阳合德，刚柔有体。"人因为禀质不同，体性亦刚柔有别。除中庸之质最为难能可贵外，一般人皆属于"过与不及"，或拘或抗，或狂或狷，且不可移转，故虽教之以学，才成而随之以失，学不入道，恕不周物。

夫中庸之德，其质无名（不可测）。**泛然，不系一貌，人无得而称焉。**

"夫"，启语词，没意义。

中庸也者，圣人之目也。"中庸之德，其质无名"，中和之质，必平淡无味，故能调成五材，变化应节。

"无名","人无得而称",乃不可测之德。

故咸而不碱（卤也），谓之咸耶，无碱可容。公渐切，卤也，与硷同。**淡而不馕**（无味），味之淡耶，味复不馕。

此段无关大体。

质而不缦（无花纹等文饰），谓之质耶，理不缦素。**文而不绩**（同"绘"，文采之谓）。谓之文耶，采不尽绩。

有本质之美而不加文饰，即"质而不缦"。
"文而不绩"，绘事后素。

能威能怀（德），**能辨**（才）**能讷**，居咸淡之和，处质文之际，是以望之俨然，即之而文，言满天下无辞费。

"威"，有威仪者，人望之有几分戒心，说话会小心。"怀"，比恩重。父母对儿女有"怀之"之情，故与一般不同。
能威之能怀之，即恩威并用，松紧适中，指德能而言，处世时之表现。
"辨"，辩，乃口若悬河，辩才无碍，即有才。"讷"，"讷于言"，该不说时能不说。"木讷，近仁"（《论语·子路》）。能讷不易，说一人有讷气，不得了！但是光有讷气也不行，人看你阴险，逃之夭夭。

变化无方，以达为节。应变适化，期于通物。

"为政不在多方"，没有一定的方式，"不可为典要，唯变所适"，变化无方，必变得恰到好处。

"达"，何谓？"夫达也者，质直而好义，察言而观色，虑以下人"（《论语·颜渊》），"赐（子贡）也达，于从政乎何有？"（《论语·雍也》）

"节"，中节，恰到好处。以达事理为节，必恰到好处，过犹不及。"节"，有一定的节奏，失节即拘、抗。

儒家之道讲"中节"，即恰到好处，所谓"正在节骨眼"。做事有一定的节，如节骨眼，有一定的限度、礼、礼节，必宜于节。"义者，宜也"，宜于道。人之礼即节，逾一定限度就失态。礼，乃天理之节文，天理表现于人的行为，就予人很有文化的感觉。

是以抗者过之，励然抗奋于进趋之途。**而拘者不逮**（及）。屯然无为于拘抗之外。夫拘抗违中（中庸之道），**故善有所章，而理有所失。**养形至甚，则虎食其外；高门悬薄，则病攻其内。

"不得中行而与之，必也狂狷乎！狂者进取，狷者有所不为"（《论语·子路》）。"拘抗"，即狂狷之类。智者过之，愚者不及。

"抗"，专权顽固，顽固者必有偏见。冒险犯难必有劲，必养劲，但不易。

"拘"，拘谨之人，多疑；见恭谨之人，应与之有距离，此人必多疑，疑者必忌。

男女在一起，都必豁达，人非碰在一起就罪孽，就怕心不洁，难以做事。

是故厉直刚毅，材在矫正，失在激讦。讦刺生于刚厉。柔顺安恕，每在宽容，失在少决（姑息养奸）。多疑生于恕懦。**雄悍杰健，任在胆烈，失在多忌**。慢法生于桀悍。**精良畏慎，善在恭谨，失在多疑**。疑难生于畏慎。**强楷**（音 jiē，正）**坚劲，用在桢**（贞）**干**（贞固足以干事），**失在专固**（固执己见）。专己生于坚劲。**论辨理绎，能在释结，失在流宕**。傲宕生于机辨。**普博周给**（足），**弘在覆裕，失在溷**（混）**浊**。溷浊生于周普。**清介**（介如石）**廉洁，节在俭固，失在拘扃**（闭塞）。拘扃生于廉洁。

培养器识。鸡鸣狗盗和圣人同，社会就是"需要而有用"。"中庸不可得"，所以成就大事业必"兼容并蓄"。

人都有用，只是用的"时"不同。一人善于说假话，被揭穿了还不脸红，这人也有用，社会也需要这种人。教学生做事贵乎随机应变，其目的在能达。如有部分人不理，又如何号召天下？最多只是教书匠而已。坏人有坏人的境界，不要以自己的私见衡尽天下事。

但术要正面用，不可以侧面用术，则人会当你是豁达君子。量小非君子，器小不能成事，一动手就知一个人成不成事了。

"恕"，如心，不懂"恕"道，就不能"推己及人"，背道而驰就坏。

休（美）**动磊落，业在攀跻**（登），**失在疏越**。疏越生于磊落。

太光明磊落，有时把心都丢了。

业在攀跻，又不疏越，真不得了，指哪达哪。"言行，君子之枢机，枢机之发，荣辱之主也。"

沉静机密，精在玄微，失在迟缓。迟缓生于沉静。

"君子无所不用其极，无入而不自得"，即"入微"的功夫。

儒家最高手是把肉埋在碗里吃，自己达到香的目的。达到目的，千万不要叫人感到你很愉快，会令人起反感。到手的东西，又何必显出来？

儒家非书呆子，可能是最高的术家，"儒者，柔也，术士之称"（《说文》），"无入而不自得"，到哪儿必得自己的目的，一点折扣都没有。

朴露径（直）**尽**（不保留），**质在中诚，失在不微。**漏露生于径尽。

太直肠子，一张口都叫人看到；太粗线条，则缺细的功夫。

多智韬情，权在谲略，失在依违。隐违生于韬情。

"韬"，用一东西，把一东西套上。套剑的套子曰"韬"。

"韬情"，把情套上，则情表现不出。下真功夫愈多，则愈能担大任。

所谓"造次必于是"，必经过"造次"才知你是"必于是"，以此练达自己的修为，每天要有所进益才行。

没有他的坏，又怎能显出你的好？别人所短不必管。他走路不像样，你自己走路像样就好了！好耍小聪明，失去立场与原则。

"权"，"可与适道，未可与权"。"谲"，不正；略，经略。行权反经，权宜之事，非柔顺之人能办到。

"依违"，疑而不能决。能达中庸之德，至为不易！今人缺少修为的功夫。

及其进德之日不止，揆（度）**中庸以戒其材之拘抗，**抗者自是以奋励，拘者自是以守扁。**而指人之所短以益其失，**拘者愈拘，抗者愈抗，或负石沉躯，或抱木燋死。**犹晋楚带剑递相诡反也。**自晋视楚，则笑其在左；自楚视晋，则笑其在右。左右虽殊，各以其用，而不达理者，横相诽谤。拘抗相反，皆不异此。

有超人之智，也必有超人之德。德乃有利于人之行为，有大有小，随机运用。要修"近悦远来"的功夫。

必达能远能近、能松能紧、能伸能缩了才是个人才。

是故强毅之人，狠刚不和，不戒其强之搪突（冒犯），**而以顺为挠**（扰），**厉其抗。**以柔顺为挠弱，抗其搪突之心。**是故可以立法，难与入微。**狠强刚戾，何机微之能入？

柔顺之人，缓心宽断，不戒其事之不摄（引持），**而以抗为**刿（音guì，伤害），**安其舒。**以猛抗为刿伤，安其恕忍之心。**是故可与循常，难与权疑。**缓心寡断，何疑事之能权？

雄悍之人，气奋勇决，不戒其勇之毁跌，而以顺为恇（音kuāng，惧怕），**竭其势。**以顺忍为恇怯，而竭其毁跌之势。**是故可与涉难，难与居**（守）**约。**奋悍毁跌，何约之能居？

守约，即是"博学于文，约之以礼"（《论语·雍也》），能以礼约己身。

社会上最重要的是能守约，团体要步调一致才能成事，即使有错，错到底也是对的；如不懂守约，大家做主，众人帅师，能行？

书还没读明白时，要一面读一面做笔记，记要点，做成卡片。

惧慎之人，畏患多忌，不戒其懦于为义，而以勇为狎（不庄重），**增其疑。** 以勇慧为轻侮，而增其疑畏之心。**是故可与保全，难与立节。** 畏患多忌，何节义之能立？

惧慎之人，"畏患多忌"，患得患失，内多疑，外猜忌。

做人如没有分寸，又如何立节？节，乃是有所不为，在此一范围内，绝不超出。

领导人必外圆内方，外圆能处众，内方才不趋于下流，和而不流才能领导部下。

一意孤行，太有个性，棱角外露，皆不能成事。但没有内刚，也不能成事。必"和而不流，强哉矫"（《中庸》），成强中之强。

凌楷之人，秉意劲特，不戒其情之固护，而以辨为伪，强其专。 以辨博为浮虚，而强其专一之心。**是故可以持正，难与附众。** 执意坚持，何众之能附？

凌楷之士，高阶楷模人士，坚守己之"意、必、固"，可以持正，难以附众。有附众之功夫，则"久假而不归，焉知其非仁？""附众"的功夫特别重要，练习这套功夫，外圆内方即自己有原则，坚刚不能夺己志，才能领导别人。如谁说都对，岂不乱了？应自许多小事练习约束自己。

儒，乃术士之谓。"仁者安仁"，造次必于是、颠沛必于是，到什么环境，皆能安于仁；"智者利仁"，乃"久假而不归"，勉强而行之，困而行之。仁者与智者，一般人不易分别，"及其成功，一也"。

不能求天下人都在一个境界，但要做事业就必须选一选，必须海阔天空，什么人都能容，美其名为"有量""储才"。"水清无大鱼"，"圣人帮"不能做事业，社会需要"说假话露了"脸都不红的人，浑水才能养大鱼。

你想干什么就干自己的，不必听别人，天天干以此为乐。人就在梦里活，自己的梦自己圆。

他方正，不一定于你有用。人以类聚，不能事事听别人意见，要找于己有用的。人家说说，我们就笑笑，有自己的原则。他认为不对，乃在他的立场说话。

事业有成了，可以养几个特殊之士，有几个样子摆着，附庸风雅一番。昔日养士，也是养贤、养闲。人家用你也不必高兴，做点缀品则可，不可以对牛弹琴。

识人、养士皆为自己的事业，必按自己的原则用人，不必事事听人。必自己选贤，以自己的标准选。

辨博之人，论理赡给（音 shàn jǐ，完备充足），**不戒其辞之泛滥，而以楷**（正）**为系**（拘束），**遂其流**（流宕）。以楷正为系碍，而遂其流宕之心。**是故可与泛序，难与立约。**辨博泛滥，何质约之能立？

博学之士，理足善辨，可以泛论，难以"立约"。"立约"，守约不易，一就是一，二就是二，有质（本）才有约，言而必信，约定的就得守。

弘（大）**普之人，意爱周洽**（和谐），**不戒其交之溷**（混）**杂，**

而以介为狷，广其浊。以拘介为狷戾，而广其溷杂之心。**是故可以抚众，难与厉俗**。周洽溷杂，何风俗之能厉？

广施普济之士，可以泛泛之交，难以励俗。表率人物必有所作为，才能厉俗。

家风，即家中每一成员必守而不懈，此即厉俗。不可家自为俗。

狷介之人，砭清激浊，不戒其道之隘狭，而以普为秽，益其拘。以弘普为秽杂，而益其拘局之心。**是故可与守节，难以变通**。道狭津隘，何通途之能涉？

孤高自赏之士，尽以自己为本位，对别人严苛，不能变通。水清无大鱼。

做事业难免有时而穷，但"穷则变，变则通，通则久"。做大事业，必要能变通，"动乎险中，大亨贞"，险中能动才能出险。通了，还要守正固之道。

休（美）**动之人，志慕超越，不戒其意之大猥**（烦杂），**而以静为滞**（不灵活），**果**（坚决）**其锐**。以沉静为滞屈，而增果锐之心。**是故可以进趋，难与持后**。志在超越，何谦后之能持？

美动之士，志向远大，果于进取，然不能"持后"。人之有成，贵乎有持后的力量，能"裕后昆"（《尚书·仲虺之诰》）。

沉静之人，道思回复，不戒其静之迟后，而以动疏，美其

懦（懦弱）。以躁动为粗疏，而美其懦弱之心。**是故可与深虑，难与捷速。**思虑回复，何机速之人能及？

朴露之人，中疑（同"儗"，音 nǐ，痴呆样，引申迟钝）**实硍**（音 kàn，山崖）**不戒其实之野直，而以谲为诞**（荒诞），**露其诚。**以权谲为浮诞，而露其诚信之心。**是故可与立信，难与消息。**实硍野直，何轻重之能量？

韬谲之人，原度取容，不戒其术之离正，而以尽为愚，贵其虚。以款尽为愚直，而贵其浮虚之心。**是故可与赞善，难与矫违。**韬谲离正，何违邪之能矫？

韬略权谲之士，"原度取容"，有所度量，有应世之略，得以容身。权，知所以用理；"谲"，不正。行权反经，不居常道而变，必用谲，但必以诚行事，不可以诈欺。

韬谲之士，往往虚晃一招，虽可以容身，但未能矫世。

以上列举偏才之失，皆往往自以为是，而抗者愈抗，拘者愈拘，终至往而不复，难达"致中和"之境，此《中庸》所谓"中庸不可能也"。

"知人者智，自知者明"（《老子》），自知、知人，谈何容易！"法语（礼法规则）之言，能无从乎？改之为贵。巽与（谦逊）之言，能无说（悦）乎？绎（鉴别）之为贵。说而不绎，从而不改，吾末如之何已矣！"（《论语·子罕》）可见，人"过而能改"很难，故谓"善莫大焉"！

曾文正以团练起家，借地生财，哪儿有危机就去，自苦中求，最后左右逢源。"花好也必得绿叶扶"，自己一人不能成事。

"智周万物"，能把事情处理得好，必有真知，必自己到了一个境界，全靠顾问不行。必自己的曲，才能唱得成，怎么教也无法懂得道之妙，不知其所以也。自己够分量，则"仁者不能贪，智者不能诈"。

夫学，所以成材也。强毅静其抗，柔顺厉其愞（音 nuò，软）。**恕，所以推情也。**推己之情，通物之性。

"学，所以成材也"，学是为了使自己成有用之材；恕，如己心，推己及人，推情抚众。

真才宝贵，要识真，不是多。净接受伪，一生就无真朋友。人生知己，二三人而已矣。人最难的是真。一人如"讷于言"，其长处是真。

偏材之性，不可移转矣。固守性分，闻义不徙。**虽教之以学，材成而随之以失。**刚毅之性已成，激讦之心弥笃。**虽训之以恕，推情各从其心。**意之所非，不肯是之于人。**信者逆**（迎）**信，**推己之信，谓人皆信，而诈者得容为伪也。**诈者逆诈。**推己之诈，谓人皆诈，则信者或受其疑也。**故学不入道，恕不周物，**偏材之人，各是己能，何道之能入，何物之能周也？**此偏材之益失也。**材不能兼，教之愈失，是以宰物者，用人之仁，去其贪；用人之智，去其诈，然后群材毕御，而道周万物也矣。

"偏材之性不可移转"，一个人情性一旦养成了，要再改变太难！太难！因为往往"信者逆信，诈者逆诈"，推情各从己心。

"周物"，长才之士，什么都懂；"偏材"，一技之长。

"学不入道"，学了，不入道，不懂"率性"；"恕不周物"，恕了，不遍物，爱恶存心。此乃"才难"之叹！我这年纪读《人物志》，真是针针见血。

明者不误于是非，智者不误于人才。要造就自己、培养自己之才，多学才能养才，将相本无种，男儿当自强。

人必有所好，喜什么做什么，就会有成就，不是人人必做官，应按自己兴趣做事，职业无所谓高低，到最高境什么都重要。

社会有标准，或礼或法，超过标准即侈，不及即俭。吝，乃该给人而不给。

人生应多经验，在生死存亡之际智慧就来。我年轻就在斗争中长大，还可以应付危境。愈是在危险中愈是能生智慧。

到任何地方必投其所好，先了解环境，包括人、事、物。大环境一变什么都完了，带东西必惹祸，必被抢光。逃难时，大家都穷，就一同穷。逃难必要有逃难的智慧，大难之中没有什么贫富，乱世往往是弱肉强食。

要随时在自己环境的左右了解人。一个人基本的条件够了，才够格谈其他。看一人有量，就可以再谈，值得造就。只有志高，没有修为也不行。必叫劣根性不发，修为即"久假而不归，焉知其非仁"。台人最缺少的是器量。

领导人的胸襟必不同于一般人，下边对你有微词，人骂你时不可进去，要等人发完牢骚了再进去。干部不可天天换，如赶车的都不可天天换，处世之道太难。领导人绝对不可以是个是非者，就到此为止。是非者就是是非人，好坏到此为此，都得装。

既定政策绝非任何人能改变的，非常时期必须有非常人才，才能够旋乾转坤。

扫一扫，进入课程

流，有上九流、下九流。

用人，要用其长，防其短，因为有一利就有一弊。

三材为源，习者为流，流渐失源，其业各异。

"三材"，德、法、术。

"习者为流"，习性乃人日常所接触、耳濡目染的，也叫习气，如好喝酒、好赌，毛病出来了还要做即成习气。好、坏都是习来的，是后天学来的，此习性也。

人的原性常为习性所蒙蔽，因为"性相近，习相远"。性格是自己的，但习气就不同了。小孩子不可以溺爱，溺爱就不明，小孩成器的少。磨炼很重要。

自己走到哪儿，沉迷于哪儿，自己必要知道。人之所以沉迷于欲，都因为习所致。人之成败，自己心里明白。

习染很是可怕，必要保持自己的几分本真。"真人"也是个境界，即返璞归真。到某环境要是改变自己，本都掉了，就坏。沉迷于欲，皆因习。人的习性很重要，习性即情。"致中和"，修养到家了，则"性即情，情即性"，情性合一。

想训练好自己，必自苦中求，"痛则通，不痛就不通"。想事业有所成就，必自险中求，"动乎险中，大亨贞"（《易经·屯卦》）。不经一事，不长一智。不受苦中苦，难得甜上甜。不经一番寒彻骨，哪得梅花扑鼻香？

盖人流之业，十有二焉：性既不同，染习又异，枝流条别，各有志业。

性格是自己的，习气就不同了。未入流，什么格都不够。

觉与效，含知与行。人觉了没有不效的，要"见贤思齐，见不贤而内自省"（《论语·里仁》）。

要练习活得有生命力，你们太死气沉沉了，精神没有活力、没有生命力，只有意识没有想法，所以不能有所表现。人生应过智慧的生活，要每天都有活力。

如自己不能想，不但不能控制自己，且容易被人所控制，"行成于思，毁于随"。虽然我不能反抗你，但我能表现我不同意你。

做事不纯，即貌似神违。人之成败，自己明白。模仿的画，貌似而神违，外人看则几叮乱真。真东西没有假东西好，真画必有败笔，学的假画谨慎小心，愈是没有败笔。必以常态看一东西的真与否，品评皆自此。在乎自己的品评，不人云亦云。力求上游的人，多半矫揉造作，真的又何必作伪？伪君子没到功夫，就会露出。

有清节家，行为物范。

清，不污染；节，有一定，在此节内不逾越，如苏武在北海十九年，持节不降。

男女皆要守节，但是因各人立场不同，所守的节也不同。

有法家（行为世法），**立宪垂制。有术家，**智虑无方（方所）。**有国体，**三材纯备。**有器能，**三材而微（具体而微）。**有臧否，**分别是非。**有伎俩，**错（措）意工巧。**有智意，**能炼众疑。**有文章，**属辞比事。

"有智意"，就能"炼众疑"，集天下之疑而解之。众人之所惑，到我这儿能炼住了，没有解不开的。

有儒学，道艺深明。

"道艺深明"，儒家对"艺"还不明。孔子说"吾少也贱，故多能鄙事""吾不试（世用），故艺"（《论语·子罕》），可见从"鄙事"到"艺"应是有连贯的。"子所雅言，诗书执（艺）礼"（《论语·述而》），"求也艺，于从政乎何有？"（《论语·先进》）

儒学与学儒，两者有别。讲得天花乱坠的，是儒学；所行糊涂，乃是没学儒。

儒学从何时出现，不得而知；但《尚书·尧典》称："曰若稽古：帝尧曰放勋。钦明文思，安安，允恭克让，光被四表，格于上下。克明俊德，以亲九族；九族既睦，平章百姓；百姓昭明，协和万邦。黎民於变时雍。"可作为儒者的标准，是内圣与外王的功夫。

要本着良知、人性往前开拓，千万不可以背感情的包袱，有一步没到，火候就不够。辨别一东西，必以"道"作为标准，是非才能较为准确。

有口辨，应对给捷。**有雄杰。**胆略过人。

有识即知、略。胆略，有识、有胆。胆识过人，加上有量，乃成事三要。

如不能容人，又怎能领导天下？不知道修量，光知朋比为奸、党同伐异，乃至无官不贪。因为一旦画上小圈圈了，就有核心与外围，坏！

若夫德行高妙，容止（仪容举止）**可法，是谓清节之家，延陵**（季札）**、晏婴是也。**

延陵，季札，吴王寿梦之子，为避让王位躬耕于舜过山。

晏婴，晏平仲，春秋后期齐国国相，著名政治家和外交家。忧国忧民，敢于直谏。

"德行高妙"，此"妙"字为不可测。一个人的德行高妙，则令人"望之俨然，即之也温，听其言也厉"，到妙境了为"高"。从一个人的举止，即可以窥知其人品德如何。

"容止可法"，容，指脸的表情；貌，就全身而言。举，动也；止，不动也。举止，即动静之谓。"容止可法"，即表情、举止皆足以为法，能使人见贤思齐，因为任何人都想和好的相比。

人有定力，心不外想，就没有求不得之苦。

为政之道，"先之劳之"（《论语·子路》），先之，身先别人，必自"鄙事"出，孔子说他"少也贱，故多能鄙事"（《论语·子罕》）。百姓做事，"小人怀惠"（《论语·阳货》），必犒劳之，此乃术也。领导人必须能率先垂范，情乃是超过一切经济价值的观念。

建法立制，强国富人（民），是谓法家，管仲、商鞅是也。

管仲，名夷吾，经鲍叔牙力荐，辅佐齐桓公成为春秋第一霸主。

商鞅，公孙鞅，卫公子，入秦辅佐秦孝公变法，使秦富强，成为七国之雄，因有功封于商，也称商君。

思通道化，策谋奇妙，是谓术家，范蠡、张良是也。

范蠡，辅佐越王句践刻苦图强，灭吴后退而经商致富，世称陶朱公。

张良，字子房，少时曾椎击秦皇未遂，后成为刘邦谋士，佐汉灭秦去楚，汉初三杰之一，因功封为留侯。

"思通道化"，"思通""道化"，为两件事。思，非空想，思要能"通天下之志"，志，心之所主。"思通"，即《大学》"民之所好好之，民之所恶恶之"，此谓之父母官。想达目的，必用方法。想领导群众，必了解老百姓的想法，"思通天下之志"。圣人"贵通天下之志"。

流业第三

思能通人人之志，道方能为人人所接受。能通大众之志，使大众接受你的化，即"思通道化"。因为你懂他们的心理，他们才能接受你的教化。

先谋划而后立策，"策谋奇妙"，策谋要奇妙，付诸实行才能收成效。

识人才能任人，知其人之所长，做事才能收事半功倍之效。

兼有三材，三材皆备，德与法术皆纯备也。**其德足以厉风俗，其法足以正天下，其术足以谋庙胜，是谓国体，伊尹、吕望是也。**

伊尹，商汤之臣，名挚，佐汤灭夏，被尊为阿衡。

吕望，姜尚，辅佐周武王灭殷，因功封于齐，为齐国之始祖。

"三材"，德、术、法之谓，三者皆纯备，即"兼有三材"。

成功，唯有德者居之，缺德乃失败。今天讲德已经落伍？但是人真想成功，仍是必须有德，人皆重德，古今中外莫不如此。

庙堂，即宗庙、朝廷，一为议政地方，一为施政之处。庙讳，皇帝名字。庙策，治国之大道，御前会议所得结论。庙谋，大臣在皇帝面前出的主张。"谋庙胜"，国体之士，谋一出足以胜敌。

划策能尽忠此即庙谟，皇帝做成决定即为庙算。

昔日国有大事，必在庙堂开会。太庙，皇帝祖宗的宗庙，开国功臣皆从祀太庙，其子孙皆世袭罔替。大夫家称家庙。当国有大事时，安危就在一战，所以在宗庙里开会，谁也不敢说假话。

清晨祭祖，打灯笼，鬼影森森。

兼有三材，三材皆微，不纯备也。**其德足以率一国，其法足以正乡邑，其术足以权事宜，是谓器能，子产、西门豹是也。**

郑子产，公孙侨，历定公、献公、声公三朝，为政宽猛并济，内驭强宗，外折强国，郑国不披兵革者数十年。

西门豹，战国魏人，任邺县令时曾破除当地"河伯娶妇"迷信。

"其术足以权事宜"，"权"，当动词，权衡之谓；"是谓器能"，"器能"，既有看法，又能亲自去做。器识，参谋之士。

选贤举（用）能，"贤者在位，能者在职"。今天"选举"一词，有语病。能者在职，能者即具有一技之长，尽了职就可以；贤者在位，领袖人物则必重其德，必须是有德者。故称选贤举能。

人找对象，可不能马虎，因为关系自己一生的幸福，所以要选贤，德很重要，"贤贤易色"（《论语·学而》），重其贤德，轻其色貌。

用外行领导内行，因为好领导。台北交通部门用学水利的做领导，是要以治水精神来改善台北交通？但是治水可不同于交通。

必要用专家做事，使能者在职。如专用缘分，而不用专家，坏事莫此为甚！

兼有三材之别，各有一流，三材为源，则习者为流也。**清节之流，不能弘恕**（宽宏大量），**以清为理，何能宽恕？好尚讥诃**（查问），

分别是非，己不宽恕，则是非生。**是谓臧否**（褒贬品评），**子夏**（卜商，文学科，曾讲学西河，为魏文侯师）**之徒是也。**

人大本同，成就不同，因环境不同，习染有别。人因习染的不同，而有上流、下流之别，甚至不入流。

旧社会，家家有家规，今天小孩没有家教，随便长。

"清节之流，不能弘恕，好尚讥诃，分别是非"，清得不得了，处处守节，循规蹈矩。但是"水清无大鱼"，看谁也不能原谅，终成孤高自赏！

大鱼淌在浑水里，治国平天下不能尽看是是非非。天下本无事，庸人自扰之。

法家之流，不能创思远图，法制于近，思不及远。**而能受一官之任，错意**（措意）**施巧**，务在功成，故巧意生。**是谓伎俩，张敞、赵广汉是也。**

张敞，西汉循吏，曾任京兆尹、冀州刺史，敢于直言，严于赏罚，治政有方。

赵广汉，西汉循吏，字子都，宣帝时任颖川太守，为政廉明，执法不避权贵，豪强慑伏。

法、制，两件事。真想搞政治，法家的书不能不读，对先秦东西必下功夫。

特权阶级，乃是立法而犯法者，不能正天下。缺德鬼能化天下？身后背着棺材，不知到哪儿死，最大的讽刺！

"创思远图"，遇事有新办法、新境界。创思之士，不能老是萧规曹随。创思，才能图远。

错者，设也。"施巧"，什么东西一到境界，就是有成。"错意施巧"，用尽心意，达到巧的境界。技术与技艺的境界，必"错意施巧"，到微妙之境，神乎其技。

处世以不得罪人为第一要义。朋友要选择，人生知己二三人而已，不可以海交，要措意施巧。

写一东西，要使人看过有了感觉，言之有物最为重要，不是让人看不懂就是高。

张敞"闺房之密，有过于画眉者"，"真太守也"，何等智慧！

张敞为妻子画眉，传闻长安城内，皇帝得知。一日，汉宣帝在朝中问起这件事。张敞答说："闺房之乐，有甚于画眉者。"皇帝一笑置之。

术家之流，不能创制垂则（设立法则），**以术求功，故不垂则。而能遭变用权，权智有余，公正不足**，长于权者，必短于正。**是谓智意，陈平、韩安国是也。**

陈平，西汉开国功臣之一，有谋略，与太尉周勃合谋，平定诸吕之乱，迎立代王为文帝。

韩安国，西汉名臣、将领，自幼博览群书，为远近闻名的辩士与学问家，梁孝王身边的得力谋士，倡与匈奴和亲，使西汉北方多年无战事。

有权变之智为难，"可与适道，未可与权"，权高于道，贵乎有权变之术。

成就事业，必要有刚之德，乃能内敛。阴险的人，外面不露声色。常人皆表之于声色，人就会戒备你。

凡此八业，皆以三材为本。非德无以正法，非法无以兴术，是以八业之建，常以三材为本。**故虽波流分别，皆为轻（便）事之材也。**

经验很重要，愈是不懂的地方愈是要处处留心。不处处留心，哪会有经验？做任何事，想成事，一分一寸都不可以马虎。想成事，必得精勤，"业精于勤，荒于嬉"。

做事应叫对方舒服，即是和合之道。到人家里，就是对人所养的狗都不叫它失望，不要使对方有所不愉快。与人交往，还叫人内心有嫌隙，那不如不交往。到哪儿穿衣戴帽必注意，在穷人面前绝不可以炫富。

"轻事之材"，轻，便也。便事之材，即处事皆优游有余。

能属文著述，是谓文章，司马迁、班固是也。

太史公司马迁，汉武帝时任太史令，受腐刑，著《史记》，称"上承麟书"，即孔子《春秋》之志。

文章之士，如司马迁，受刑了还不明白，自称"上承麟书"；如真有此智慧，还会受宫刑？文章之士，对自己永远不清楚。班固，书未成，由其妹班昭续之。

班固，东汉史学家，曾因被告改国史而下狱，后迁为校书郎。汉章帝建初四年（公元 79 年），诏诸王、诸儒等于白虎观，讲论"五经异同"，由班固整理成《白虎通义》。章帝建初七年，基本完成《汉书》写作。和帝时，因事下狱而死，《汉书》未完成而卒。和帝命其妹班昭，就东观藏书阁所存资料，续写《汉书》，然亦未毕即卒。昭门人同郡马续，博览古今，皇帝乃召其补成七《表》及《天文志》。

百无一用是书生，临死还怨别人。学文史的，书呆子最多！

能传圣人之业，而不能干事施政，是谓儒学，毛公、贯公是也。

大毛公毛亨、小毛公毛苌，汉初河间献王博士，成《毛诗故训传》。现存《毛诗》，每篇都有一"小序"，作者已不可考，但《毛诗序》对后世影响大。《毛诗》就是《诗经》的《毛传》。

贯公，西汉河间献王博士，从贾谊受《春秋左氏传训故》，传其子贯长卿。

圣人应当是活活泼泼的，很现实。孔子、孟子老了，还想要"出妻"。我来台四十年犹一人过，真是儒学之士！

儒与儒学，是两种。先有儒，"儒者，术士之称"；其所留下的学说，笔之于书，给后人读，乃有儒学。但多半造就一批书呆子。

"汝为君子儒，勿为小人儒"（《论语·雍也》），可见儒是有君子儒与小人儒之分，而不是新儒、旧儒之分。君子儒，学"为己"

之学，学天，最后成"大人"，"大人者与天地合其德"；小人儒，是学"为人"（《论语·宪问》）之学，所以"赵孟贵之，赵孟贱之"。儒乃人人之所需，学儒能"干事施政"，"政者，正也。子帅以正，孰敢不正"（《论语·颜渊》）。

孙文说："政治乃管理众人之事。"如是管理众人，那老百姓未必能接受；因为如管理不当，大家苦得不得了。应是"为民之父母"，因为人人都需要父母。

儒是人人所需，必是"民之所好好之，民之所恶恶之"。若光是讲"儒学"，则不能"干事施政"。所以，应是"学儒"，不能尽是"儒学"。喊口号，要中肯才能动人，如连安眠曲都办不到，那就坏了。儒学如是混饭吃，既吃不饱又饿不死。

为政者乃是圣王境界，圣王之治。政治家的责任，在"贵除天下之患"，是圣人的境界，不是上下班打卡、坐领薪俸而已。你若真圣了，百姓就自动归往你。

儿子往往娶了媳妇之后，就不归往父母了；现在更是娶了媳妇，丢了儿子。为人子媳者，应拿出良心。要记住：自己怎么做，孩子也怎么学，前车之鉴也。

辩不入道而应对资给（足也），**是谓口辩**（功夫全在嘴上），**乐毅、曹丘生是也。**

乐毅，战国时燕将，大破齐军，封昌国君；后奔赵，封望诸君。曹丘生，汉时楚人，有辩才，汉将季布引为上客。

胆力绝众，材略过人，是谓骁雄，白起、韩信是也。

白起，战国秦将，善用兵，封武安侯；后与应侯范雎有隙，免为士卒；最后被迫自杀。

韩信，秦末淮阴人，初从项羽，后归刘邦，拜为大将，辅刘邦灭项羽，封为楚王，后降为淮阴侯，终为吕后所杀。

做事，识、量、胆，三者缺一不可。首先，读《人物志》《孙子兵法》，皆为求识。其次，要有量，才能容人，"有容乃大"，能有多大的容量，就成就多大的事业。想做大事业，必衡量自己的度量。最后，必须有胆，才能做事。

就是做豆浆店老板，没有术也做不了。你不叫伙计吃，他偷着吃，一天能咬二十个烧饼，糟蹋三四十个饼。有智慧的老板则叫他"先坐着吃，等吃饱了再做事"；三天之后，到吃饭时，问："还吃这个？"他今后永不吃烧饼了！这叫道德，也叫术，就让他吃个够。术，要正面用，让他吃饱了，他就不想再吃。此一"推己及人"的经验，叫作术。

一个人如果没有度量，则"虽有周公之美，使骄且吝，其余亦不足观也"（《论语·泰伯》）。今天的大学生皆有吞日之志，但是自身毛病太多，故不能成事。应先改造自己，再去改造别人。

做任何事，要把最坏的结果都想通了才去做，要有最坏的准备。求好是目的，但是做事不一定就会有好结果，要有精神力量胜过失败了，才去做。

看一本书要善用头脑，得到智慧、说中要点，懂精神所在才

流业第三

93

对你有好处，深思到一境界才能有所得。各人的智慧不同、修养不同，所得也就不同。要把智慧活活泼泼地用出来。

凡此十二材，皆人臣之任也，各抗其材，不能兼备，保守一官，故为人臣之任也。**主德不预**（不在此例）**焉。**

主德者，聪明平淡，总达众材，而不以事自任者也。 目不求视，耳不参听，各司其官，则众材达；众材既达，则人主垂拱，无为而理。**是故主道立，则十二材各得其任也。** 上无为，则下当任也。

"上无为，则下当任也"，知各人之所能、所长，做事分层负责，自己不必担负所有的责任。

如在上位的太自任，那下面的就不敢多做，因为多做多错，不做不错。人才多，应使之达其材，凡事事必躬亲最可怕！

领导人"聪明平淡，总达众材"。人的才能有多大，成就就有多大。十二材各得其任，则野无遗贤。

清节之德，师氏（掌教育）**之任也**（师严，然后道尊）。掌以道德，教道胄子。**法家之材，司寇**（掌刑狱）**之任也。** 掌以刑法，禁制奸暴。**术家之材，三孤**（少师、少傅、少保，三公之副）**之任也。** 掌以庙谟，佐公论正。

三材纯备，三公（太师、太傅、太保，为辅佐国君掌握军政大权的最高官员）**之任也。** 位于三槐，坐而论道。**三材而微，冢宰**（六卿之首）**之任也。** 天官之卿，总御百官。

臧否之材，师氏之佐也。 分别是非，以佐师氏。**智意之材，冢宰之佐也。** 师事制宜，以佐天官。**伎俩之材，司空**（掌工部）**之任也。**

错意施巧，故掌冬官。**儒学之材，安民之任也**。掌以德教，保安其人。**文章之材，国史**（史官）**之任也**。宪章纪述，垂之后代。**辩给之材，行人之任也**。掌之应答，送迎道路。**骁雄之材，将帅之任也**。掌辖师旅，讨平不顺。

是谓主道得，而臣道序（能任其所能）；**官不易方，而太平用成**。太平之所以成，由官人之不易方，若使足操物，手求行，四体何由宁，理道何由平？

《周官》，天地之外，四季皆有官。"官人"，学什么做什么。派官，应用其所长。"为政在人"，做一事，无人不能成事，故必要识人。一个人如本身站不住，那就什么都完了。国有国格，人有人格。

大智慧，是自"好问、好察迩言"来的，不懂的要问，再看左右的反应如何。不多管事，可不能不听、看清楚，而且必要入道。

若道不平淡，与一材同好，譬大匠善规，惟规之用。**则一材处权，而众材失任矣**。惟规之用，则矩不得立其方，绳不得经其直，虽目运规矩，无由成矣。

每一官皆"处权"，权充其数，则"众材失任"，皆失所任，不能得其用，都成废物了。

必也"使人也器"（《论语·子路》），因材器使，因才任职，不能名不副实，滥竽充数。净用些"具臣"（《论语·先进》），备数而已，不得其用，何能成也？

流业第三

95

扫一扫，进入课程

《材理》全篇在经世理物。理物，物包含人、事、物，处理世务才能理物。

《人物志》用处多，了悟不深，可惜！要仔细读，能体悟、用世特别重要，置于床头常看。

材既殊涂，理亦异趣。故讲群材，至理乃定。

知人，也必看其貌，常看《冰鉴》，就有效率。

《人物志》《冰鉴》这两部书，对知人、用人有所帮助。

夫建事立义，

人的一生，就是"建事立义"。

有理想才能建事，立义乃自建事来的，成败的结果乃立义。

成家立业，成家必先立业，立业即建事。而事必要建在义上，故曰"建事立义"。

讨论一事很难定于一尊，"出于其类，拔乎其萃"不易！一个时代，人人都有理想抱负，但终必独尊一人。

非靠宣传、政工，乃靠实德。有抱负，想做事，千万不能失德。成就以德论，德乃人之良能，是本良知良能表现出的。不要以为人事上的荣宠，就是真理，因为其中含有情。一切历史，都是后人写就的。当时的阿谀文章，没有人会采取。

以"知止而后有定"，治自己的浮沉。立志了，必知止。

一事虽做错，而错到底就是对的。定很重要，浮沉之人绝不能成事。

定而后能安能虑，虑即深思，有详密的计划。人生必先知止而后有定。知止定志，才能心不外骛。"三十而立"，即自知止来的。

一事要做一辈子才有成就。"深造之以道，欲其自得之也。自得之则居之安，居之安则资之深，资之深则左右逢其源"（《孟子·离娄下》）。

莫不须理（实理）**而定**。言前定则不惑，事前定则不蹶。

"言前定则不惑，事前定则不蹶"，此注不好。

读书必字字看清才知如何用，古文的文法不同，必仔细揣摩。

有理想必有实理，否则是妄想，不可将妄想当志。

"莫不须理而定"，如说话之前先想合理与否，合理则不惑；做事前先想合理与否，合理即不败。

人活一天要有一天的价值，想做什么，能有始有终必有成就。人不达一境界很难立住。

不可以巧取，与豪夺一样，都将失败，因为只是小聪明。真聪明的，做一分有一分的成就。

及其论难，鲜（少）**能定之。夫何故哉？盖理多品而人异也。**事有万端，人情舛（音 chuǎn，错误）驳（是非），谁能定之？

宪法，国之大理。有理才能做事。讨论完做事，则决定的事少错。

"理多品"，品，即类、样也。"理多品"，每人都有一套理，各有想法，因为智慧不同，看法有别，如三民主义、社会主义等，各有倡导人和信仰人。

道，为最高的标准，非形而上。民之所好，道也；民之所恶，不善之道。道不远人，是与生俱来的。人皆有理，道即理，离人不远，"人同此心，心同此理"。

体悟多，年纪很重要。我比民国早几岁，苦乐皆尝。

夫理多品则难通，人材异则情诡。情诡难通，则理失而事违也。情诡理多，何由而得？

此真道尽人世现象，社会哪有真是非！

不合于正路的曰"诡"，如诡诈，诡情。北京骂人"诡子"。

情诡，理又难通，则理失而事违，难以立事，因事不能立于义。

性残之人不会受感动，杀人犯、盗国人物皆属此，见什么人，以你们仁慈想法，怎么想都想不到。开国皇帝杀人如麻，至死还认为那些人该杀。社会事真清楚，才知怎么理事。

做什么事找什么人，要用其长，避其短。

夫理有四部，道义事情，各有部也。**明有四家**，明通四部，各有其家。**情有九偏**，以情犯明，得失有九。**流有七似**，似是而非，其流有七。**说有三失**，辞胜理滞，所失者三。**难有六构**，强良竞气，忿构有六。**通有八能**。聪思明达，能通者八。

正道与诡道并用，举止行为言谈，一切表情皆可看出人的奸诈与否。

遇事，找不到合适人手绝不做，不出纰漏在此。遇事不可强求，一强求，好事就变成坏事。

见什么人说什么话，还必说行家话，故知识必渊博。训练自己，"不以规矩，不成方圆"（《孟子·离娄上》）。

若夫天地气化，盈虚损益，道之理也。以道化人，与时消息。

"盈虚损益"，自然界、天地和人生皆可以此形容。因益（增加）而满即盈，此为自然现象，"体万物而不可遗也"。

中国人法天，即法自然。"唯天唯大，唯尧则之"（《论语·泰伯》），尧则天，即法自然，"天行健，君子以自强不息"（易经·乾卦》）。

法制正（当动词）**事，事之理也**。以法理人，务在宪制。

得道，制定一套别人能行之道即法制。以法制来正事"，即"事之理"。

宪法，国之大法，"以法理人，务在宪制"。做事必合乎宪法，大则治国，小则治家。国曰国法，家曰家规。今天最缺家规，故人不周正，不完整。

治国用法，家用齐，齐家以礼，礼即规。因"无规矩，不能成方圆"。缺家规，乃缺礼教。旧社会家规严，很苦，但知道如何循规蹈矩。现在的年轻人有其长，但失处也不少。

法制以何标准立？"议道自己，置（创）法以（因）民"（《礼记·表记》)，大本的事由自己开始，"已所不欲，勿施于人"；立法则因民，"民之所好好之，民之所恶恶之，此之谓民之父母"（《大学》)。

法制正事（事之理），放诸四海而皆准，质之鬼神而不疑。为政乃千年万年之大计，绝不争于一时。为政要因民，制法不因民、因事之理，乃对付不过去。你讲得再时髦，百姓想法与你背道而驰。

《中庸》称："亲亲之杀，尊贤之等，礼所生也。"中国服饰有十二章制。

从舜时开始，衣裳就有"十二章"之制。十二章就是十二种图案：日、月、星辰代表明，照耀人间，造福人类；山，有稳重、镇定之意，这四种图案是皇帝独用的。

龙，取神异、变幻之意；华虫，是雉鸡，羽毛五色，甚美，取其有文彩之意。古代服饰多以山、龙、华虫作五彩绘。

宗彝，宗庙祭祀所用的酒器，取供奉、孝养之意；藻，取洁净；火，取明亮。水藻和火焰为标志的章纹。

粉、米，是白色米形花纹，取有所养之意。

黼，黑白相间如斧形的花纹，取割断、果断之意；黻，黑青相间的如两弓相背形的花纹，取其辨别、明察、背恶向善之意。

天子、三公诸侯才能用龙，天子用升龙，三公诸侯只能用降龙。

几品官，不是以阶级分，而是以德分。官服上有文章，就是要彰显你的文德。德到一品，就可做一品官。

明官吏所着常服，为盘领大袍，胸前、背后各缀一块方形补子，文官绣禽，以示文明；武官绣兽，以示威武。一至九品所用禽兽尊卑不一，借以辨别官品。文官：一品仙鹤，二品锦鸡，三品孔雀，四品云雁，五品白鹇，六品鹭鸶，七品鸂鶒，八品黄鹂，九品鹌鹑。武官：一品、二品狮子，三品、四品虎豹，五品熊罴，六品、七品彪，八品犀牛，九品海马。杂职：练鹊。风宪官：獬豸。此外，还有作为赐服专门赐给特定人物的赐补，有斗牛和飞鱼两种。其制作方法有织锦、刺绣和缂丝三种。早期的官补较大，制作精良，文官补子均用双禽，相伴而飞，而武官则用单兽，或立或蹲。

清代，文官的补子却只用单只立禽，各品级略有区别：一品鹤，二品、三品孔雀，四品雁，五品白鹇，六品鹭鸶，七品鸂鶒，八品鹌鹑，九品练鹊。而武官还是用单兽，通常为：一品麒麟，二品狮，三品豹，四品虎，五品熊，六品彪，七品、八品犀牛，九品海马。清朝在外褂上加上表示官职大小的补子，饰在胸前和背后。补子，一般采用正方形，比明朝补子略小。皇子、亲王、贝勒、贝子等皇亲可用圆形补子。补子的色彩和纹样一般都用彩色，底色选用深色系，有绀色、深红色及黑色等。补子全部织绣单只鸟、兽，四周装饰花边。七品和八品的武官，补子纹样相同，需从顶子区分，七品为素金顶子，八品为阴文镂花金顶。

礼教宜适，义之理也。 以理教之，进止得宜。

礼教行得恰到好处，乃最适宜之礼。

义者，宜也。宜于道，做事合乎理。礼教，恰到好处。正合适，即是宜之理也。

"以约失之者，鲜矣"（《论语·里仁》），即以礼约身者，有失的很少，故称"博我以文，约之以礼"。

人情枢机（言行），**情之理也。** 观物之情，在于言语。

人的言行，没有一天不系于情。人每天见面打个招呼，就很亲切，不同于陌生人。要理情，必先懂人情中的言与行。

"言行，君子之枢机；枢机之发，荣辱之主也"，观物之情，在于言语。观，察，研究。物，包含人、物、事。情，以言语表达，"一言以为智，一言以为不智"，荣辱之主也。"枢机"，旧房子两扇门底下门轴转动的地方，左右门户的开关。出入、好坏、善恶、荣辱，在乎枢机。人情的好坏、美恶，表现出情之理。

本性表现出为情，喜怒哀乐未发在性里，发出即为情；发得好即中节，发得不可收拾就坏了。发而中节，即按情之理发。

《中庸》云："喜怒哀乐之未发，谓之中；发而中节，谓之和。"但情发得中节的人很少，据此观察人。考察一个人在喜怒哀乐上不形于色，即值得重视，你不知他想什么；形于色者，不足畏也！常人与非常人之分别在此。一举一动和平常人没有两样，即常人、庸人。非常人，能容人之所不能容。

有用世之心，应将《人物志》置于床头，天天琢磨。

四理不同，其于才也，须明而章，明待质而行。

"质"，才也。说人"有才气""才质不错"，是赞美人的话。才质并用。有人才质不行，手如挖煤的，极笨，写的字极笨无比，此才不足也。

对一人有特殊的认识，才能将其才能彰显出来，即"明而章"；不明而不章，则浪费人才。不知人、不明人，就不能善任。明，还不能落空，必看他是否有此本质。不任才，专任可靠的，时代乃坏，因为无病不死人。如果讳疾忌医，则永远不知为何病死。

是故质于理合，合而有明，明足见理，理足成家。道义与事情各有家。

"理足成家"。画家，其画得合乎画理。现在学画，供给笔、纸、稿，然实不知理，乃不成家，因无按理学。应按画理学，画论是讲画理，先读画论。

将基本理论理清了，看各家方知其长短。有格局，才能成家。时髦，不懂规矩，根本不知字写什么。写字，也是画画，书画同源。

必按国画的理画，才叫国画。西画也有其规矩，规矩即理也。

宜于理，宜于道。建事立义，用行为表现出。理，行事的根本。理，是体；义，是用。学处世之道、理事之道。

是故质性平淡，思心玄微（无形、无方所），**容不躁扰，其心详密。**

能通自然，道理之家也。以道为理，故能通自然也。

"质性平淡"，"容不躁忧"；"思心玄微"，"其心详密"。"玄"，乃无形、无方所。

表情不急躁如担心事样，则"其心详密"；此种人能通自然，知盈虚损益，是道理之家，泰山崩于前而色不改。

质性警彻，权略机捷，容不迟钝，则其心机速。**能理烦速，事理之家也。**以事为理，故审于理烦也。

"质性警彻"，是智慧。"警彻"，非马虎的警，而是彻底的警。

能治烦剧，是能应变之人，"事理之家"，就事论事。

在危时能动，就必有功夫。狗急跳墙，可能反咬你一口。做事不能做绝，昔日天子有"三围"之德，即打猎时留一缺口，不能赶尽杀绝，只要是跑掉的鸟兽就不能追，有多大的缓冲！

在社会上做事，绝不能不留人后路。你不要他活，他必叫你死。

《中庸》"以人治人，改而止"，对任何人都平常地看，人都一样，每个人都能过得平稳、很好。

"权略机捷"，权者，权变也；略者，谋略也；机者，机警也；捷者，速捷也。权略成于机捷，瞬息万变就成于一刹那间。容一迟钝，人就说你太忠厚。

权略不同于诡诈。"可与适道，未可以权"，必有权通、权变之才。

造次必于是、颠沛必于是，能理麻烦事，赶工事也可以处理，是理事之家。

质性和平，能论礼教，容不失适，则礼教得中。**辩（分辨）其得失，义礼（理）之家也。**以义为礼，故明于得失也。

对事能分辨得失，不光是看目前，还能看未来，此即"义理之家"。

蒋孝章（蒋经国与妻子蒋方良的唯一女儿）嫁俞大维（1897—1993）儿子俞扬和，俞蒋两家皆反对。陈寅恪（1890—1969）的姐姐嫁俞大维，其父陈三立（1853—1937）为清末有名诗家，宣统皇后婉容的师傅。俞太太出身名门，说："是蒋家高攀了！"俞大维与曾约农（1890—1969）是表兄弟。蒋家非世家，是开盐局出身，只能说是暴发户。非眼前有利即得，俞家现在并没有钱。

质性机解，推情原意，容不妄动，则原物得意。**能适其变，情理之家也。**以情为理，故能极物之变。

"原意"，即"原道"之"原"，当动词。"推情原意"，不但根据现在的情推，还必回到其本意、动机。

任何事发生了，不可以鲁莽从事，不能够冲动，也不能用第一感决定。要"推情原意"，即《春秋》所谓"原心定罪"。

"极物之变"，"极"，当动词，能将物之变完全明白。

有急智，能了解透彻；真明白了，则知如何对付，能适其变，此为情理之家也。

要随时察看人，不是在看帅不帅。女孩专看人长得帅不帅，帅能够当面包吃？《论语》所谓"贤贤易色"，是看重对方的贤德，而看轻其色、貌。因为色不长久，唯有德、智永远相随。找对象，要重德轻色。

王永庆的相貌，无一处发大财，两耳在"相书"上是"煽风耳"，实是穷相，当是别处有其长。如光是相面，则非"失之王永庆"不可！许多事不容易在此。

四家之明既异，而有九偏之情；以性犯明，各有得失（每人各有一套）。明出于真，情动于性，情胜明则蔽，故虽得而必丧也。

中国重视中道，"过与不及"皆偏。人皆各有所偏，达中庸不易。

本性常与所用互相抵触，你们现在多少有此经验，常感到这事不大对，但仍做了，此即"以性犯明，各有得失"，每个人都有一套。

刚略（粗疏）**之人，不能理微**，用意麤（粗）疏，意不玄微。**故其论大体，则弘博而高远**；性刚则志远。**历**（经）**纤理**（纤细之事），**则宕**（荡）**往而疏越**。志远故疏越。

"刚略之人"，对事很刚，粗心大意，大而化之，不能叫他办仔细的事。

每人皆不能任同一责任。胆小者，或为谨慎，看从哪一个角度看。我教四十年书，明白年轻人的毛病。"臭盖"（指吹牛、胡扯）则可，但志不同于妄想。大而化之，"志远故疏越"。

抗厉之人，不能回挠，用意猛奋，志不旋屈。**论法直，则括处**

而公正；性厉则理毅。**说变通，则否戾**（乖张）**而不入**。理毅则滞碍。

"抗厉之人"，若"亢龙有悔"（《易经·乾卦》），遇事不能转变，打个圈。

正直之士，说变通办不到，遇事往往拍胸脯，连死都不在乎。

坚劲之人，好攻其事实，用意端确，言不虚徐。**指机理，则颖**（聪敏）**灼而彻尽**；性尽则言尽。**涉大道，则径露而单持**。言切则义少。

"坚劲之人"，对事认真，或"知无不言，言无不尽"（苏洵《衡论上·远虑》）。但如看得清楚，不能给人留余地，皆彻尽，则这团体还能存在？

团体内什么人都有，领导人难当在此。水清无大鱼，人皆各有所偏。若遇偏激人，即难合作，易分裂。

浑水才能养大鱼。中正之士少，皆各有所偏。团体中有摩擦，乃必然之事。如径露单持，一意孤行，当然不能行大道，孤高就寡和。

辩给（辩论从容）**之人，辞烦而意锐**，用意疾急，志不在退挫。**推人事，则精识而穷理**；性锐于穷理。**即**（就）**大义，则恢愕**（直言）**而不周**。理细故遗大。

辞烦意尖锐，即得理不让人。

对人事说得头头是道，辩才无碍。但就大义，任意说什么就说什么，则不能周遍。

老官僚，其长在遇事笑笑，无是非。但心里想："因你们坏，才显出我是好人。"

浮沉之人，不能沉思，<small>用意虚廓，志不渊密。</small>**序疏数，则豁达而傲博**；<small>性浮则志微。</small>**立事要，则燷炎**（<small>火慢慢燃烧</small>）**而不定。**<small>志傲则理疏。</small>

浮沉之人不能对事沉思，做致密事则豁达而傲博。

"立事要，则燷炎"，"燷"，音 làn；"燷炎"，光不定，形容对事永远抓不住。

浅解之人，不能深难（<small>提问</small>），<small>用意浅近，思不深熟。</small>**听辩说，则拟锷**（<small>刃口</small>）**而愉悦**；<small>性浅则易悦。</small>**审精理，则掉转而无根。**<small>易悦故无根。</small>

剑两边有刃，刃口为"锷"，引申为快速。

剑利，削铁如泥，也能削钢。真宝剑现在故宫尚存几把，多半为苏州所产。

"浅解之人，不能深难。""拟锷"，自以为一针见血，遇事都了解。"听辩说"，道听途说；"而愉悦"，马上能愉悦接受。

浅见之人，现在大学生所谈，比乡下老头还没见解。

现在既为新局面，必要新下去，不能老是停留，否则就跟不上时代。时代变了，要趋时、趋新，头脑当然要变。你们要多看外国东西，会多了解些世界知识。

宽恕之人，不能速捷，<small>用意徐缓，思不速疾。</small>**论仁义，则弘详而长雅**；<small>性恕则理雅。</small>**趋**（<small>赶上</small>）**时务**（<small>当务之急</small>），**则迟缓而不及。**

徐雅故迟缓。

"弘详而长雅"，既能弘大，又能详细而长雅，即理道雅。

"苟日新，日日新，又日新"。趋时务，当务之为急。

温柔之人，力不休（美）**强**，用意温润，志不美悦（不尽其事）。**味**（当动词，玩味）**道理，则顺适而和畅**；性和则理顺。**拟疑难，则濡懦**（软弱）**而不尽**。理顺故依违。

温柔之人力量绝不能美强，但玩味道理则顺适而和畅，此为其所长。

遇事不能尽往好的想，也要想不好的，即"拟疑难"。拟疑难则懦弱，而不能完全表现其力量，正事不如闲事有余。

同学皆处在安和乐利的环境，哪里会想到难？能"拟疑难"，也必得有点精神。

好奇之人，横逸（不受约束）**而求异**，用意奇特，志不同物。**权造**（改为"造权"）**谲**（权，权术，变也。变之术，造成诈），**则倜傥**（潇洒）**而瑰**（大，伟）**壮**；性奇则尚丽。**案清道，则诡常而恢迂**。奇逸故恢诡。

横逸而求异，做秀，标新立异。做事应箭不虚发。求异也必有智慧。小蒋"标新立异，索隐行怪"。

人非不可求异，但什么时候才可以求异？

"造权谲"，有变数，要权变，行权反经。但仍要"倜傥而瑰壮"，周恩来足以当之。

此所谓性（习性，即情之用）**有九偏，各从其心之所可**（主观）**以为理**。心之所可以为理，是非相蔽，终无休已。

"性相近，习相远"，习性为情之用。

以自己主观理事，皆各自为道，人皆自以为是圣人！

性情，发而皆中节。"性相近，习相远"，习性情之用，习气即情性。修到"发而皆中节"，才叫"和"，此时性即情，情即性。

将来辨别一人要重其情性，何以会变，都得防。领导人不易，一个人要变之前当有征兆。

政术即识人、任人之道，要任其所长。

中国政治专书不胜枚举。科技从外国学，中国则有一套要人的，吸收其长，知其所短。

经、子实无别，后人更客气称"集"。必读不下二十种，不像娃娃了，才能要人。

凭主人喜欢，以自己经验就达到管家，既无才又无智！

才可以培养，智可预练达，要下"人一己百，人十己千"的功夫，以弥补不足。功夫必加以培养，今天的环境更为复杂。

现在有些青年主见之深，若自己代表上帝一般。多读书，可以治自己的毛病，要将学问先用在自己身上，不要老是瞪眼看人，应己立立人，己达达人，尽己之性，尽人之性。

男女对人都应仔细分析，读《人物志》有实际用处。

"从其心之所可以为理"，即以自己之"可"理事，浅见！大道，人人必行；小路，各有偏失。孤高自赏，净跑单帮。

懂"性情九偏"了，才知要如何领导人，也知自己属于哪一类人。知人以任人，小则家政，大则国政，天下之政皆必任人。"政者，正也。子帅以正，孰敢不正？"领导人正，则无人不正，但做到为难。

《四书》是中国思想最基础的东西。中国人未从《四书》入手，则无法真了解中国人的思想。

智慧没有古今，书的内容没有新旧，都是智慧的产物，所以要以古人的智慧启发自己的智慧。

民国九年（1920年），废除读经、祭孔，国民党第一个拆孔庙，信奉基督教。原本是想将基督教变成国教；不成，乃于圣诞节立为"行宪纪念日"，以达到放假的目的。读书人无格，在此。

中国南北人习性不同，北方人守旧。自从废除祭孔、读经后，大陆旧家庭仍保有私塾、私祭。在"九一八"事变之后，民国二十四年（1935年）恢复祭孔，但是几度兴废，国民党来台后又恢复祭孔。台湾地区有孔学会、孔孟学会。但有人以为孔、孟不能相提并论。台湾地区文化没有根基，与这些二鬼子有关。

当年，陈独秀（1879—1942）、李大钊（1889—1927）发行《新青年》，要改造中国；胡适（1891—1962）则成"过河卒子"。那时每天讲学，倡"中学为体，西学为用"，热闹极了！

群雄也闹割据，人人都有成功的希望，都想做民主皇帝。吴佩孚（1874—1939）秀才出身，在河南做五十大寿；后来被奉军及冯玉祥（1882—1948）所败，跑到湖南依附赵恒惕（1880—1971）。那时，天天在战争中，谈何教育？以致有今天的结果。

我对外人永不认可，可以到外国求学问，但不可以出卖自己。文化、民族精神乃是一国之精神，一民族之存在，一事之体与用。

若乃性不精畅，则流有七似：有漫谈陈说，似有流行者。浮漫流雅，似若可行。

今天许多人热爱国家，但不知其方。说的都是，却是心无所主，故总是"漫谈陈说"。

心之所主曰志，立志，一生依此走，成败不问。如浑水摸鱼，根本谈不上志。

有志，一个国家如同钟表，各部门皆重要，几十年奋斗一定有成果。人皆有志，则人才济济；无志，则"群居终日，言不及义"。士尚志。乡愿，只投人之所好。

"五十以学《易》，可以无大过"（《论语·述而》），有害于人曰大过；小过则人人皆有之，"过，则毋惮改"。人愈学愈精，失败即交学费，汲取教训。

有理少多端，似若博意者。辞繁喻博，似若弘广。**有回说合意，似若赞解**（了解深刻）**者。**外佯称善，内实不知。**有处后持长，从众所安，似能听断者。**实自无知如不言，观察众谈，赞其所安。

聪明人，能处后持长。出头的橡子先烂。

开会时，老而有经验者一定慢说话；若说得不好，可综合大家短处说出。

有避难（音 nán）**不应，似若有余，而实不知者。**实不能知，而佯不应；似有所知，而不答者。

避开难题不应，学装腔作势，似若有余，不说罢了。

有慕通口解，似悦而不怿者。闻言即说，有似于解者，心中漫漫不能悟。**有因胜情失，穷而称妙**，辞已穷矣，自以为妙而未尽。**跌则掎蹠**（音 jǐ zhí，牵连，蹠同"跖"），理已跌矣，而强牵据。**实求两解，似理不可屈者**。辞穷理屈，心乐两解，而言犹不止，听者谓之未屈。**凡此七似，众人之所惑也**。非明镜焉能鉴之？

"掎蹠"，牵引着脚掌。人跌倒，脚掌也倒，失去作用。我跌倒了，你也跟着跌倒，发生不了作用。

理屈，辞就穷。遇事不伤大雅，不必都揭穿。懂得尊敬对方，才能处得长，"敬人者，人恒敬之"。

朋友关系不够不能谏。人家有了关系，不在乎你说一次话，改变关系。"是非者就是是非人"，常说是非，人家不要。你一进门，生性是王婆，专找鸡脚的事。

夫辩，有理胜，理至不可动，**有辞胜**。辞巧不可屈。**理胜者，正白黑以广论，释微妙而通之**；说事分明，有如粉黛，朗然区别，辞不渍杂。**辞胜者，破正理以求异，求异则正失矣**。以白马非白马，一朝而服于人，及其至关禁锢，直而后过也。

夫九偏之材，有同，有反，有杂。同则相解，譬水流于水。**反则相非**，犹火灭于水。**杂则相恢**。亦不必同，又不必异，所以恢达。**故善接论者，度所长而论之**。因其所能，则其言易晓。**历之不动，则不说**（悦）**也**；意在杓马，彼俟他日。**傍无听达，则不难也**。凡相难讲，为达者听。**不善接论者，说之以杂反**；彼意在狗，而说以马；彼意大同，而说以小异。**说之以杂反，则不入矣。** 以方入圆，理终不可。

"傍无听达，则不难也"，难题必给明白人讲。孔子在乡党，"似不能言者"（《论语·乡党》）。

做人之道，处处有一定的方法，必须从小就严格训练。

善喻者，以一言明数事； 辞附于理，则言寡而事明。**不善喻者，百言不明一意。** 辞远乎理，虽泛滥多言，己不自明，况他人乎？**百言不明一意，则不听也。** 自意不明，谁听之？是说之三失也。

善难者，务释事本； 每得理而止住。**不善难者，舍本而理末；** 逐其言而接之，**舍本而理末，则辞构矣。** 不寻其本理，而以烦辞相文。

善攻强者，下其盛锐， 对家强梁，始气必盛。故善攻强者，避其初鼓（第一战）。**扶其本指，以渐攻之**（不引其初锋）。三鼓气盛，衰则易攻。**不善攻强者，引其误辞，以挫其锐意；** 强者意锐，辞或暂误；击误挫锐，理之难也。**挫其锐意，则气构矣。** 非徒群言交错，遂至动其声色。

善攻强者，不引其初锋，因为"一鼓作气"，乃对方气正盛时。

善蹑（登也。登其上使慑服也）**失者，指其所跌。** 彼有跌失，暂指不逼。**不善蹑失者，因屈而抵**（拒）**其性；** 陵其屈跌，而抵挫之。**因屈而抵其性，则怨构矣。** 非徒声色而已，怨根逆结于心。

不揭人短，狗急跳墙，反咬你一口。性情暴躁，"因屈而抵其性，则怨构矣"！政治最怕积怨在民。民感到受残害，就会积怨在心，后果乃不堪设想。

材理第四

俗弊，自教育入手最重要。"礼之用，和为贵"，"礼者，理也"，理事以和为贵。

或常所思求，久乃得之。仓卒谕人，人不速知，则以为难谕（晓）；己自久思，而不恕人。**以为难谕，则忿**（悁，恨）**构矣。**非徒怨恨，遂生忿争。

名人注解，有时也是打瞌睡写出的。

人必得想，做梦也想。想久了，对问题会有心得。仓猝间要人明白，别人难以很快了解你的"经久之悟"，所以"人不知而不愠，不亦君子乎？"你一生研究的结果，焉能仓猝之间就使人明白？此时则必要"人不知而不愠"。

智慧领导视修养，处处要表现出"学而时习之，不亦乐乎"，学不厌，教不倦也。

夫盛难之时，其误难迫。气盛辞误，且当避之。**故善难**（问难）**者，征**（证验）**之使还**（顺势而应之）。气折意还，自相应接。**不善难者，凌而激之**（盛气凌人），**虽欲顾藉，其势无由**；弃误顾藉，不听其言。**其势无由，则妄构矣。**妄言非訾，纵横恣口。

辩论，论难，辩至最高潮，追根不放不好。

顺着对方的口锋，就能了解对方所说的话。

最会问难者，已征其错，但不必追得太厉害；"征之使还"，当使对方有缓冲余地，要给人留面子。

盛气凌人，人有漏洞，凌之、激之；若追而不舍，无可缓冲，则妄构矣！

"骂人无好口，打人无好手。"人被逼得狗急跳墙时，什么话都会说出口。有经验者，遇事一笑置之；有修养者，连笑都不笑。

不能把人逼得走投无路，做事应留有转圜余地，给人留点面子。此为处人处世之道。

凡人心有所思，则耳且不能听。思心一至，不闻雷霆。**是故并思俱说，竞相制止，欲人之听己，**制他人之言，欲使听己。**人亦以其方思之，故以不了己意，则以为不解。**非不解也，当己出言，由彼方思，故人不解。**人情莫不讳不解**；谓其不解，则性讳怒。**讳不解，则怒构矣。**不顾道理是非，于其凶怒恣肆。**凡此六构，变**（变故）**之所由兴**（起）**也。**

六构：辞、气、怨、忿、妄、怒，六个危险，成为六蔽。

狗急跳墙，变也。等你没力量时，就反咬你一口。

然虽有变构，犹有所得。造事立意，当须理定。**故虽有变说小故，**终于理定功立。**若说而不难**（问难）**，各陈所见，则莫知所由矣。**人人竞说，若不难质，则不知何者可用也？

虽有变故形成，犹心有所得。

若大家都说而不论难，则无结论。

各陈所见，八个人说八个，莫知所由。

由此论之，谈而定理者眇（音 miǎo，少）**矣。**理多端，人情异，故发言盈庭，莫肯执其咎。

谈而定理者，很少！必辩论而理定，然后才能有所得。

做大事业必有干部，"养兵千日，用之一时"。"兵贵精，不贵多"，都想培养干部，但有一个即足，可以为你生、为你死，狐朋狗党有何用？必要时，能替你说一句话，才是真朋友。拉关系有用？那为什么有人事关系的人最后仍挂零？必分清真利、真害。人生知己二三人而已。人必有几个真朋友、知己。

什么圈都有什么圈的利害。人贵乎真知，要结之以心。朋友久不见，闻流言不信。不在乎见不见，贵乎知心。

人世要知利害，但不能天天专求利害。一求利害，则所得当时是利，然不旋踵间则成害。

必也聪（耳的最高境界）**能听序**，登高能赋，求物能名。如颜回听哭，苍舒量象。**思能造端**，子展谋侵晋，乃得诸侯之盟。**明能见机**，史䲡睹目动，即知秦师退。**辞能辩意**，伊籍答吴王，一拜一起，未足为劳。**捷能摄失**，郭淮答魏帝曰，自知必免防风之诛。**守能待攻**，墨子谓楚人，吾弟子已学之于宋。**攻能夺守**，毛遂进曰：今日从为楚，不为赵也。楚王从而谢之。**夺能易予**。以子之矛，易子之盾，则物主辞穷。

培植干部必识人，此为第一步，然后用教育方式培植他。

"如有所用，必有所试；若有所试，必有所悟"，先试其人，则知其能做什么。纯小人也比伪君子好。大材小用，有涵养的人更能看出其高，小事能做出奇迹，如马虎做事就不能用。

用人，随时都可以试他。小才绝不可大用。小事一样显出一个人的大才能。

兼此八者，然后乃能通于天下之理；通于天下之理，则能

通人矣。

成事在人。圣人"贵除天下之患"，因圣人贵通天下之志，"唯圣人能通天下之志"。志，心之所主。圣人的责任在除天下之患，是情报局的祖师爷，必明白天下人的需要与所想，好民之所好、恶民之所恶。因通天下之志，故能知民之所好、所恶。知道民族思想、责任最为重要。

谈政，要能以之立出政纲政策才不落空。

每天如知当务之急，一天就不会白过。你们不懂当务之急。急事无一定标准，乃因人而异，但以"当务"为标准。知己之所当务，智慧与力量才不落空。

每天知己之所急，日子才不会虚度，这是训练自己的起码条件。欺人则可，自欺不可，自欺就落空。知道自己一天之所当务，此乃己之真利，必自本身实际入手。

看清楚了人生，就知道要怎么支配人生，不患得患失。常人最苦的，乃求不得之苦。人到无求品自高。有时得比失还苦，得永远没法满足，失才有真正的感触。

不能兼有八美，适有一能，所谓偏才之人。**则所达者偏，而所有异目矣。**各以所通，而立其名。

"立其名"，立其名目。

是故聪能听序，谓之名物之材。

序，有条不紊。"六十而耳顺"（《论语·为政》），声入心通。

"聪能听序"，听，能听得有条不紊，此为"名物之材"，"名"，当动词，通"明"；物，包含人、事、物。

思能造端，谓之构架之材。

中国文字，本义容易，引申义不易。

想，但不可天天胡思乱想。思要能"造端"，即创造，是发明家。端，始也。创造开始，即发明前所未有的。思及祸端，则到处惹事。"构架"，即创新。思，"思不出其位"，识时。"思能造端"，在己位上能有境界。

学外文，在外文上要有重要的境界，有所突破，此即造端。在"位"上造端。

明能见机，谓之达识之材。

明，不在看人的缺点，而是能见机。能见机，必有机先之智。

必要识时、识机，为通达时之材。识时务者为俊杰，能了解时之务者。当务之为急，知当务之急，见机。

不知今日之所需、怎么去做，即成"今之古人"。最起码每天也应看报纸。必有"机先"智慧，才能见机。时代必往前走，留不住。

在温暖的时候不能忘苦，居安必得思危，因为好不能永远好下去。懂得思危了，危就不来，因为能防未然。懂得多，每天不能胡过，每一分钟都必须过得有意义。

时，有先时（机先）、治时（抓住时）、因时（马后课）、违时。

师母不在了，不然可以通信，就是骂两句也好！

辞能辩（辨）意，谓之赡（周）给（足）之材。

聪明者，人家一开口，即知其意之所指。

"御人以口给"（《论语·公冶长》），给，足也；对付别人，功夫完全在嘴上。

聪明绝顶，"赡给之材"，平时有特别的修养。

捷能摄失，谓之权捷之材。

捷，权变，"权捷之材"，能权衡得特别美。

失败了，必向老板报告。有敏捷智慧以摄住自己失败之处，应受什么处分。君臣之义，有感情。

"捷能摄失"，能了断自己的失败，不必等别人来断。将错误推到别人身上，旁观者清，只有惹灾。

守能待攻，谓之持论之材。

守，能待人来攻。"持论之材"，对时事能看清，所以论断清楚。

攻能夺守，谓之推彻之材。

知敌，则百战百胜。不攻则可，一攻则百发百中。能知敌，为"推彻之材"。

夺能易予，谓之贸（交互）说之材。

"以子之矛，攻子之盾"，使对方前后互相抵触，言行不一致。

通材之人，既兼此八材，行之以道。

与通人言，则同解而心喻（明白）；同即相是，是以心相喻。**与众人言，则察色而顺性。**下有盛色，避其所短。**虽明包**（包含）**众理，不以尚人**（居人之上）；恒怀谦下，故处物上。**聪睿资给**（足），**不以先人**（上人）。常怀退后，故在物上。

"由也兼人，故退之"（《论语·先进》）。老子"不敢为天下先"。

不论到哪儿，要察言观色。虽聪明睿智，必也谦退居下，"贵而下贱，大得民也"。

善言出己，理足则止；通理则止，不务烦辞。**鄙误在人，过而不迫。**见人过跌，辄当历避。

话得说与明白人，"于乡党，恂恂如也，似不能言者"，到哪儿人都赞美你，否则骂你。"在宗庙朝廷，便便（辩辩）言，唯谨尔"（《论语·阳货》），明辨是非地谈论，必要说清楚、讲明白。与众人言，要看人的表情，顺其情。

我闲着没事时，就到土地庙坐坐，专门听老头说，还要首肯；下次再来，一定请吃茶水。不必得理不饶人。

写（泻）**人之所怀**（苦闷），**扶**（助）**人之所能**（促成之）。扶赞人之所能，则人人自任矣。

《中庸》云："人之有技若己有之，人之彦圣其心好之，不啻若自其口出。"

不以事类（指东指西），**犯人之所姻**（音nù，短处）；与盲人言，不讳眇瞎之类。**不以言例，及己之所长。**己有武力，不举虓（音xiāo）虎之伦。

不指东说西，暗示人之所短。不以事类，犯人之所短，不分男女，必守。

说直说变，无所畏恶（逆鳞）。通材平释，信而后谏。虽触龙鳞，物无害者。采虫声之善音，不以声丑，弃其善曲。**赞愚人之偶得。**不以人愚，废其嘉言。

"不以人废言"（《论语·卫灵公》），傻人有时还尽说出真理。《人物志》每句可与《四书》配上。

夺与有宜，去就不留。

"夺与有宜"，宜者，义也；"见得思义"（《论语·子张》）。

"去就不留"，恰到好处。该来就来，该走就走，不必假惺惺。

方其盛气，折谢不吝（示弱）。不避锐跌，不惜屈挠。**方其胜难，胜而不矜**（示谦）。理自胜耳，何所矜（夸）也？**心平志谕，无适**（音dí）**无莫**，付是非于道理，不贪胜以求名。

"矜而不争，群而不党"（《论语·卫灵公》）。

"无适也，无莫也，义之与比"（《论语·里仁》），"无可无不可"（《论语·微子》）。

期于得道（唯义所比）**而已矣，是可与论经世而理物**（包含人）**也**。旷然无怀，委之至当，是以世务自经，万物自理。

"经世理物"，"经"，当动词；"物"，包含人与事。"理物"，理人、事、物。经世致用为世（事）之良方。

不论怎么热闹，道理永远不变，不要以为人事上的荣宠，就是真理，因为其中往往含有情。但一切历史，都是后人写的，当时的阿谀文章没人采取。多学智慧，则处事上少用感情。人家一批评，就一夜睡不着，不行；应处之泰然。多了解则少感情负担，遇事乃能左右逢源。

你躺了，人家还批评你。达了，才是至高之境。怎么求，都不能使人说你善。人各有看法，有时你是他的障碍。对事了解愈深，则心愈坦荡荡，什么皆置之一笑，就过去了。每个人的脑子里有每个人的真理，哪有真理？

要研究实际的东西，绝不可以无病呻吟。不用空的，得有实的，造成气势很重要，不是理论问题。

志，是有步骤的，必要有通盘计划，念兹在兹。以文王之德，犹"愠于群小"（《诗经·邶风·柏舟》），何况自己？如有阿Q精神，总不生病。

每天要塑造自己，看要走哪条路，必要念兹在兹，日久，乃磨成针。必要严格训练自己。不许"养欲"，有欲，"焉得刚"（《论语·公冶长》）？无欲则刚，无刚不能成事。不要净给自己找麻烦，不是别人能训练你，必要自己训练。曾文正能在恶劣的环境下成就自己。

看书，要静静地看，绝不可以浮躁。要前后看、反复玩味，前后印证，求融会贯通。

你们看过会讲，但我看过会用，此乃我比你们高明之处。能用上不易，必要熟才能生巧。脑中如有一部成形的东西，则可以取之不尽、用之不竭，如"原泉混混"（《孟子·离娄下》），有本有源。如没有一件有心得，那就不能应世。

读书也应会读，但会读不会用世也没用，应世经验必要深求。吸收精华，然后能用，这才是学问。养兵千日用之一时，非读多少书就能干事。

学，多读书固然好，但读得乱、没吸收，也等于没读。学的功夫很重要，要下功夫玩味。

看人打拳，一伸手就知其功夫如何。找才，不一定要在自己圈中找，否则如自己有短，就难以突破。必先立身，才能行道，"立身行道"（《孝经·开宗明义章》）。立身，即去掉自己的毛病，养成大器。有量，不能净记小事，但不是不重视小事。有识，见识多与见识少，绝对不同。有胆最难，胆小不得将军做。有雄心壮志，就要培养达成的步骤，否则只是妄想。

《人物志》要置于床头，时常看，才会熟能生巧。看人，不听人说什么，必要看他做什么。时常试验人，天天下棋，但摆活棋子。

只要真知人，什么人都有用。知人，就会善任。如一人视钱如命，就不能做事。

如懂得用人事印证《人物志》，懂了，就会有会心的微笑。

可以将《人物志》当政治课上，慢慢地琢磨。

材理第四

一般人难懂是非，所懂的只是好恶。真是非是真理，本不立又如何治病？先齐家，而后治国。

一个人真读通《人物志》，没人敢碰了！

扫一扫，进入课程

量能授官，因材器使。

能当官，没有修养，不能有所建树，既得之必失之。人要有成就，必自己有能，非当官就有成就。

材能大小，其准不同。量力而授，所任乃济（成）。

有建树的官少，因少严格训练自己者，完全在乎自己能不能。

《大学》与《中庸》，是中国两部最有系统的政治哲学；《人物志》则是识人的龟鉴，如当自修书时常看，确能造就自己。

读经，必读其义，才能做事；社会经验多了，了悟才深刻。

或曰："人材有能大而不能小，犹函（装）牛之鼎（烹饪器）不可以烹鸡。"愚以为此非名（名言，即真言）也。夫人材犹器，大小异，或者以大鼎不能烹鸡，喻大材不能治小，失其名也。

函，信函，函套；古书之套，一部书不只一函，几函，几卷。

鼎，本为煮饭、煮菜用器，后纪念人立德、立功，就铸个鼎，也有人生子，就立个鼎，内有铭文。引申义：鼎覆，易鼎，鼎革，钟鸣鼎食之家。

烹，不同于蒸，是间接用火，加水冒气，用气把鱼烧熟。台湾地区出鱼，不会吃鱼，鱼不能煎，必用烹，才能吃出其香味。

老子讲治国平天下，"治大国如烹小鲜"是何等高的境界！必要慎重其事。

"烹"，是中国吃法最难的，将东西置于锅子，靠锅热，火候必要恰到好处。浇冷水，冷水一烹，满锅热气，用气将食物弄熟。如此设计、调配，谨慎小心用水火，此一火候最难。

老子将政治研究至此火候，故说"剖斗折衡而不争""道，可道，非常道；名，可名，非常名"。

昔日台东新港，专运撒西米（芥末），供日本皇室用。

夫能之为言，已定之称。先有定质，而后能名生焉。**岂有能大而不能小乎？凡所谓能大而不能小，其语出于性**（情性，习性）**有宽急**。宽者弘裕，急者急切。**性有宽急，故宜有大小**。宽弘宜治大，急切宜治小。

雍而能容，才能华贵，雍容华贵。

有人天生宽厚，遇事大事化小，小事化无。

西太后脾气坏。急躁人只能做小事。

宽弘之人，宜为郡国，使下得施其功，而总成其事。急切则烦碎，事不成。

"为国以礼"，为，治也。在下各展其功，在上总成其事。

急小之人，宜理百里，使事辨（办）于己（事必躬亲）。弘裕则网漏，庶事荒矣。

百里侯，即县太爷之本称。事必躬亲，非伟大的领袖人才。

京剧，内地名角尽是年轻的。这边开始学，根本不知哪派，是自创的，乃闭门造车所致。港台文化、港台学术，将来恐怕也如京剧。

"善歌者，使人继其声"，学"梅派"成"没派"。台湾地区的梅派传人徐露，实唱得没派。现在内地的正班都出来了。

你们好好读几本真书吧！不读书，能讲书？港台在大学教《四书》的，都没好好读过《四书》。自从民国九年（1920 年）废除祭孔、读经以后，又有几人读过经书？

祭孔，一年两次，祭孔用丁，即立春后第一个丁日，也称丁祭。历代皆用丁日，春丁民间祭，秋丁政府祭。孔诞祭孔，是时髦的。

中国文化，中国人应知道，能用与否，在自己的智慧能否用得上。西方文化就是好，也得用上。民国初期，有些人净学西方。要善用智慧，于今天什么有用，就用。

古人写那么多的书，我们读都来不及，还写书？得来最易，容易吸收的即子书，熟能生巧，应终生研究之。教授不精没关系，但必得博。

子书有八子必读：《管子》《商君书》《韩非子》《荀子》《孙子》（配《六韬》《吴子》）《老子》《庄子》《墨子》。应世，选一子，熟

材能第五

129

烂在胸。

我始终反对年轻人读老、庄，有害无益。

《墨子》有如基督教的《圣经》。最重要的是《墨辩》，即《墨经》，但难读。民初有几个大师讲，讲完没人懂，真是"莫辨"！但其为《墨子》精华之所在，其他几章皆在解释《墨经》。

商君，可以强秦，但不能自保。看其下场如何。

对《韩非子》不可掉以轻心，其乃集法家之大成。历代皆"阳儒阴法"。曾国藩喜《韩非子》，且能运用之。你们看书，我才可能与你们谈些《韩非子》。

兵家，我以《孙子》为主，《吴子》《太公六韬》为辅。

就致用言，《荀子》比《孟子》实用，内有许多办法。

《学庸》所谓"君子无所不用其极、无入而不自得"，多高的术！做小偷的进一屋，绝不空手而归。到任何环境，没有不达到自己要得的东西，因为没有地方不用自己最高的手段。读书，不要有"入则主之"的观念。儒家，并非净坐着打瞌睡的。

科技落伍，但中国几千年来最会"耍人"。社会上天天冷战，国防是国防，几十年才一次热战。稍微想一想，今天有战争的地方皆智慧低的民族。看看地图，是哪类民族在打战？卖武器的尽是哪些民族？什么道德、和谈、卖军火……每天皆在冷战，即耍人。此为中国祖先最丰富的财产。昔日无"政客"一词，说"是耍人的"。

然则郡之与县，异体之大小者也。明能治大郡，则能治小郡；能治大县，亦能治小县。**以实理宽急论辨之，则当**（应当）**言**（说）**大**

小异宜，不当言能大不能小也。若能大而不能小，仲尼岂不为季氏臣？若夫鸡之与牛，亦异体之小大也，鼎能烹牛，亦能烹鸡。铫能烹鸡，不能烹犊（小牛）。故鼎亦宜有大小。若以烹犊，则岂不能烹鸡乎？但有宜与不宜，岂有能与不能？故能治大郡，则亦能治小郡矣。推此论之，人材各有所宜，非独（单是）大小之谓也。文者理百官，武者治军旅。

"粗中有细"最难，非随便说几句大话。

"朱高止"说他"读三个月德文，就通过考试"，梁启超也是自修速读日文。朱自封圣，说"已到超凡入圣境界"，没有人配做敌人。

天下无易事，人可以欺天下，是高手，但千万不能自欺。我不敢自欺，因为"人之视己，如见其肺肝然"。人必要学一套东西，再出来。

中国人因为《三国演义》而佩服诸葛亮，但他也只是"鞠躬尽瘁，死而后已""三分天下有其一"而已！可见治世并非易事，"万般不与政事同"。搞政治，也是游戏，但必下真功夫。

人生要有趣味，有趣味加上功夫，也足以有为。社会事必有人耗着，什么类型的人物皆需要。

无论走到哪儿，必要先了解环境。人要是不怪，怎么会出家？不能将他当正常人看待，是反常的人必异于常人，要用不同的方法看他。

窍门找着，就能用世。

夫人材不同，能（当名词，才能）各有异。

不能用一个标准来期待天下人。天生此人，必有用。要发挥自己之所长，不必标榜别人。

有自任之能，修己洁身，总御百官。有立法使人从之之能，法悬人惧，无敢犯也。有消息（止）辨护之能，智意辨护，周旋得节。有德教（以德教育）师人（一举一动为人师、为人法）之能，道术深明，动为物教。有行事使人谴（责备）让（谦退）之能，云为得理，义和于时。有司察纠摘（督察揭发）之能，督察是非，无不区别。有权奇之能，务以奇计，成事立功。有威猛之能。猛毅昭著，振威敌国。

夫能出于材，材不同量；材能既殊，任政亦异。是故自任之能，清节之材也。故在朝也，则冢宰之任，为国则矫直（矫枉反正）之政。其身正，故掌天官（掌内政，总御百官），而总百揆。

立法之能，治家（治理家）之材也。故在朝也，则司寇（掌刑狱、纠察等事务，后来的刑部尚书类似）之任，为国则公正之政。法无私，故掌秋官，而诘奸暴。

"治家"，大富之家，有封地、有家臣。治家以礼，不以法。

计策之能，术家之材也，故在朝也，则三孤（三公）之任，为国则变化之政。计虑明，故辅三槐，而助论道。

人事之能，智意之材也。故在朝也，则冢宰之佐，为国则谐合之政。智意审，故佐天官，而谐内外。

"谐合之政"，政之用，和为贵。

行事之能，谴（责备）让（谦让）之材也。故在朝也，则司寇之佐，为国则督责之政（御史，今之监察部门）。辨众事，故佐秋官，而督傲慢。

权奇之能，伎俩之材也，故在朝也，则司空之任，为国则艺事之政。伎俩巧，故任冬官，而成艺事。

司察之能，臧（善）否（不善）之材也。故在朝也，则师氏（法官）之佐，为国则刻削之政。是非章，故佐师氏，而察善否。

威猛之能，豪杰之材也。故在朝也，则将帅之任，为国则严厉之政。体果毅，故总六师，而振威武。

凡偏材之人，皆一味之美（一技之长）。譬饴（糖果）以甘为名，酒以苦为实。故长于办一官，弓工揉材，而有余力。而短于为（治）一国。兼掌陶冶，器不成矣。

何者？夫一官之任，以一味协（佐）五味；盐人调盐，酰人调酰，则五味成矣。譬梓里治材，土官治墙，则厦屋成。一国之政（政治、政策），以无味和（调和）五味。水以无味，故五味得其和；犹君体平淡，则百官施其用。

"以一味协五味"，"以无味和五味"。无味，水也，但人日常生活不能没有它，如断水就都完了。要修养成水之淡而无味，因为淡故能调和万味。

山、陕人以醋味为主，但不同于台湾醋。阎锡山、于右任，吃面条以醋拌，每餐不能没有醋，所以牙齿黄。

水无味，故能调天下之众味。领导人必特别清白。多味，无主观见解，不刚愎自用，故能调和众人意见。

儒重"无为而治"（《论语·卫灵公》），顺自然即无为。水体自然，什么也不掺，故本身无味，才能调众味。

开会时，应听听大家的意见，而不是训话。今之训词，即昔日之诏书。听取别人的意见后，再将众人的意见调在一起。只要是有发言权的，都可以发言。

又国有俗化（风俗文化），**民有剧**（脾气暴躁）**易**（平易近人）；五方不同，风俗各异；土有刚柔，民有剧易。**而人材不同，故政有得失。**以简治易则得，治烦则失。

百姓有脾气暴者，即"剧"。"易"，易于亲近，平易近人。

各地都有其文化、风俗习惯。我们看原住民做事土，但反过来他们也看我们土。"爷，您怎么那么笨！"小孙子用他的秤来称你。

净用主观衡量一切，所以格格不入。当政者往往以本身的标准衡量一切，故"政有得失"，不得民心。

是以王化之政，宜于统大（统天），**易简而天下之理得矣。以之治小，则迂。**网疏而吞舟之奸漏。

《白虎通·号》谓"王者，往也，天下所归往"。百姓皆拥护，民心所归，故为一统。统一，为霸者之政。此"王道"与"霸道"之分。

《春秋公羊传》曰"王者无外""大一统也"，《中庸》谓"舟车所至，人力所通……日月所照，霜露所队（坠）"，"大一统"大，天也，"唯天为大"。"统大"，统天，《易经·乾卦》"大哉乾元，万物资始，乃统天"。

"易简而天下之理得矣"，"易则易知，简则易从"，天下易简之理得，"而成位乎其中矣"（《易经·系辞上传》）。

"以之治小，则迂"，显得笨，迂阔而莫为。

辨护之政，宜于治烦，事皆辨护，烦乱乃理。**以之治易，则无易**（没有成就）。甚于督促，民不便也。

对事情分析得清楚，故烦事能理出系统。但治平就不易。

策术之政，宜于治难，权略无方，解释患难。**以之治平，则无奇**。术数烦众，民不安矣。

"策术"，法家即含此。以之治普通事，显不出有奇招。乱世才出英雄，平时则难以看出，故英雄无用武之地。

矫抗（严刻）**之政，宜于治侈**（过），矫枉过正，以厉侈靡。**以之治弊，则残**（百姓相残）。俗弊治严，则民残矣。

矫枉过正，一东西偏了，想回到正常，必使之过于正；再弹回来，就可到正。此为处事之标准。

如何处理弯曲之事？要超过标准。沟通何以愈沟愈不通？乃术上有问题。改枉，必要有术，此为智慧的问题。

为政，非同一般，《论语》的"为"皆"治"，万般不与政事同。派个官都能做事？不是加官就能沟通。不学，就无术！国民党做事，就靠父母给的本钱，以生就的一点智慧、经验去处事。

"上失其道，民散久矣！"（《论语·子张》）治再严，则民将相残。此一变局，有助于你们去了解。

坐在屋里想，要如何沟通？民主，不可以打人，要自己煮（主），别人煮（主）就不行，此行不得也。

刚来台时，在街上走，男女还相距三尺。人家看不到时，夫妻才牵手，风俗淳朴，那时人特别知耻。今天有些台湾人最缺的是什么？即"一二三四五六七"，忘八，无耻也，此乃俗弊。

不知如何疏通风俗之毛病，严令几天绝对不行，结果造成没有人性。"贼仁者，谓之贼；贼义者，谓之残"（《孟子·梁惠王下》）。

读《人物志》，不是读文章，而是要多玩味几遍。

谐和之政，宜于治新，国兴礼杀，苟合而已。**以之治旧，则虚。**苟合之教，非礼实也。

公刻之政，宜于纠奸，刻削不深，奸乱不止。**以之治边**（边境），**则失众。**众民惮法，易逃叛矣！

"纠奸"，治乱世，用重典。

边民，有边民之治理术。边民之治法，不同于治中。

威猛之政，宜于讨乱，乱民桀逆，非威不服。**以之治善，则暴。**政猛民残，滥良善矣。

伎俩之政，宜于治富，以国强民，以使富饶。**以之治贫，则劳而下困。**易货改铸，民失业矣！

改变得太多太快，老百姓没有职业了，什么事皆另起炉灶，即改铸。

方式常变，但技艺非一天学会的。一分地赚四百元，以农养工，但工起来，就不管农了！

治国之道太难了！小国不易生存，大国可以有余补不足。

故量能授官（量其所能，授以何官），**不可不审也。**

天时，配上人能，世界之所以进步，在此。

为政原则："敬事而信，节用而爱人，使民以时。"（《论语·学而》）

凡此之能，皆偏材之人也，故或能言而不能行，或能行而不能言。智胜则能言，材胜则能行。**至于国体之人，能言能行，故为众材之隽**（俊秀，才智出众）**也。**

国体，与国家合其体。善为政，则国合其德，可为宰相。

天体，"大人者与天地合其德"。

人君之能，异于此。平淡无为，以任众能。**故臣以自任**（自己担任）**为能，**竭力致功，以取爵位。**君以用人为能。**任贤使能，国家自理。

为君者无味，故无成见；不自私，故能公与明。

为君者，劳于用人，逸于任事。必先知人，而后善任之。

用人，如摆棋子，一子下错，满盘皆输。用人必知人，知人才能善任。

臣以能言为能，各言其能，而受其官。**君以能听为能。**听言观行，而授其官。**臣以能行**（敬事而信）**为能，**必行其所言。**君以能赏罚**（赏罚分明）**为能。**必当其功过也。**所能不同，**君无为，而臣有事。**故能君**

（当动词，领导）**众材也。**若君以有为，代大匠断，则众能失巧，功不成矣。

赏罚，必有"公"与"明"的修养。先能公，而后有明。

上赏罚分明，下必修功。

必要重群材，人各有其才智，当领袖的必聪明平淡，无为才能有为。为政在人，故必知人善任，"能君众材"。

读书，要多方体悟，静下来都能用，静是定力，"知止而后有定，定而后能静"，"宁静以致远"。

苏轼的闲诗值得玩味，读书人对时代有澄清之功。

当官的多半庸碌，皇帝喜欢他就三呼万岁，做这事不一定懂这件事，而是听旁边骂他的人才懂这件事。

"养浩然气，读有用书"，前者为立身之基，要"直养而无害"，因"人之生也直"（《论语·雍也》），就按所生来的养之，不要害之。要尽量去欲，气才存得住。立身之基立得住了，再读有用之书。读书，学的是术，不学无术，学就有术。

年轻时应有所储备，因为人生并没有那么多的安和乐利，不要尽想通顺的环境。孙中山将中国由封建带入民主了，犹感叹"人生不如意事，十常八九"，况常人乎？智慧，是渡过难关最有用的法宝。

处世更有用的是《易经》，自义理之学入门，视个人智慧的高低，所得自有不同。《易》为智海，不要净研究术数，应当重视义理。如《易程传》《船山易传》，均讲义理，虽然不容易读，但"书读百遍自通"。

扫一扫，进入课程

凡人、凡事，有利就有弊，利害生。将利害看清了，就能做事。

建（立）法陈术（政术、战术），以利国家，及其弊也，害归于己。

将来近代史上之是是非非、功功过过，必由老蒋一人负起，虽曾叱咋风云一时，而今安在哉？公与私耳！社会事亦如此。

盖人业之流（类），**各有利害。**流渐失源，故利害生。

人之所业，各有不同，因而有上九流与下九流之分。
利害生，如是致命的，则间接影响全局。
"流渐失源"，要如何趋利避害？做事，必要防微杜渐。

夫清节之业，著于仪（行仪，本身之行动）**容**（脸也），衰正之形在于仪，态度之动在于容。**发于德行，**心清意正，则德容外著。

仪动成容，各有态度。

做事，中规中矩，无所逾越，即节。男女皆应有节。"高风亮节"，赞美人之辞。竹子有节，超过了节，即是越节，应是有多少即守多少。礼，天理之节文也，自然的，并非人发明的。

未用而章（彰显），**其道顺**（顺应）**而**（能）**有化**（化育万物）。德辉昭著，故不试（用）而效；效理于人，故物（人、事）无不化。

中国思想的发源：法天。今天大家应好好读文天祥的《正气歌》。法天就有节。太阳有起落，日有晨昏，有日月、四季、二十四节气、年。人法自然，而产生了礼节，故不敢逾越；超出礼节，即不合礼。天地无昏沉，以之为人的礼。

现在人不懂守节，以入外国籍为荣，还懂什么耻？

故其未达也，为众人之所进（推进）。理顺，则众人乐进之。**既达也，为上下之所敬**。德和理顺，谁能慢之？**其功足以激浊扬清**（斥恶奖善），**师范僚友**（为同僚的模范）；**其为业也，无弊**（没毛病）**而常显**（显其德），非徒不弊，存而有显。**故为世之所贵**（珍贵）。德治有常，人不能贱（轻贱）。

别人知你有德，才会拥护你，与你一同做事。

此段乃作文章，人世绝无此事，得自己抢。

孔子在世时，"诸侯害之，大夫壅之"（《史记·太史公自序》），乃退而"修《诗》《书》，订《礼》《乐》"。

法家之业，本于制度（政法制度），**待乎成功而效**（有效）。法以禁奸，奸止乃效。**其道前苦而后治，严**（严以律己）**而为众**（始能执法）。

初布威严，是以劳苦；终以道化，是以民治。**故其未达也，为众人之所忌**（顾忌）；奸党乐乱，忌法者众。**已试（用）也，为上下之所惮**（惧惮）。**宪（法）网肃然（严正），内外振悚。**

孔子"不试，故艺"（《论语·子罕》），不为世用，将"六艺"学到一个境界，以"六艺"有教无类，开启民间私人讲学之风。

其功足以立法成治，民不为非，治道乃成。**其弊也为群枉**（不正之小人）**之所雠**（仇恨），法行宠贵，终受其害。**其为业也有敝**（弊端）**而不常用**，明君乃能用之，强明不继世，故法不常用。**故功大而不终**（善终）。是以商君车裂，吴起支（肢）解。

"为群枉之所雠"，坏人之所仇。

读子书，要知其长短，用其所长，避其所短。诸子之长在能治国，但短在不能保身。搞政治如曾文正，功高震主，能有好结果者少。

术家之业，出于聪思（多听常想），**待于谋得而章**（谋而得，才能名垂千载）。断于未行，人无信者；功成事效，而后乃章也。**其道先微**（隐微）**而后著**（显著），**精而且玄**（玄，乃由精的工粹来的）。计谋微妙，其始至精，终始合符，是以道著。

"聪思"，听进去，用脑子想一想，不要没有听人家说，尽是自己说。

对事有计谋，恰到好处行出，即"谋得而章"。

在匆忙、吵闹中决定事，焉能成功？应老谋深算。从最小处想到最仔细，再行出。"谋得而章"，绝不做没有把握之事。先想失败，最大害处如何，能担当再去做。千万不要先梦想、妄想，否则失败就要跳淡水河。

一个人如粗心大意，一定出事。如猛张飞般，早晚必出祸害。

其未达也，为众人之所不识。谋在功前，众何由识？**其用也，为明主之所珍。**暗主昧然，岂能贵之？

必遇明主，才能彰显。一生如不遇时，则"沉微而不章"。

其功足以运筹（运筹帷幄）**通变**（通权达变）。变以求通，故能成其功。**其退也，藏于隐微。**计出微密，是以不露。**其为业也，奇而希**（少）**用。**主计神奇，用之者希也。**故或沉微而不章。**世希能用，道何由章？

"藏于隐微"，机事不密则害成。

"奇而希用"，高招必在必要时才用，好狗不露齿。真会功夫的，很是含蓄。

智意之业，本于原度，其道顺而不忤（忤逆，违背）。将顺时宜，何忤之有？**故其未达也，为众人之所容；**庶事不逆，善者来亲。**已达也，为宠爱之所嘉**（嘉会之美）。与众同和，内外美之。

"原度"，原于亿度。做事先臆度其最坏之结果，能担负了，再去做。

其功足以赞（佐）**明计虑**（出谋划策）；媚顺于时，言计是信也。**其蔽也，知进而不退，**不见忌害，是以慕进也。**或离**（背离）**正**（正道）

以自全。用心多媚，故违于正。

"离正以自全"，有不少人取悦于上级，而净助人为恶。

"亢之为言也，知进而不知退，知存而不知亡，知得而不知丧"，唯圣人"知其进退存亡，而不失其正"，孔子"可以仕则仕，可以止则止"（《孟子·公孙丑上》）。"未得之也，患失之；既得之，患失之"（《论语·阳货》），若患得患失，则无不为矣！

其为业也，谞（音 xū，才智，谋划）**而难持**（持久），韬情谞智，非雅正之伦也。**故或先利而后害。**知进忘退，取悔之道。

"谞而难持"，小聪明者做事难以持久，其能泰乎？

臧否（褒贬）**之业，本乎是非，其道廉**（清廉）**而且砭**（规谏）。清而混杂，砭去纤芥（细小）。**故其未达也，为众人之所识；**清洁不污，在幽而明。**已达也，为众人之所称**（称道）。业常明白，出则受誉。**其功足以变**（辨）**察**（督察）**是非；**理清道洁，是非不乱。**其蔽也，为诋诃**（音 dǐ hē，受诋毁）**之所怨；**诋诃之徒，不乐闻过。**其为业也，峭**（严峻）**而不裕**（宽裕），峭察于物（含人、事），何能宽裕？**故或先得，而后离众。**清亮为时所称，理峭为众所惮。

"峭而不裕"，即尖酸、刻薄、寡恩，焉能得众？故曰"故旧无大故，则不弃也"（《论语·微子》）。部属不离不弃，岂是易事？

伎俩（技巧，才能）**之业，本于事能**（事务功能），**其道辨而且速。**伎计如神，是以速辨。

别人马虎、不注重的，自己不马虎才妙。

其未达也，为众人之所异（惊）；伎能出众，故虽微而显。已达也，为官司之所任。遂事成功，政之所务。其功足以理烦纠邪；释烦理邪，亦须伎俩。其蔽也，民劳而下困；上不端（正）而下困。其为业也，细（琐碎烦扰）而不泰（安泰），故为治之末也。道不平弘，其能大乎？

大智若愚，心虽明之，常不足。真有实学，莫测高深；无实学，则一二次即见底。要深藏不露。智慧足者，做任何事均有计划。

社会上，你做好事还有人骂，此时要有阿Q精神，人家批评、骂你，就差不多了。

要建树自己智慧的力量，自己的信立住，该做什么就做什么。筑室道谋，三年不成。将智慧发挥至最高境界，则理事方法达至高境界。

自办事，可看出人的智慧不同。单有智慧不够，还要有修养。人生非有饭吃，就完了。

出色人物对时代没多大影响，而平常智慧则有影响，愈平凡愈伟大，于平凡中成就。

读书，如任何一字多看一分钟，可以多得深意。任何一东西都不可以放松，一件事能骗常人，绝不能骗非常人。

浩然之气，乃自"集义"来，如崇（积）德、日行一善，因为浩然之气乃是与生俱有的，但易受外诱之私，故必用集义的功夫培养之。

任何人的成就，均非一件事造成的。看不起一毛钱的人，绝对不会发大财。小事不重视，不能成大业。

诸葛亮能借东风，就因他平时观察的经验，知道哪天会起东风。外行看神秘，内行看就不神秘。

由日常生活可以看出一个人的成败，成功绝没有白得的，一切皆实至名归。应严格训练自己，但人过了三十岁，要去掉毛病很难！孔子"三十而立"（《论语·为政》），立住了，乃圣德大业，"富有之谓大业，日新之谓盛德"（《易经·系辞上传》）。

能写一本书，就能写好几本书，因为可以触类旁通。研究一问题，支流也应整理，可以得很多问题。

求知易，行可非易事。能行，特别有乐趣，活得有劲。人就在乎自己怎么活。皆自苦也，天下无苦事。

读书要平心静气，看立说者所说深刻到什么程度，不要在读之前即神化他，或是未读，就批评他，那书还能读？应客观地读，看他究竟在说些什么，分析之。

超凡入圣，必很客观，要平整、客观地读。贤人、圣人也是人，不要神化他们。但也不要未认识，就动辄批判，不认同更要深入读。如此读书，才能深入。

现代政治组织与《周官》比，如同摆家家酒，多么松弛！《周官》中的官制，从中央到地方皆极为严密，中国人长于政治，于此可见一斑。

"读有用书"，还要会读，而且得客观地读。读时，有了感觉要马上做笔记。有所悟，就动笔做卡片。不是同一主题，不可写在一张卡片上。卡片写多了，将错的拿掉，就会有所得。

今天已非注释的时代了，乃是"发微"的时代，路子不能走错。如读《荀子》，不能发微，看到"隐而未见"的地方，乃未读进去，应再多读几遍。

必了悟读书的方法，然后慢读，才能深入。自自然然地，顺自然去做，无为而后有为。尽有为了，故无能成功。

思想，必自己出发，研究对方何以如此说。如写了，连自己都不知为什么，那又何必写？"孤臣孽子，其操心也危，其虑患也深"（《孟子·尽心上》），故能产生自己的思想。

《论语》如真读明白了，用处很大，随时可以提醒自己。如"居不容"（《论语·乡党》），在家闲居时，就不必再装腔作势了；"燕居，申申如也，夭夭如也"（《论语·述而》），燕居不见客，因为已经穿睡衣了。

无论走到哪儿，即使不投人之所好，至少也不要惹人厌。一个人是非观念太清，不可以做领袖人物，做书呆子则可。要提醒自己怎么应付这个时代，必要认清这个时代。

《四书》的基础要打好，乃精华之所在，对中国文化的影响大，尤其《论语》乃夫子之道，是一以贯之的。

扫一扫，进入课程

初次交接，识别人才。

推己接物，俱识同体（臭味相投者）；兼能之士，乃达群材。

推己及人曰恕，"己所不欲，勿施于人"（《论语·卫灵公》），不加之于人。

"推己接物"，物包含人、事、物，拿自己的立场去衡量，为别人想，体谅一切人的想法，推断一切事务。

"推己及人"乃中国人最了不起的智慧，"己所不欲，勿施于人""民之所好好之，民之所恶恶之"，皆本一己之体悟。懂得推己，则"放诸天下而皆准"，因为"人同此心，心同此理"。如失掉良能，专要术，终归失败。

刚开始大家都穷，难免有不合理，但是上轨道以后必要像样，要养德。可以马上得天下，但不可以马上治天下。

一个人必了解自己，不要为人所左右。既然错了，那错到底就是对的。做事业是杂货铺，什么东西都有价值，如钟表之零件，大小皆同一价值，不能有偏见。世路人情皆学问，阅历很重要，要从中学习自立，留心时事也在内。看报时，要设身处地设想对方下一步该怎么走，必以"首当其冲"的心情看报，如是戏台看戏，那就不深入。

为人父母，必要有知识，小孩很多东西必自小培养，家庭教育很重要。"爱之，能勿劳乎？"小孩跌倒了，要鼓励他爬起来，而不是把他扶起来，否则以后他不懂得要怎么爬起来。父母的态度必须一致，小孩虽然不懂，但必知谁精神上支持他。

女人绝不能婆婆妈妈，应使小孩在一家的规矩内，该做什么就做什么。刚开始，绝对错误多，此即阅历。错了，再回头看；日久天长，就能训练判断事情。

所谓"推己及人"，即拿自己当对方，如对方有不舒服的感觉、难堪时，就可以使计谋。但要知道善道，也要知道不善之道，因为"防人之心不可无"，知道对方的诡计，才可以防人。

人贵乎能善用头脑，要知所当务。学东西，要有目的；无目标，则浪费。

"同体"，乃与自己志趣相投者。光有同体之好，绝不能成才，无量也。"君子不器"（《论语·为政》），就是非同类，也必须了悟，并且兼容并包。

人世，有得必有失。用世、用事时，必勉强自己喜欢不能接受的。在社会上混，还能说你不喜欢哪一种人？自己真有那么高贵？高贵的人总是少数，对不高贵的人，你就没办法了！自抬身价，乃是种下失败的根源。

"兼能"，即多才能。人，有同体之人，有"兼能之士"。了悟"群材"，才能用"群材"。此讲治世，必有"群材"。

夫（启语词）**人初**（开始交往）**甚难知，**貌厚情深，难得知也。

初甚难真知，故对任何人绝对不可以掉以轻心。人开始很难真正了解，一般人多半易以貌取人，孔子犹叹"以貌取人，失之子羽"。

想成事，必交未来高的人。日正当中的红人，即将成日落西山了！他不够，你提携他，扶他上马，他才会感激你。

而士无众寡（无论思想水平如何），**皆自以为知人。**

人皆自以为知人。同学问："老师知人否？"答："知人。与张景兴同住，至今已二十多年。你们与人处十八天，即处不好，还说'花无百日香，人无百日好'。"知人，才能善任，要知他能做什么。我看人很坏，要自己练达。

知人之术，自推己始。你是人，就易知人。中国的政治哲学"以人治人，改而止"，亦即推己之道。在你是人的立场，就懂得如何处人、接物。

你不喜欢人家欺你，就别欺人、诈人。大鱼吃小鱼，小鱼吃虾米，虾米吃小……忠厚之道，任何时候皆用上。教子之道，以吃亏为尚。

吴尊贤（1916—1999）发财后，将学甲的土房老宅重修，外面用钢筋围住，教子孙知道他是如何苦过来的。

故以己观(察)人，则以为可知也；己尚清节，则凡清节者，皆己之所知。**观人之察人，则以为不识也。**

此段真是道尽了人世！喜吃酸的，就找卖醋的，臭味相投也。以己察人，则以为可知也；研究别人之察人，则以为不识。

一般人皆是"爱之欲其生，恶之欲其死"，连识同体之善的也没有。就怕只是以一时之好恶凑在一起，也不过是酒肉朋友罢了。

人家说某人好，你也不必赞美；他骂谁，你也不必以为那人就不好。人生知己二三人而已，就是秦桧也有几个好友。二三知己，不同于群材之士。人高兴凑在一起，也能过一辈子。

为政之道，亦"以人治人"，即"好民之所好，恶民之所恶"。处朋友，以推己之立场，接触一切的事与人。今人则"以邻为壑"。

我有几个老友都先上极乐世界了，曾经问我："有儿女多生气！毓老，你的大杂拌何以能够处得好？"我答："尊重对方，没有处不来。连夫妇在内。"

许多父亲总以儿子是自己的私产，可任自己的喜好去支配儿子。如夫妇都吵，谈不上修养。吵架还讲是非？夫妇、父子无法讲是非，就不谈是非。你不说话，一个人就吵不起来。就瞪眼看他，还默许点头，称赞他表演得好，三分钟后就不吵了：此为和平之术。说发脾气为儿子好，那又何必发脾气？既是智者，又争什么？

我的男女学生订婚了。男的去当兵，父母刷好新房，就等儿子回来结婚。女的说："若是住家里，就不结婚。"他父母找我，当时我颇有自信心。但找她来，怎么说都不行，只好对她说："中国人必在家入洞房，结婚后在家住二十几天再搬嘛！"仍不成，如此坚强，真是"贞固"！

结果，在朋友的新房住了两三个月就搬回娘家了。在娘家一住，就住了二十多年。老夫妇二人，只好自己过了。

人应该有人性，不要以为自己的父母重要，人家父母也是父母，不要逼人走绝路。要不离"恕"道。恕，"忠恕，违仁不远"。仁道、仁政、仁心。

夫何哉？由己之所尚，在于清节；人之所好，在于利欲。曲直不同于他，便谓人不识物也。**是故能识同体**（同类型）**之善**，性长思谋，则善（亲近）策略之士。**而或失异量**（不同类型）**之美**。尊法者虽美，乃思谋之所不取。**何以论其然**？

"能识同体之善，而或失异量之美"，完全是好恶，哪有真是非可言？

下面谈八流。

夫清节之人，以正直为度（衡量标准），**故其历众材也**（看过形形色色的人），**能识性行之常**，度在正直，故悦有恒之人。**而或疑法术之诡**（诡诈）。谓守正足以致治，何以法术为也？

廉节有操守之人，阅历众材，故识性行之常。

相貌，大贱大贵易识，庸夫庸妇则难以看出，都差不多。

法制之人，以分数（即本分）**为度，故能识较**（识别考察）**方直**（正直）之量，度在法分，故悦方直之人。而不贵（重视）变化之术。谓法分足以济业，何以术谋为也？

人应"素其位而行"，思不出其位。

自一人走路可以看出人，台大学生喜走快捷方式，抄小径。

变化之术者，喜"行由径"；方直之士，则"行不由径"（《论语·雍也》）。

术谋之人，以思谟（谋）为度（随方就圆），故能成策略之奇，度在思谋，故贵策略之人。而不识（他本为"或失"）遵法之良。谓思谋足以化民，何以法制为也？

专行险侥幸者，看遵法之人为笨蛋，但最后都不成功。

强人政治，往往独断独行，一死即不堪入目。

一个人真站得住不容易！伪、私，皆不可。

人对未来难知，真有机会时，不可以缺德，不可以"索隐行怪，行险侥幸"，如倡邪说般，失败者此八字皆占全，不论中外古今。

器能之人，以辨护为度，故能识方略（策略）之规，度在辨护，故悦方计之人。而不知制度之原。谓方计足以立功，何以制度为也？

器必有所能，是某方面的专家，但最高是"君子不器"。

"器能"，尽职、尽忠，忠其器能。真是器能之士，也应知其所以，"知制度之原"。

"辨"，叫人与你同一看法，必与人辩，维护固定的立场。遇有疑义时，政治家当辩而护之。

"方略"，如建国方略。必按其方略之规，即守道统，守家法。

我年轻时，无政府主义盛行，吴稚晖、刘师培、刘师复为倡导人。

吴稚晖（1865—1953），江苏武进人，清光绪举人。1902年加入上海爱国学社，曾参与《苏报》工作。1905年在法国参加中国同盟会，出版《新世纪》报，鼓吹无政府主义。1924年起任国民党中央监察委员、国民政府委员等职。1953年卒于台湾。

刘师培（1884—1919），在母亲李汝谖的教授下，8岁就开始学《周易》变卦，12岁读完《四书》《五经》，并开始学习试帖。1897年起开始研究《晏子春秋》。19岁参加南京府试中第13名经魁。1904年在上海与章炳麟交游，倾向革命，著有《中国民约精义》，抵制专制。受日本无政府主义思潮影响，发起成立"女子复权会"和"社会主义讲习会"，创办《天义报》和《衡报》，宣传无政府主义和社会主义理论，提倡废除等级制度，实现人权平等，实行无政府主义。同时，成立"农民疾苦调查会"，征集民谣民谚，反映农民疾苦；组织翻译《共产党宣言》等，在同盟会之外另立旗帜。

刘师复（1884—1915），又名思复，广东中山石岐人。1904年赴日本留学，次年加入中国同盟会。1906年回国。1907年，为了配合惠、潮两地的革命起义活动，赴广州密谋暗杀广东水师提督李准，因制炸弹时发生意外爆炸而被捕入狱。1909年获营救出狱，赴香港，潜心研究《新世纪》鼓吹的无政府主义。1910年春，与谢英伯、高剑义、陈炯明等在香港组织"支那暗杀团"，直到清政府被迫宣告退位才宣布解散。1912年5月返穗组织"晦鸣学舍"，被称为中国内地传播无政府主义之第一团体。印行《无政府主义》等小册子，宣传无政府主义。同年7月与郑彼岸、莫纪彭等人创立"心社"，是年秋在广州发起研究世界语，任广州世界语学会会长，实际借教授世界语之机来宣传无政府主义。1913年创办《晦鸣录》杂志（第三期更名《民声》），被广东都督龙济光查禁，1914年与"心社"一起迁至上海。1914年7月在上海成立无政府共产主义同志社，1915年3月27日，病逝于杭州，年仅31岁。

当时各种主义盛行，最后老百姓没有主义了。

历代反孔子的很多，如东汉王充的《论衡》，此书值得看。

无法叫天下人完全与你同一看法，但若多数人跟你走，星星跟着月亮，你就成功了。

清宫廷设计称"样子雷"，现在叫"制图"。由二老听皇帝说，听完后，画样。

样式雷，是对清代两百多年间主持皇家建筑设计的雷姓世家的誉称，也有口语"样子雷"的叫法。样式雷祖籍江西永修，第一代"样式雷"雷发达，于康熙年间由江宁来到北京，第七代"样式雷"雷廷昌，在光绪末年逝世。

雷氏七代人，主持了皇家建筑设计，为皇家进行宫殿、园囿、陵寝，以及衙署、庙宇等的设计和修建工程。

从"样式雷"的建筑样图，可以看出工程的每一个细节、每一个结构的尺寸，让人赞叹中国古建筑之美。

台湾吴凤庙，样子丑不堪言，还不如我画的"样子毓"。林家花园，像纸草。

到北京参观时，要细看，其为中国精华之所在。河北、山西、陕西、山东，均足以观之。河南，自宋以后就败坏了。紫禁城的金銮殿，阶梯雕刻之美，所有的龙均是浮雕。

内地的棺椁，杠分为三层，半扁圆棍，铁铝制的，怎么窄的地方也可以过去。怎么敲，怎么走，不许说话。上面装一碗水，水如溢出，得扣钱，真是有文化！

到北京吃小吃，不能一家吃饱，每家都不同，各有特色。昔日什刹海，都吃完要一个半月。昔骑毛驴上西山。

郁达夫在《北平的四季》里，记了骑毛驴儿游西山的经历。一次在冬日的雪后："我曾于这一种大雪时晴的傍晚，和几位朋友，跨上跛驴，出西直门上骆驼庄去过过一夜。北平郊外的一片大雪地，无数枯树林，以及西山隐隐现现的不少白峰头，和时时吹来的几阵雪样的西北风，所给与人的印象，实在是深刻，伟大，神秘到了不可以言语来形容。"一次在秋日的清晨："秋高气爽，风日晴和的早晨，你且骑着一匹驴子，上西山八大处或玉泉山碧云寺去走走看；山上的红柿，远处的烟树人家，郊野里的芦苇黍稷，以及在驴背上驮着生果进城来卖的农户佃家，包管你看一个月也不会看厌。"明人的清言里说："壮士骑马，逸士骑驴。"以坐骑而论，说西山是一座诗意的山并不为过。但在今天的西山道上，再也觅不到毛驴儿的身影了，那个诗意的年代，那些诗意的人，都载在毛驴儿的背上走远了。（参见《老北京消失的风景之三——西山毛驴考》）

中国有许多事真神秘，无法懂。天坛，回音墙是圆的，人站在中间说话，墙外的人距离远，都可以听到。

老北京城没有下水道，但下完雨不积水。民国后，修水沟，却积水。中国那一套，就不公之于外人，修北京就样子雷等两家。

昔日技术，传媳不传女。

智意之人，以原意（推测）**为度，故能识韬**（谋略）**谞**（才智）**之权**，度在原意，故悦韬谞之人。**而不贵**（重视）**法教之常**（此其短也）。谓原意足以为正，何以法理为也？

"原意"，原为动词，如原道、原毁、原儒；"意"，亿也，推测之谓。遇事，假设完整，即"亿"也。完全用智慧亿度，无中生有。子贡"亿则屡中"（《论语·先进》）。

"毋意"（《论语·子罕》），在未做之前揣度，不信人。

权变，"识韬谞之权"。"韬"，韬略也；"谞"，才智也；"权"，权术也。知一切之所以。"可与适道，而未可与权"，儒家以"权"为最高境界，知所以用理也。

做事之前，要先设几个假设，立几个方案，遇有变故方可应变，按既定政策应变。

做事业，先往最大坏处想，有力量担负了，再做；不想入非非，否则失败必自杀。失败，非偶发事件，要能够处理。能将偶发事变，皆处理得宜。

伎俩之人，以邀功（追求成效）**为度，故能识进趣**（"趣"同"趋"。积极进取）**之功**，度在邀功，故悦功能之人。**而不通道德之化**。谓伎能足以成，何以道德为也？

到任何环境，必随方就圆。

人的精神有限，件件通件件松。人年轻时身体好，绝不能过力，否则老了会有毛病。

臧否（评论）**之人，以伺察**（侦视）**为度，故能识诃砭**（诋刺）**之明**，度在伺察，故悦谲诃之人。**而不畅**（达）**侗侊之异**。谓谲诃乃成教，何以宽弘为也？

"以伺察为度"，此种"明"也太缺德了！

"侗"，不拘束，一切很高远，所看所行皆高远；"侊"，潇洒，宽宏也。"侗侊"，潇洒，自由自在，不受约束，是高尚的，而非低级的。

我一辈子受"特务"之害，还受警告，但也不想翻案。有权的，就如同上帝，说谁有罪就有罪。

"三不政策"皆转的，如决定既合法、合德又合道统，则绝不改变。法统，道统……这班娃娃！发表一方法，人就得听，究竟是代表上帝，还是代表真理？我就等，从松山机场起飞，就可直接回东北老家。

政客就不知耻，真是叫人啼笑皆非，净拿百姓当娃娃，造孽！

现在四十岁的都不认识我了，活到九十岁的又有多少？回家看什么？我民国三十六年（1947 年）来台，现在回去，小孩都不认识了，真是"儿童相见不相识，笑问客从何处来"！

言语之人，以辨析为度，故能识捷给（音jí，足。言语便给）**之惠**，度在剖析，故悦敏给之人。**而不知含章之美**。谓辨论事乃理，何以含章为也？

事情能够辨析清楚，所以做起来就快。但开口就批评别人，是否忘了自己的存在？

不要因为别人批评而批评，应留意人家的批评，了解了再批评，则你的批评必不同于别人。

在社会生活、做事，不能糊里糊涂、一无所知，只是人云亦云。

天天自圆其说，还说是言论自由！说客以辨析为度，以己智强词夺理，根本不懂得"含章之美"。

"含章可贞"（《易经·坤卦》）乃坤之道，即内敛，内在之美。"含章之美"，即使有章之美，也得含之。

是以互相非驳（否定别人意见），**莫肯相是**。人皆自以为是，谁肯道人之是？**取同体也，则接诒**（音yí，与）**而相得**（互相吹捧）；性能苟同，则虽胡越，接响而情通。**取异体也，虽历久而不知**。性能苟异，则虽比肩，历年而逾疏矣。**凡此之类，皆谓一流**（一种类型）**之材也**。故同体则亲，异体则疏。

自是其是，乃莫肯相是。

由此观之，天下哪有真是非？所取皆同一性好之人，是接合而相得，乃臭味相投也，结果是一点作用也无。

今天的台北人，谁也不知谁，结果一点作用也没有。

若二至已上，亦随其所兼，以及异数。法家兼术，故能以术辅法。故一流之人，能识一流之善；以法治者，所以举不过法。二流之人，能识二流之美。体法术者，法术兼行。尽有诸流，则亦能兼达众材。体通八流，则八材当位，物无不理。故兼材之人，与国体同。谓八材之人，始进陈言；冢宰之官，察其所以。

偏材之人，无法了解别人，多识很重要！哪有治国平天下，尽找"同体"的？

遇事，绝不可以自用，应好好地谋划谋划，三个臭皮匠胜过一个诸葛亮。

欲观（研究）其一隅（一部分），则终朝（终日）足以识之；将究其详，则三日而后足（足够）。何谓三日而后足？夫国体之人，兼有三材，故谈不三日，不足以尽（无所保留）之：一以论道德，二以论法制，三以论策术。

真按道实行，即"道德"。"德者，得也"，得道，按道而行，真能受道之用。

得道，制定一套别人能行之道，即"法制"。立法者，必守法。

有计策后，用什么方法达到，此为术，非空的。故第三论"策术"。

商鞅能为秦变法，即有"法制"、有"策术"，然缺"道德"，故不能自保。

"策术"，是能将"法制"行出。治国必有套策略，未能行即乏术。

学术，学了，就得实行出来，必经步骤才叫学术。今之学术？

留日学生争"中央研究院"院士，说"给留日的几个"。未入流争，还可；入流争，多丢人！光学了，没术，也没用！

然后乃能竭（尽）**其所长，而举**（用）**之不疑。**在上者兼明八材，然后乃能尽其所进，用而无疑矣。

《中庸》所谓"人之有技，若己有之；人之彦圣，其心好之"，即为兼德之人。

《人物志》就把《四书》偷得好，将整个串在一起。

然则何以知其兼偏，而与之言乎？察言之时，何以识其偏材，何以识其兼材也？**其为人也，务**（专心致志）**以流数**（各家各派），**杼**（音zhù，薄）**人之所长，而为之名目**（品评），**如是兼**（人）**也。**每因事类，杼尽人之所能，为之名目，言不容口。**如陈以美**（陈述己之德），**欲人称之，**己之有善，因事自说，又欲令人言常称己。**不欲知人之所有，如是者偏也。**人之有善，耳不乐；人称之，口不和也。**不欲知人，则言**（别人所言）**无不疑。**闻法，则疑其刻削；闻术，则疑其诡诈。**是故以**（因）**深说浅**（将高深道理说给肤浅人听），**益**（加）**深益异。**浅者意近，故闻深理而心逾炫，是以商君说帝王之道不入，则以强兵之义示之。**异则相返**（反），**反则相非。**闻深则心炫，焉得而相是？是以李兑塞耳，不听苏秦之说。

是故多陈处直（处世之方），**则以为见美；**以其多方，疑似见美也。**静听不言，则以为虚空；**待时来语，疑其无实。**抗**（声音高亢）**为高谈，则以为不逊**（谦虚）**；**辞护理高，疑其凌己。**逊让不尽，则以为浅陋**（见

识小)；卑言寡气，疑其浅薄。

多说怎么处理事，用什么方法做，则人以为你现美；若静听不言，人又以为你肚子虚空；若抗言高谈，以为你不客气；若客气，则人以为你浅陋。

言称一善，则以为不博（多）；未敢多陈，疑质陋狭。**历发众奇**（闻轶事），**则以为多端**（头）；遍举事类，则欲以释之，复以为多端。**先意而言，则以为分美**；言合其意，疑分己美。

先我意说出，成我肚子里的蛔虫，以为分我之美。

拍马屁不易，有时人以为是分美。真是看破世情惊破胆！

因失难（问难）**之，则以为不喻**（明知故问）；欲补其失，反不喻也。**说以对反**（相反意见），**则以为较己**（与自己较量高低）；欲反其事而明言，乃疑其较也。**博**（广）**以异杂**（不同或无密切关系），**则以为无要**（没有要点）。控尽所怀，谓之无要。

博而无要，光知博而无要点。

做人也真难！昨天，在台上热热闹闹；今天，却……人必要有一己之所长。

论以同体，然后乃悦。弟兄恣肆，为陈管蔡之事，则欣畅而和悦。**于是乎有亲爱之情、称举**（推荐）**之誉。**苟言之同，非徒亲爱而已，乃至誉而举之。**此偏材之常失。**意常姻护，欲人同己，己不必得，何由暂得？

看人之修养！遇事绝不可自用，应好好谋划。人贵乎善用头脑，要知所当务。

光有"同体"之好，绝不能成才，无量也。"君子不器"，对非同类，也必了悟，必要"兼容并包"（《史记·司马相如列传》）。

丈夫必先教太太，"刑（型）于寡妻"（《诗·大雅·思齐》），做太太的模范。"家有贤妻，男人不做横事"，太太不正常，常在不言之中，就把人得罪了。

了解一切，是很多累积的，非大学毕业，就能了解。三世为官，才学会吃和穿。中国文化太悠久，每一东西都有一定的规范。

以古人为师，要读政书、名臣全集。但并非亦步亦趋，而是要得启示。今人什么也没有接触，就想搞政治。为政不在多方，而在力行。

有人一坐，永不说话，此是修养。多言，绝非好事。

扫一扫，进入课程

书要自己看一遍，老师无法替学生读书。人有责任感了，才能发愤图强。

自非平淡，能各有名。英为文昌，雄为武称。

一个人太平淡，怎会有名？如总在平淡之内，想有成就是妄想！人应各有所长，要在己之所长上树名。

夫章之精秀者为英，兽之特（出众，超群）群者为雄。物尚有之，况于人乎？故人之文武茂异（出类拔萃），取名于此。文以英为名，武以雄为号。

在文方面出人头地的曰"英"。为文，必经千锤百炼，笔下才能生花。

我小时读书，开始读文章时，老师以"含英咀华"评论之。含英咀华，"章之精秀者为英"；华者，花也。

纯粹曰"精"，惟精惟一，纯而不杂。俊秀为美，美的不正经曰"俏"。精的东西不一定秀，说一人"长得秀气"。"俊"，最美，俊的不一定秀，有人长得好看，但是不秀。秀，秀气，秀外惠中，以前选"秀女"。

现在语言的变迁大，我年轻时所用的，你们现在已经不懂了。

章，文章。"不成章，不达。"白话文，有文却无严密章法，即无严密的组织与条理，故不称白话章。

一切事得有组织、条理，达精秀者为"英"。现在说"青年才俊"，还不敢说"英俊"。

在"章"之中，还得是精而秀者，中规中矩之精秀者即为英。读多少书，如不能改变气质，书就白读了。气质一改变，则"诚于中，形于外"，力量就大。

学问深了意气平，因为有术养。书读多了，可给不善者"不言之教"（《老子·第四十三章》）。

人活着，如只为利害，务巧得之名，日久天长，人亦必知你。名与德必相称、相副。

有人讲道，把女孩给"盗"了！庙里的居士。不去掉自己的毛病，书读多少都没有用。

人再笨，没有关系，但是必须有所守。

如何能叫所有人都说好？人必求真，《中庸》所谓"庸言之信，庸行之谨"，就是小地方也必谨慎。

人的好坏，冷暖自知。非其师，无资格谈人的好坏，有修养的不说。

群之特出者为"雄"，即有勇有智，"出乎其类，拔乎其萃"者。

《孟子·公孙丑上》："圣人之于民，亦类也。出乎其类，拔乎其萃。"

是故聪明秀出谓之英，胆力过人谓之雄，此其大体（大致）**之别名**（分别名号）**也。**

聪、明，为两件事。耳的最高境界，为"聪"；目的最高境界，为"明"。耳聪目明。

一般人皆视而不见、听之不闻，故特别强调"聪明"。心能镇静、冷静，才达聪明。中国重视"居敬"的功夫在此。居者，守也。念佛不在口，静坐不在腿，皆在心上。

中国学问曰"心学"，一部《大学》以"明明德"开始。本心，即明德，亦即本性、良知。

说一人性情坏，非指其本性，而是指其习性，"性相近，习相远"。肉心，即习性之一类，是外面的环境造成的。

"居敬"，居，守也。宋儒主张"居敬立人极"，我年轻时以为老生常谈，现在老了，经验丰富，以许多事印证真理，为未来树立一规范。

什么叫是非？社会何以如此乱？历代皆要立铜像，都要争名夺利，以自己为时代的主宰，拔别人的立自己的，但是自己的后来也为人所拔。

要正视人类的问题，或小至国民的问题。中国人民所经受的痛苦，真是不堪言状！

真有智慧者不应逐臭，一代比一代臭，不会冷静想一想。应想出办法，每个时代所逐的皆"私"。今天时代已变，应另立新章。

一哲学思想之产生，皆有其时代背景。

人的劣根性，往往是"崇拜过去，忽略现在"，等其人死了，后人学之、实用之，却已是过气、过时了！

所有哲人的思想，只能做参考，不能全盘接受，因为已经不合时宜了。

人不要看轻自己，如对事情能存有"念兹在兹"的精神，早晚成功。最怕的是，凡事一曝十寒。

应该正视问题，任何一件事情发生了，皆为时代现象，应加以重视，想一想到底是哪个代表真理？

民国以来，遇事全无章法，不是学美即学英，而对中国皆批评为帝王、封建，但是以前皆有章法。民国则尽在名词上打转，而忽略了实际。

旧社会有章法，民国以来最缺章法。历代帝王称天子，但无神化；民国造成多少神，生就两目炯炯有光。

知识分子有责任，应痛定思痛；一般百姓不知思痛。责任重在有智慧，懂"思痛"包含多少记忆，非笔墨所能形容。知识分子对时代有绝对的责任。

读书要受启示，养成冷静的头脑。定、静、安、虑、得，"静"为初步，用以修心。

"敬"，敬业乐群，能守敬，有担当，不在老小。"造次必于是、颠沛必于是"，"素富贵行乎富贵，素贫贱行乎贫贱，素患难行乎患难，素夷狄行乎夷狄"。"居敬立人极"，能守住敬，即能立人极，达"与天地合其德"的天人境界。

民族精神，没有新旧。

若校（考察）**其分数**（素质），**则牙**（犬牙交错）**相须**（互相依赖）。英得雄分，然后成章；雄得英分，然后成刚。**各以二分，取彼一分，然后乃成**。胆者雄之分，智者英之分。英有聪明，须胆而后成；雄有胆力，须智而后立。

"牙"，《说文》称："牙，牡（壮）齿也。象上下相错之形。"代表"雄"。"须"，《释名》云："颐下曰须。须，秀也。"有才智之称，代表"英"。

我虽老，但是脑子、牙可是不老，送硬的东西也能吃。

何以论其然？夫聪明者，英之分也，不得雄之胆，则说不行（实行）**；智而无胆，不能正言。胆力者，雄之分也，不得英之智，则事不立**。勇而无谋，不能立事。

是英，必雄；是雄，必英。英、雄，相为用，非单独的。

任何时代都有不世之雄，我并非期待于每一个人，"豪杰之士虽无文王犹兴，待文王而后兴者凡民也"（《孟子·尽心上》），待教育而后兴者为后觉者，所成就有限。

既有姜子牙在前，我也不想寂寞在后。

我年轻的时候，那时社团之多，左右皆有，大家对时代变迁的看法不一，或走东或走西，或向左或向右，思想之分歧。也有终走上断头台的。

知识分子看社会问题，不能像一个政党，知识分子是宇宙间的戥子，脑中不能有颜色，戴有色眼镜看一切，而是要冷静思考如何建设时代。

道统，非盗统（大盗盗国）、匪统。你们在台自娃娃即受毒素，受愚民教育。

我在一校讲书，一堂课就被解聘了。来台，不敢再娶，怕把她饿扁，陪人跳舞去了！

是故英以其聪谋始（作事谋始），**以其明见机**，智以谋事之始，明以见事之机。**待雄之胆行之**。不决则不能行。

"以聪谋始"，《孙子》首"始计"。做事如不能"谋始"，则难诚其终，要慎始诚终。

"必也临事而惧，好谋而成"（《论语·述而》），有好的谋，还要能断，慎谋能断，然后以胆行之。优柔寡断、胆小畏缩的人不能做事。

雄以其力服众，以其勇排难，非力众不服，非勇难不排。**待英之智成之**，智以制宜，巧乃可成。**然后乃能各济其所长也**。譬如金待水而成利功，物得水然后成养功。

《易》"既济兼未济"。人互利，即相济，乃能各济所长。如感到谁都不如你，就挂零了。

若聪能谋始，而明不见机，可以坐论（坐而论道，空谈），**而不可以处事**。智能坐论，而明不见机，何事务之能处？**聪能谋始，明能见机，而勇不能行，可以循常**（依常规），**而不可以虑变**（处变）。明能循常，勇不能行，何应变之能为？

要培养自己，每天应找时间读书。利用一小时浏览，遇好句子记卡片；一小时看专精的书；二小时为课外，再加上专修的东西。

读书必记卡片，如赚钱累积起来，日久天长即有用。

有抱负，也必培养之，第一步必须要有丰富的知识，尽量多读、多吸收。如眼不见、耳不闻，怎能有丰富的知识？

必要选一部子书作为专精，用以应世，终生读之，则取之不尽，用之不竭。

读报，不必找好的光阴，吃完饭休息时看报。

每天的时间有一定，朋友来信，可选半小时回复。时间分配好，才够用，从早上就分配，按自己的环境分配。要会利用时间，并养成习惯。

读书四年，如会利用时光，就不得了。周日可以玩，其他则必照表操课，按时执行。

每天用一小时浏览，也可以看很多的东西。不要"熊瞎子打苞米"，黑熊打玉黍蜀，最后只拿一个，北方人即利用它收成，一方水土一方人。

用功，必要有智慧，贵乎持之以恒。

若力能过人，而勇不能行，可以为力人（力士），**未可以为先登**（先锋）。力虽绝群，胆雄不决，何先锋之能为？**力能过人，勇能行之，而智不能断事，可以为先登，未足以为将帅。**力能先登，临事无谋，何将帅之能为？

有识，识人也识物，能看清楚。其次，有量、有胆。识、量、胆，缺一不可。

做先锋，可不易。我每天脑子就在国家、民族上，到八十多岁了，还不太死心。

孙立人百战百胜，三十年来也还不错，修养不错，才能活到九十。

什么都不属，即"未入流"。

必聪能谋始，明能见机（几也），**胆能决之，然后乃**（"乃"字据《长短经》补）**可以为英，张良是也。**

"谋始"，"慎始诚终"，始终如一。

"见机"，特别难！"知几其神乎"！"几者，动之微"，桃仁、杏仁皆能生出小树，为其本能。但在什么情形下才生？那一刹那，即几之所在。"君子见几而作，不俟终日"（《易经·系辞下传》）。

"言语，君子之枢机；枢机之发，荣辱之主也"，人每天都要说话，但不能顺嘴乱说，因为言语之发，乃荣辱之主也。"乱之所生也，则言语以为阶，君不密则失臣，臣不密则失身，几事不密，则害成"（《易经·系辞上传》）。

政治家应为所当为，成败不论。

历史上往往是"飞鸟尽，良弓藏；狡兔死，走狗烹"。张良成功了，从赤松子游。范蠡达到政治目的后，做买卖，陶朱公有智慧，发大财，三散其财，富天下。

知识分子要过智慧生活，如到哪儿都叫人讨厌，那读什么书都没有用。

讲书，要先讲做人的智慧。多少同学一点人事也不懂，知识、学问用到哪儿？人不懂智慧的悲哀！

到任何环境，人家没有邀请你，绝对不能参加。必善用智慧检讨自己，在任何团体不能容身，一辈子就失败到底。如有事怕你知、不请你，应好好反省。

同学在外面是非多，龙蛇混杂，说："就看那个牌子！"意即黉舍也不好的意思！

同学将来可以入圣庙，但是不能成大事，多半比肩而过，少有接触。

我教四十年书失败，有几千名学生，虽不会饿死，但是大事谈不上。天下有光棍的好汉？一师之徒尚且如此，其他可以谈？没有抱负，养老婆、不挨饿而已！一点修养也没有，就是读多少书，也没有用。

在台这些人再不努力，恐为此一时代的怪物，将来不知怎么在大环境中生存，这就是教育的结果。

人如知道责任之所在，则一天闲也闲不下。许多人一天闲着没事干，真是有福！

气力过人，勇能行之，智足断（决断）**事，然后**（据《长短经》补）**乃可以为雄，韩信是也。**

韩信，能将兵；刘邦，能将将。韩信最后死于妇人（吕后）之手。

女孩子应少说话，不要每天没事净传话。许多人是自己言语不慎，叫自己死；你伤了人，人家有机会也必伤你。

宁可得罪十个君子，也不能得罪一个小人。逞一时之快，碰一有心人，一辈子也不快了！

体分不同，以多为目，故英、雄异名。张良英智多，韩信雄胆胜。**然皆偏至之材，人臣之任也。故英可以为相，**制胜于近。**雄可以为将。**扬威于远。

人要聚精会神，就能够超神。要"求放心"，把心安在腔子里，"学问之道无他，求其放心而已矣"（《孟子·告子上》），人精神一到，何事不成？

智慧要培养，看一遍书有一遍的境界。智慧、行为必须升华，德与智当并进。社会再怎么坏，仍重视有德行的人。

宰相之才，必须大智若愚。社会人皆太聪明，必要有一笨人，才能成事。愚人有耐力，才能领导太聪明的人。

若一人之身兼有英、雄，则能长（音 zhǎng）世（统治天下），高祖、项羽是也。

一人之身兼有英、雄，则能长世，"君子体仁，足以长人"（《易经·乾卦·文言》）。

光是从你们幼儿园到博士所读的书，也不能搞政治，"万般不与政事同"。

我年轻时，有事的地方必到，胆大且枪法不错，师母也不赖。在野蛮的社会，出门必带枪，随时必动手。我们当年干过的事，你们连想也不敢想。

梁漱溟现还在。

梁漱溟（1893—1988），原名焕鼎，字寿铭，系出元室梁王系，1893 年生于北京。梁出身于世代诗礼仁宦家庭，早年颇受其父梁济的影响。青年时代又一度崇信康有为、梁启超的改良主义思想。辛亥革命时期，参加同盟会京津支部，曾热衷于社会主义，著《社会主义粹言》大册子，宣传废除私有财产制。20 岁起，潜心于佛学研究，几度自杀未成，经过几年的沉潜反思，重新燃起追求社会理想的热情，又逐步转向儒学。曾任中国文化书院院务委员会主席。1988 年 6 月 23 日在北京逝世，享年 95 岁。

内地成立中国文化书院，名单中有陈鼓应、杜维明、梁漱溟等人。

中国文化书院，是由我国已故著名学者冯友兰与北京大学哲学系张岱年、朱伯昆和汤一介等几位教授共同发起，联合了北京大学、中国社会科学院、中国人民大学、北京师范大学、清华大学等单位，以及港台地区和海外的数十位著名教授、学者一道创建的一个民间的学术研究和教学团体，于 1984 年 10 月成立于北京。宗旨是：通过对中国传统文化的研究和教学活动，继承和阐扬中国的优秀文化遗产；通过对海外文化的介绍、研究以及国际性学术交流活动，提高对中国传统文化的研究水平，并促进中国文化的现代化。

会用脑子，有志于做英雄事，必要有牺牲的精神。若是死了，还是最幸福的，最苦的是活着遭罪。

我在台我行我素，就是因为一个人，混了四十年，每天吃馒头也不错!

雷震（1897—1979）多年心血所写的东西，都被搜光了。我在台四十二年的劳苦（师尊42岁来台），所写的东西也被拿走很多。

圆滑之士，既享福又得名，左右逢源。张学良年轻时，吃、喝、玩、小赌，样样经过，这些年也不错，可能是学"张良"！我没有年轻过！

一个环境，把多少有才智之士都牺牲了！东北冯庸（1901—1981）也是个人物，办个军校。

冯庸父亲冯麟阁，为1910—1930年间的东北军事将领。冯麟阁本来名义为张作霖麾下，"皇姑屯事件"之后，拥护张学良为领袖。仍拥有雄厚兵力的冯庸，除了延续父职担任军事将领外，也为东北航空军成立发挥关键作用。另外他也以兴学为己任，创办了中华民国第一所西式大学冯庸大学。"九一八"事变之后，加入中华民国空军，后累功官至中将。1949年，国共内战后，冯随国民党迁徙至台湾，仍任空军要职。不久，因为国民党当局空军误击美国外交官私人飞机一事，受牵连退伍，改任台湾地区电力公司顾问，一直到1981年去世。

杨宇霆其人才智绝不亚于冯庸。

杨宇霆（1886—1929），为张作霖身边红人，在东北有"智囊小诸葛"之称。协助张作霖做了四件大事：一、建立东北海军。使军队自成体系，增强了部队实力。二、制定田赋制度。从军阀地主手中挖出大量未开垦的荒地，让农民耕种，发展生产，增强了东北的经济实力。三、修筑战备公路。当时东北的南满铁路路权归日本，修了战备公路，交通运输便不受日本挟制。四、督办奉天沈阳兵工厂。自制武器弹药装备，军队增强了防卫能力。张作霖在皇姑屯身亡后，东北易帜，杨坚决反对，他认为不应该服从蒋介石，因此与张学良产生矛盾。他以吞扣军饷、贻误戎机、图谋不轨等罪名，被张学良等枪杀在帅府"老虎厅"。

胆，是由环境造成的。我年轻时的环境，洋人在中国横行，日本在中国开鸦片馆，中国人受刺激，无一不是亡命徒。

北京的东交民巷，各国人都有，随时死人也无法抓，中国人干掉的，但绝不说出。此有胆，没话说。

中国近代几个名女人，宋美龄与陈璧君争权，两人的丈夫皆为其"俘虏"。陈是个丑女人，但是胆不得了！与汪精卫配，真是"好汉无好妻，癫汉娶花痴"。

陈璧君，生于槟城一个南洋华侨富商家庭。1907年，与访问槟榔屿的汪精卫结识。1908年，加入中国同盟会，并在新加坡拜见了孙文。其后，随汪回到中国，参与策划暗杀清朝摄政王载沣。1910年4月，暗杀计划暴露，他们遭清政府搜索，汪被判处无期徒刑。陈以香港为据点，开展营救汪的活动。1911年11月，汪获释。1912年，陈与汪结婚；同年8月，夫妇二人同赴法留学。

1917年，陈璧君归国参加孙文的护法运动，在上海帮助丈夫从事党务及政治工作。1925年，孙文在北京病倒之际，汪负责处理政务，陈则助宋庆龄看护病重的孙文。

1929年3月后，汪开始反蒋运动，陈于1931年帮助汪同蒋和解。抗战后，国民政府迁重庆，汪及其支持者协商善后对策。此时，陈力主对日本和平，同年12月起，汪精卫夫妇等人经河内逃往上海。1939年8月，汪召开了中国国民党第六次全国代表大会，陈当选中央监察委员会常务委员。

1940年3月，南京伪国民政府（汪精卫政权）成立。在南京伪国民政府中，陈璧君等人形成了"公馆派"，重用褚民谊（陈璧君义妹的丈夫）控制政局，由此形成了与陈公博的对立。1944年11月，陈璧君将在日本名古屋死去的汪遗体迁回南京。

宋庆龄（1893—1981）和张默君不错，张是来台的考试委员。

张默君（1884—1965），是诗人和学者，工诗文，善书法。她的丈夫邵元冲在西安事变中身亡。1949年以后，张默君寓居台湾。1957年，将所藏的五十余件古玉捐赠给台北"国立"历史博物馆。1965年冬，病逝于台湾。

何香凝（1878—1972）尽女人的本分。

何香凝与丈夫廖仲恺留日，习日本画。后追随孙中山，与廖仲恺一道成为孙中山"联俄、联共、扶助农工"三大政策的忠实拥护者和执行者。1924年8月，担任国民党中央妇女部长后，积极开展妇女运动。1925年，孙在北京病危时，入京侍疾，是孙中山临终遗嘱的见证人之一。8月廖仲恺被暗杀。孙中山和廖仲恺相继去世后，何香凝继承他们的遗志，维护三大政策，努力推进国民革命运动。

1938年以后，何香凝迁居香港，支持宋庆龄建立的"中国保卫大同盟"，向海外华侨宣传抗战，并为八路军、新四军募捐筹款，这时期画作多为松、梅、菊，偶作山水。香港沦陷后，到桂林以卖画为生。光复后，重回香港。1949年以后，历任中央人民政府委员、华侨事务委员会主任、中国美术家协会主席等职。

西太后（1835—1908）净兴风作浪。何以她没有读多少书，却如此有能力？我就是研究不明白。

然英之分以多于雄，而英不可以少也。英以致智，智能役雄，何可少也？**英分少，则智者去之。故项羽气力盖**（压倒）**世，明能合变，**胆烈无前，济江焚粮。**而不能听采奇异**（采用奇谋、任用奇才），**有一范增**（项羽谋臣）**不用，是以陈平**（初从项羽破秦，官拜都尉，因项羽不能重用，逃亡归汉）**之徒皆亡归。高祖英分多，故群雄服之，英材归之，两得其用，**雄既服矣，英又归之。**故能吞秦**（推翻秦朝）**破楚**（消灭西楚霸王），**宅**（当动词，居）**有天下。**

一个人无能，则既得之必失之。国民党元老多半"及身而亡"！悲秋，于右老（1879—1964）之事功。戴季陶（1891—1949）说："我撤到最后决不走。"自杀于广州。

"为政以德，譬如北辰，居其所而众星共之"，自袁世凯以下及身而亡的有多少！

英雄第八

然则英、雄多少，能自胜之数也。胜在于身，则能胜物。**徒**（只）**英而不雄，则雄材不服也**；内无主于中，外物何由入？**徒雄而不英，则智者不归往也。**无名以接之，智者何由往？**故雄能得雄，不能得英**；虓虎自成群也。**英能得英，不能得雄。**鸾凤自相亲也。

看别人之长，有奇于己、异于己的意见，"舜好问、好察迩（近，左右）言"，无一不取于人。

有好的环境，也应培养友情，要"以文会友，以友辅仁"（《论语·颜渊》）。出社会后能交朋友？从小必往大处想。"人之视己，如见其肺肝焉"，"君子者乎？色庄者乎"（《论语·先进》），得分辨之。如在一团体不能打入核心，就应该检讨自己。

做事不易，必全才。成事，必先看人之长，因人皆有所短，以之分长短就错。用一人，必经百般试验，"千里马常有，而伯乐不常有"。

事情不分大小，答应人即是大事，就必须做到，此即责任。委托一事，可以看出人的责任。

处理事情，必天天紧张。

故一人之身兼有英、雄，乃能役（支配）**英与雄。故能成大业也。**武以服之，文以绥之，则业隆当年，福流后世。

曾文正一篇《讨粤匪檄》，使天下读书人为宗教而战：

……

自唐虞三代以来，历世圣人扶持名教，敦叙人伦，君臣、父子、上下、尊卑，秩然如冠履之不可倒置。粤匪窃外夷之绪，崇天主之教。自其伪君伪相，下逮兵卒贱役，皆以兄弟称之，谓惟天可称父，此外凡民之父皆兄弟也，凡民之母皆姊妹也。农不能自耕以纳赋，而谓田皆天王之田；商不能自贾以取息，而谓货皆天王之货；士不能诵孔子之经，而别有所谓耶稣之说、《新约》之书，举中国数千年礼仪人伦，《诗》《书》典则，一旦扫地荡尽。此岂独我大清之变，乃开辟以来名教之奇变，我孔子、孟子之所痛哭于九原，凡读书识字者，又乌可袖手安坐，不思一为之所也。

自古生有功德，没则为神，王道治明，神道治幽，虽乱臣贼子，穷凶极丑，亦往往敬畏神祇。李自成至曲阜，不犯圣庙；张献忠至梓潼，亦祭文昌。粤匪焚郴州之学官，毁宣圣之木主，十哲两庑，狼藉满地。嗣是所过郡县，先毁庙宇，即忠臣义士，如关帝、岳王之凛凛，亦皆污其官室残其身首；以至佛寺、道院、城隍、社坛，无朝不焚，无象不灭；斯又鬼神所并愤怒，欲一雪此憾于冥冥之中者也。

本部堂奉天子命，统师二万，水陆并进，誓将卧薪尝胆，殄此凶逆，救我被虏之船只，找出被胁之民人。不特纾君父宵旰之勤劳，而且慰孔孟人伦之隐痛；不特为百万生灵报枉杀之仇，而且为上下神祇雪被辱之憾。

是用传檄远近，咸使闻知……

星星跟着月亮走，亮光就大了。

人各有位，要"素其位而行，不愿（务）乎其外"（《中庸》），各尽本分。虽是孤掌难鸣，但也不感寂寞。

你显得太高，别人不能接受。能做最为重要，能说不重要，说活了，人亦不信。有时，不说的力量，比说还大。要在做上表现智慧，而非在嘴上。没做成，不能说；做成，就是不说也有了。

人在我面前说什么，虽听，但绝不相信。必他做完了，才相信。今人有智慧，少诚信，也不能成功。真能任事，即很有担当、有肩膀。

品评，不是以说评，"品"是实际的东西。

将《英雄》背下，天天能用得上。

做大事不要做大官，韩愈"文起八代之衰"，也是大业，因他洞悉八代之所以衰，故能起八代之衰。

喊口号，也必须正确，才能够一呼百诺。人的神智很重要，百姓觉得对，就有力量。如不了解对方，能喊出正确的口号？必彻底知敌，才能消灭敌人。

必了解其所以。不了解今天之所以，还讲考据、训诂有用？一生可以不成功，但绝不叫自己走错路。

知道实，就懂虚。今天学术，乃是"冰冻三尺，非一日之寒"，积久之弊也。

突破，非哪个人，乃是时代。如能升华自己的智慧、行为，成就必然不同。

扫一扫，进入课程

观者，察也。"八观"好好琢磨，对社会人可以看得透彻。

观，谛视。观一人说话的辞旨，闲聊天亦无废话，我们说话时看其应赞之表情。辞旨、应赞，将一人描绘得淋漓尽致。

做外交官的尤其必须是个智者，因为得随机应变。人有修为了，才能够有境界。

人家不说话，才是厉害，好狗不露齿，会叫的雀身上没肉吃。多读书，增长智慧，遇到任何人，心里自然明白。

必将应学的基础打好了，才能够应世。《三国演义》学完，就能用。《西游记》乃是近取诸身，"心猿意马"，孙悟空骑白马，是追思玄事的产物。

群材异品，志各异归。观其通否，所格者八。

人各有志，不能趋时，就是废物，因为"时之用大矣哉"！

老师修庙，将来同学至少半打以上都得到老师修的庙。你们不要东挑西挑，把《八观》背得太熟了。如稍微懂得合作，真能办几个学校，真能发挥作用。

说一个人“情性”很坏，此不同于“性情”。儒曰“性善”，喜怒哀乐之未发谓之“中”，发而皆中节谓之“和”。习性，乃情之性也。习性超过，亦即贪欲之情胜刚，即违，乃违中道也。以中道作标准，过犹不及也。

中之用，为礼、义。中国，即礼义之国，体为中道，正道即中道。“率性之谓道”，顺着本性去做就是道，皆不假外求，皆与生俱有的。不必到名山访名师，本身即俱有，只要找一启蒙师助你开蒙即可。道，不可外求；外求的，为外道。

每一民族皆有其立说的基础。《中庸》将天地的构成讲得很清楚。

八观者：一曰观（密察也）**其夺救，以明间**（间隙）**杂**。或慈欲济恤，而吝夺其（《墨海金胡本》作“某”）人；或救济广厚，而乞酰为惠。**二曰观其感变，以审**（详究）**常度**。观其愠怍（音 zuò），则常度可审。**三曰观其志质，以知其名**。征质相应，睹色知名。**四曰观其所由，以辨依似**（仿佛，两可）。依讦似直，仓卒难明。察其所安，昭然可辨。**五曰观其爱敬，以知通塞**。纯爱则物亲而情通，纯敬则理疏而情塞。**六曰观其情机，以辨恕**（如心）**惑**（或心）。得其所欲则恕，违其所欲则惑。**七曰观其所短，以知所长**。讦刺虽短，而长于为直。**八曰观其聪明，以知所达**。虽体众材而材不聪明，事事蔽塞，其何能达？

人生最要即大节不亏，孔子“五十以学《易》，可以无大过”，但小过仍难免。中流砥柱是个标杆，大节有亏即夺正。

人如出一念之诚，在默默中总有想不到的好处、善报。钱没用，但必花到有用处。应按己之所入，量入为出。

陶冶品德的书，必要好好地琢磨、玩味，成为自己处世的规范。能轻利、欲不易，情在利、欲，何刚之能成？人的修为太难！不要把名利看得太重，名利不是多求就多得，"命中无儿难求子"。

做事业，要尽量放手去做，只要是对的，不必考虑人事关系。要脚踏实地，不要走邪路，皆能过得去；如瞻前顾后，则什么事也做不成。但是放手做，也必要知人；不知人，不行。可以吃小亏，绝不吃大亏。一人的生性与环境，与其前途有莫大的关系。

做事，必要念兹在兹，凡事先计划好，然后按部就班地做。别人所说，合于自己的计划，就好说话。成败不重要，自己的信念，绝不能改变。要练习做，空想没用。

三十而立，既是立了，就不能够动摇，不可以见异思迁。客观环境不好，必要去克服，此为术。什么时候也没有好环境，真干了，好环境就来。

立说者不易。看佛学，自小部经打基础，将术语先弄清楚。《楞严经》是开智，《法华经》则宗教气味浓。

何谓观其夺（强取）**救**（止），**以明间杂**（混杂）？**夫质**（人才素质），**有至**（优）、**有违**（违背，劣也），**刚质无欲，所以为至；贪情或胜，所以为违**。**若至不能**（师尊补"不能"二字）**胜违，则恶**（音 wù，讨厌）**情夺正，若然而不然**（表面如此，实质已变）。**所欲胜刚，以此似刚而不刚。**

"至"，乃达到道的标准；未达，即"违"。"良知"为道，因为"天命之谓性，率性之谓道"（《中庸》）。

八观第九

人的本质，"有至有违"，若"至"不能胜"违"，则"恶情夺正"，乃似刚而不刚，此于人的行为最易看出。色庄者，似然而实不然，"乡愿，德之贼也"（《论语·阳货》）。

"刚质无欲，所以为至；贪情或胜，所以为违。"孔子说："吾未见刚者。"或曰："申枨。"答："枨也欲，焉得刚！"（《论语·公冶长》）人不能无欲，但稍有欲都不刚，况多欲乎？

"无欲乃刚"，刚者必无欲。看到好东西就喜欢，就谈不到刚。刚者无欲，因无欲方能至最高境；有所好，就有欲，乃不刚。无我，乃无欲。欲，指偏私而言。为善、希圣、希贤、成佛也是欲，故欲有正、有偏。无欲，是指无偏私，所以为至高境。

故仁出于慈，有慈而不仁者；

父母对儿女之爱曰"慈"，"仁"出于父母爱儿女之情。"仁者，爱人"（《孟子·离娄下》），慈之境界高，但一般人有慈而不爱人者。爱人者，必将东西给被爱者。

仁必有恤（怜悯）**，有仁而不恤者；**

好人，也有怕树叶落下打到者，对社会半点儿贡献也无。

厉（惕厉）**必有刚，有厉而不刚者。**

一个能自厉的人，必是少欲者。但有能奋斗而并非不贪欲者。刚之本质，无欲；无欲乃刚。"枨也欲，焉得刚？"嗜欲多者少刚，况不正常的欲？好名，未尝坏。但为了得名，即无刚可言；为利而伤品败德，还能有刚可言？

欲，包含太广。无欲，做事才能达至高境。国家不好，都做外国人，那谁来救国？一民族必有民族精神，以色列能复国在此。我不要见持绿卡的同学，同学不来了！

若夫（音fú，启语词）见可怜则流涕，慈发于心中。将分与则吝啬（该给人而不给），是慈而不仁者；为仁者必济恤。睹（见）危急则恻（痛）隐，仁情动于内，将赴（往）救则畏患，是仁而不恤者；为恤者必赴危。处虚（空）义则色厉，精厉见于貌。顾利欲则内荏（软弱），是厉而不刚者。为刚者必无欲。

"处虚义则色厉"，话说多，一点表现也无。

"顾利欲则内荏"，一看到利欲之事，内里就没劲了。

"色厉而内荏，譬诸小人，其犹穿窬之盗也与"（《论语·阳货》），说一套做一套，不能表里如一。

弘一大师，本是北方有名的花花公子，仕宦之家的庶出，只要是人做的事都做，话剧演女人比女的漂亮，娶日本女人。出家前，给每一位太太留十万块，扔下即跑，每人一封遗嘱。做什么像什么，出家后修佛教最难的律宗，衣服两件，睡木板，吃的东西连盐也没。二十多年就成了，克己功夫之高，此即放下屠刀就放下，故能达高境。说绝就绝，真守住了。

和尚境应是极高的，一般难称得上。同学有两个出家。若出家和在家差不多，只是洗头省钱而已，那就没有必要出家。应先弄清楚了，再决定出家与否。

然则慈而不仁者，则吝夺（取）之也；爱财伤于慈。仁而不恤者，则惧夺之也；惬怯损于仁。

"见义不为，无勇也"（《论语·为政》），惧夺之也。

胆小者，什么也不敢；胆大者，却又过火。"过犹不及"（《论语·先进》），现许多社会表情皆如此。

厉而不刚者，则欲夺之也。利欲害于刚。

己有贪欲，就不刚，无欲乃刚。

儒曰"克己"，即克己之欲，合乎人性，用理智克制欲。佛曰"绝欲"，难，不合人性。

故曰慈不能胜（过）吝，无必其能仁也；爱则不施，何于仁之为能？**仁不能胜惧，无必其能恤也；**畏懦不果，何恤之能行？**厉不能胜欲，无必其能刚也。**情存利欲，何刚之能成？**是故不仁之质胜，则伎力（才能，技巧）为害器。**仁质既弱，而有伎力，此害己之器也。

许多人是高手，做任何事皆超人一等。若不能守住本分，最后多半害了自己。女子嫁夫之前，得先看其人之品德，不必看他是否是高手。人如果技高胆大，什么坏事都做，那危险太大了！

每人皆羡慕高手，但人要是个人，不容易，技力高、手高，德却不高。

我为侄孙女选丈夫，就选呆子，免得她将来吃大亏。在社会上，不容易！

民国唯一进步的是，老师和学生进步。天下人如此多，又何必在伦常内找？技为祸首，与老师相处，没有提心吊胆的心，就不知是谁先说"我爱你"。

我在台四十年，什么骂法都有，就没有人骂我不正经，也没有人爱过我。大师，学生都嫁他；笨师，就没有办法。"有德者，必有言；有言者，不必有德。"(《论语·宪问》)

贪悖(乱)**之性胜，则强猛为祸梯**(祸之阶梯)。廉质既负，而性强猛，此祸己之梯也。

社会人都贪，最后谁也不满足。贪，有悖于道，失中。超过本位的为贪，有悖于常规。贪欲，违背常理之性，超过中道，其强猛正是招祸之阶梯。"人为财死，鸟为食亡"，此强猛正为祸梯。"吾未见蹈仁而死者"(《论语·卫灵公》)。

你骂人，人必骂你；你侮人，人必侮你。一定的，时间问题。所谓"公门中好修行"，因为随便一言一事，于别人都有所影响。以势骑人焉能长？最后报复来了！记住：势不可以用尽，话不可以说绝。

亦有善情救恶，不至为害；恶物宜翦而除，纯善之人怜而救之，此稠厚之人，非大害也。**爱惠分笃**(厚)，**虽傲狎**(音 xiá，亲近而态度不庄重)**不离；**平生结交，情厚分深，虽原壤夷俟，而不相弃，无大过也。

人与人之间情分够了，绝不因为一点小事而绝交。

助善著明，虽疾(患，怨)**恶无害也；**如杀无道，以就有道，疾恶虽甚，无大非也。**救济过厚**(多)，**虽取人不贪也。**取人之物，以有救济，虽讥在乞酙，非大贪也。

"乞诸其邻而与之"(《论语·公冶长》)，若没有说不是自己的，即有贪欲之嫌。

人想成就事业，必要言行一致，亦即有德。

是故观其夺救，而明间杂之情，可得知也。或畏客夺仁慈，或救济过其分，而平淡之主顺而恕。

有毛病，能知而不犯，即"救"。

证严修慈济院，经手很多钱。但她每天仍做手工业以维生，忙时只有借贷吃饭，信徒帮忙到小加工厂做事。

慈航法师刚来台时，在汐止讲经，那时去听经因交通不便，晚上大家在大殿打坐。那年代，大家都苦，慈航认为得大家的供养，如不好好修，将来必成宠物，大和尚转的。我这几年看大和尚之享受，真有所感。做的事不同，将来去的地方一定不同，不一处住。

做人必表里如一，赚多少，死也带不走。但是人啊，就是不明白！

何谓观其感变（有所感而有所变），**以审常度？夫人厚貌深情，将欲求之，必观其辞旨**（意），**察其应赞**（应对酬答）。视发言之旨趣，观应和之能否。

"观其辞旨"，看一人说话主要目的；"察其应赞"，看其做事如何表示，即"应"；看是否真去做，赞助别人，即"赞"。

人不可以轻诺寡信。人家求你时，没考虑就答应，答应而没办到，即是轻诺寡信。应先考虑自己能办到与否；如不能，人家可以快去求别人。不要尽学官僚，没办而害了别人。人家求你，你说不能，没有耽误人，心里也坦然。别人不高兴，也要说不能。他当时虽是不满意，至少不说你骗了他。

夫观其辞旨，犹听音之善丑。音唱而善丑别。

言为心声，听音，就可知其人友善与否。

我听不懂西方音乐，同学录古典音乐给我，我听不懂。问同学，他也说不出其所以然。

我如到国外，最大的威胁是吃。我是中国嘴。

察其应赞，犹视知（智）**之能否也。**声和而能否别。**故观辞察应，足以互相别识。**彼唱此和，是非相举。

观察一人必要细心，自其应对酬答，视其"知之能否"，就不必乱托人。

大学生刚毕业，出社会即遇此，焉能有好感？若知识分子都不忍受，教育界早就清明了。不要习以为常！

然则论显扬正，白（大白于天下）**也；**辞显唱正，是日明白。**不善言应，玄也。**默而识之，是谓玄也。

"默而识之"，即心会神通，此为"玄"的境界。

经（织之纵）**纬**（织之横）**玄**（黑）**白，通**（通人）**也；**明辨是非，可谓通理。

无论多长的布，也就是经、纬两条线织成的。

黑白皆在其控制内，此为高手，通人。

移易（己无主张）**无正，杂也**；理不一据，言意浑杂。**先识未然**（事未发生），**圣也；追思玄事，睿**（通微）**也；见事过人，明也；以明为晦**（不明），**智也**；心虽明之，常若不足。

智者"以明为晦"，聪明不外露，否则人皆加以防备，就难以打入组织的核心。老做外围，则成就的机会少。

此段为《人物志》的观念，不同于儒家，有点神化。

儒家是"圣人不能生时，时至而不失之"，即识时、不丢时，很肯定。

微忽必识，妙也；理虽至微，而能察之。

微者、忽者也必认识，才叫"妙"，如小麻雀忽然即逝（过去）。必要冷静，才能识"微"、识"忽"。对事忽略，略而不谈，略而不见，焉能识"微"、识"忽"？

要察微，能重微，善德乃成。察事，每天都得重视，一事发生了即知怎么办。如平常都没注意，一事发生了，又如何品评？

美妙不昧（明），**疏也**；心致昭然，是曰疏朗。

妙，神明、妙明。心灵领悟的境界，在于智慧。

现在青年不懂得冷静想。有些人没事干，以民俗文物为中国文化，让年轻人误解中国文化。

中国文化不止于捏面人、偶像剧场，每年花那么多钱，只做民俗文化的一部分。文化推动是每个人的责任，不能专放在领导人身上。每个人有知，必贡献自己的意见。

测之益深，实也；心有实智，探之愈精，犹泉滋中出，测之益深也。
假合炫（卖）耀，虚也。道听涂说，久而无实，犹池水无源，泄而虚竭。

人用智慧时，是空的；用于事上，必实际才行。

许多年轻人善于用智慧，如有一刻蛋壳者，但他若能以此智慧用于别处，成就岂不更为辉煌？蛋壳能存在多久？"虽小道，必有可观焉，致远恐泥"（《论语·子张》），做事不必索隐行怪，孔子不干此事！

人皆有自由，用柏油作画，但此一时间与智慧的结果又如何？

做任何一事，必要慎重。做事，要有目标、有结果，不要将有用的智慧用于无用武之地，应善用智慧。做完一事，应有用，既利己又利人。

自见（现）其美，不足也；智不赡足，恐不知以自伐。**不伐（自夸）其能，有余也**。不畏不知。

上天，"生而不有，为而不恃"。真正充足的人，绝对不自现其美。天天自伐，不足也；天天不伐，即有余。本能有余，当然不伐己能。

故曰：凡事不度（量度），必有其故。色貌失实，必有忧喜之故。

凡事不知量度，必有其故。

忧患之色，乏而且荒（失常）；忧患在心，故形色荒。

观色识人：忧患在心，故形色乃失常！人如有毛病，脸上总是有晦气。此多半是客观环境造成的。

疾疢（音 chèn，病）**之色，乱而垢**（不净）**杂。**黄黑色杂，理多尘垢。

中国汉医，望闻问切，望为第一功夫，看气色与形色。

老医生一望，可以看出八成病，再听你的出气（呼吸），把你的脉，即可问出病之所在。

喜色，愉然以怿（悦）；**愠**（怒藏于心）**色，厉然以扬。妒惑之色，冒昧**（鲁莽）**无常**，粗白粗赤，愤愤在面。**及其动作，盖并言辞。**色既发扬，言亦从之。

"妒"，不能容，"忌者畏人修"；"惑"，惑于欲，自欺不明。

是故其言甚怿（高兴），**而精色不从者，中有违也。**心恨而言强和，色貌终不相从。

"中有违"，言行不一，"诚于中，形于外"，"人之视己，如见其肺肝然，则何益矣"！

其言有违，而精色可信者，辞不敏（虑深通敏）**也。**言不自尽，故辞虽违，而色貌可信。

不擅言词，辞不达意。但精神愉快者，尤为可取。
可是人皆喜能言善道者，因此就吃此亏。

言未发，而怒色先见者，意愤溢（超出）**也**；愤怒填胸者，未言而色貌已作。**言将发**（已发），**而怒气送之者，强所不然**（近乎土匪）**也**。欲强行不然之事，故怒气助言。

凡此之类，征见于外，不可奄（掩）**违。**心欢（欢）而怒容，意恨而和貌。**虽欲违之，精色不从。**心动貌从。**感愕以明，虽变可知。**情虽在内，感愕发外，千形万貌，粗可知矣。**是故观其感变，而常度之情可知。**观人辞色，而知其心。物有常度，然后审矣。

人有感触时，在声音、形容上会表现出来。

何谓观其至质，以知其名？凡偏材之性，二至以上，则至质相发而令名（美名）**生矣。**二至，质气之谓也。质直气清，则善名生矣。

良能至才。质，体，本质；气，气势，浩然之气。

以下所谈有层次。

是故骨直气清，则休（美善）**名生焉**；骨气相应，名是以美。

"骨直"，有骨气，绝不随便投降。骨直之士，绝对"气清"，不摇尾乞怜。

气清力劲（道劲），**则烈名生焉**；气既清矣，力劲则烈。**劲智精理，则能名生焉**；智既劲矣，精理则能称。

为正义牺牲，曰"烈士"；是为道牺牲，并非糊涂。

只要是个能手，必是"劲智精理"。名厨，必有智慧精于烹饪之能。有位者，必要有领导才能。

八观第九

193

"选贤与（举）能"，古时"举""与"为一字。举，用也。"贤者在位，能者在职"，领导人必有德，而做事必有能，因为哪里都不是养老院。

智直强悫（音 què，谨，诚），**则任名生焉。**直而又美，是以见任。

智慧很直，而又诚厚者，即有担当之人。知人善任，必叫有担当者做事。

如每天搞坏事有智，则是邪而不直。

集于端质（端，开始；质，本），**则令德**（美德）**济**（成）**焉；**质微端和，善德乃成。

一切智慧，皆聚于开始、本事上，则美德成，济也。过完河，即济。

想看中国旧风俗，在日本犹可看到。现在日本，一事完毕，盖一"济"字图章，钱付完盖"讫"章。

加之学，则文理灼（透彻）**焉。**圭玉有质，莹则成文。

"文（当动词）之以礼乐"（《论语·宪问》），本质好，加之以学，则文理就能彰显了。学文→成文，以文化世→文化。

最好的玉，是羊脂玉，没有纹。有了纹，就是瑕疵。羊脂玉，年代久颜色会变，但质地仍不坏。周朝的东西，黑的仍不多。

白玉，以汉白玉为最。白的玉，就不行。死玉，是已经风化的。出土的玉，失去了光泽。

是故观其所至之多少，而异名之所生可知也。 寻其质气，览其清浊，虽有多少之异，异状之名断可知之。

"至之多少"，人的修养多少，名因之生焉，实至名归。

做事时，要随时注意。别人看你，可是都随时注意；等到任事时，他必以你平时的作为去衡量。一举一动，都要小心。

旧社会懂得为政之术，拿钱养你，绝不叫你败事。做事，要任能不任亲。

人往上爬，不易；但往下攒，容易。捧一人，即是害一人；捧角者非不知，但没良知。人应收敛些，少造点孽，就少丢人。

何谓观其所由，以辨依似?

做事皆有所由，出入由方，从什么办法做事。

"辨其所依"，看其所依，相像所在。依似，似是而非。

看一人处事之手段，再看其所得之结果，"察其所安"。

夫纯讦（攻击人短）**性违，不能公正。** 质气俱讦，何正之有?

许多事，有时因果也没法解释。不做正经事，最后都会有问题。

尽量不要种恶根。但无心之过都难防，况有心设陷阱乎? 真是罪恶滔天!

知人，就能知己；知己，就能修养自己。

不要因为不正常的言语扰你，就此精神不振。有人骂你，就是你足够骂的分量了。你做好事，才没人说好话。有阿Q精神，就不影响自己奋斗。

鬼就怕恶人，因你走正途，才有人说闲。愈奋斗，愈有微词。

依讦似直，以讦讦善。以直之讦，讦及良善。**纯宕**（过）**似流，不能通道；**质气俱宕，何道能通？

喜揭人隐私，犹自以为是正直者，知无不言、言无不尽，于本性有所违。

儒家对性的看法实不一，不能笼统言儒家"道性善"。"率性之谓道"，即顺着本性做事。

不居正理，或失中道，即"宕"。放荡者，焉能率性？故"纯宕"，似风流，但不能通道。

依宕似通，行傲过节（不中节）。似通之宕，容傲无节。

旧社会，通一经曰博士，通六经（实际上为五经）曰通人。通人的地位，不得了。

经学家以"史自经来"，史学家则以"六经皆史"。其实，不必分得那么清。

"依宕似通"，即现在大学生的写照。"行傲过节"，以自己代表真理。一件事，就能毁掉对你一切的认识。大学生傲气十足，自以为通人，实为"依宕似通"，不过天天摆俏，可来个"不教而教"。

人要中节，就成功。

以前为女友写信，不易，典故多，真是斗智！

梁实秋的恋爱信。梁家为汉军旗，世代在北京为官。

梁实秋（1903—1987），祖父梁芝山，河北沙河人，官至四品。父亲梁熙咸，原籍河北大兴县（今北京大兴区），幼年孤苦，幸被梁芝山领养，梁芝山卸任北归时，曾在杭州停留，期间恰逢乡试，梁芝山为使养子参加考试，将梁家的籍贯改为浙江钱塘。梁父毕业于京师同文馆，供职于京师警察厅。梁实秋出生于北京内务部街 20 号。原配夫人程季淑，祖籍安徽绩溪，1927 年 2 月与梁实秋结婚，育有三女一子。1973 年夫妇二人移居西雅图探亲，程夫人不幸因意外去世。梁实秋悲痛不已，写下《槐园梦忆》纪念。

日据时期，台湾地区"国语家庭"，次于"日本人"，强于"台湾人"。

"国语家庭（国语の家）"为台湾地区日治时期一家所有成员在家都讲日语的家庭。认定方法采申请制，通过申请者即成为所谓的"国语家庭"，可获得证书、奖章及刻有"国语家庭"字样的门牌。"国语家庭"在当时，不仅代表着"荣耀"，也享有一些实质的优惠。

台湾地区有两个"汉军旗"：梁实秋与庄严。

庄严（1899—1980），书法家、前台北"故宫博物院"副院长，为护送故宫首批文物来台之人士。1924 年 11 月入紫禁城任"清室善后委员会"事务员。1925 年 10 月 10 日故宫博物院于北京建院，1926 年，庄严为古物馆科长，与同事合作，以故宫特制的纸张与印泥，将宫中所藏古代铜印 1295 方手钤保存，汇编为 26 部印谱，定名《金薤留珍》，为古代印章留下重要的文献记录。1937 年 7 月，庄严负责押运故宫博物院 80 箱精品文物赴英国"伦敦中国艺术国际展览会"展览，返回中国之后，往西南方撤迁，十年间流离辗转于湖北武汉、湖南长沙、广西桂林、贵州贵阳、四川等省市。1948 年 12 月，庄严偕妻儿随国民政府将文物迁往台湾，1950 年 4 月奉命迁入台中县雾峰乡北沟（吉丰村）仓库并清点来台文物，至 1965 年"国立故宫博物院"新馆于台北市士林区外双溪落成，1969 年 8 月以副院长职退休。

毕生研究著作及回忆录，悉收入《山堂清话》。庄严精研书法，曾遍临名碑，所书"瘦金体"结体瘦长、瘦劲舒展，颇得初唐欧阳询、薛稷、宋徽宗之余绪，笔意温润醇厚，具文人气息。

洪承畴提出的办法，有白赏，有红赏。满族人被养了三百年，就灭国了。

洪是闽人。

洪承畴（1593—1665），福建泉州南安英都人，与吴三桂齐名，是明神宗万历四十四年进士，累官至陕西布政使参政。崇祯时官至兵部尚书、蓟辽总督，松山战败后降清做了俘虏，成为清朝首位汉人大学士，官至太傅、太保、少师、太子太师。

洪承畴倡导儒家学术，针对顺治不崇信孔孟提出意见，为满汉的合流打下基础。洪承畴也建议清廷采纳许多明朝的典章制度，献计甚多，大多被清廷信纳加以推行。

为了巩固清朝的统治，洪承畴建议满洲统治集团习汉文，晓汉语，了解汉人礼俗，淡化满汉之间的差异。八旗官员家有红白事，按该员品级给予赏赐，谓之"红白赏恤"。

施琅（1621—1696）也是闽人，赶上时代。

我的两个老师皆福州人：陈宝琛（1848—1935）及郑孝胥（1860—1938）。

故曰：直者亦讦，讦者亦讦，其讦则同，其所以为讦则异。直人之讦，讦恶惮非，纯讦为讦，讦善刺是。**通者亦宕，宕者亦宕，其宕则同，其所以为宕则异。**通人之宕，简而达道，纯宕傲僻以自恣。**然则何以别之？直而能温者，德也**；温和为直，所以为德。

"望之俨然，即之也温"，老年人修养到"温"很重要，有温之德，年轻人就得到很多安慰。但不易，有时一温，就显出溺爱。

到任何环境，必要适应环境。

做什么，都得有功夫，不论做人、做事、修身皆然。如炖牛肉，要慢火，功夫到才成。

教学生，不要啰唆，使他自己得教训最重要。

可以骗学生的小，但不能骗学生的老。

直而好讦者，偏也；性直过讦，所以为偏。**讦而不直者，依（**依似**）也**；纯讦似直，所以为依。

真正直，好讦，都是偏，况其他？专以破坏人为能事，"依"也。一般人揭人之隐私，却以之为正直，认为自己是正直的，将"人之善"毁掉了。

交友，必交正人君子，不要净交不正经的人，他老戴有色眼镜看人，久了，你也受同化。

一个团体里，就怕是非人，是非者就是是非人，到你这儿能讲别人，到别处你就是他的材料。天下本无事，庸人自扰之。一团体如无讲是非者，这一团体就存得住。

接触人时，必要注意。人如都正经，慢慢地就能上轨道。

道而能节者，通也；以道自节，所以为通。**通而时过者，偏也；**性通时过，所以为偏。**宕而不节者，依也。**纯宕似通，所以为依。

以道自节，发之于内心，则痛苦少。但有时仍会犯小毛病，过与不及皆不行。

以道为节、以人性为节，己所不欲，勿加诸于人，即为通人，通于恕道。

做事，没有违人性，但过时了，也叫偏人。帮人，没帮到正是时候，无能恰到好处。

儒看重中道，所以不及时也是偏。《中庸》"君子而（能）时中"，时时刻刻皆在中道，还不如合乎"时之中"为重要。

做学问，就如同走路，不怕慢就怕站，原地站着不动就坏。必如同人的嗜好般，要日积月累地养成读书习惯。

看书，应有目标，成就更深。要按己志去看书。

偏之与依，志（心之所主）**同质违**（背），**所谓似是而非也。**质同通直，或偏或依。

自是其是，有主观见解，似是而非，大则有损于人，小则自己内心不平。

什么都说，无一句造就人的话，此与性违。似是而非，皆是似。

读书，必要仔细，然后能动手。

《杭之和李亦园谈文化》一文，杭之所谈，我不懂；李谈的，可懂。必自己真明白了，才能说给人知。

是故轻诺，似烈（有成就）**而寡**（少）**信**。不量己力，轻许死人，临事惮怯，不能殉命。

轻诺寡信，乃因自己能力办不到，而非诚信不足。自己有多大能力，自己能不知?

自以为很会应酬人，实在太没良心! 年轻人当时听得很高兴，但后来你耽误了他，他会恨你一辈子。应是开门见山拒绝，他刚开始恨你，但你没有耽误他，他就可以另想办法。

做人，千万别打肿脸充胖子。

多易（不难），**似能而无效**。不顾材能，自谓能办；受事猥狠，皆无效验。

"多易，似能"，为政多方!

人如坐得住，就能看书。成功，乃是有能耐，一辈子干一件事。就是卖馒头的，卖一辈子，也盖了四栋楼。

学了很多外国语，最后一国语也没弄好。外国语，有一个精就够用。"多易，似能而无效。"

于斌，说他会十六国语文，有些可能不会超出六句。

于斌（1901—1978），天主教会枢机，山东昌邑人。出生于清黑龙江将军辖区兰西县，洗名保禄，字野声。为第二位华人枢机。曾任天主教南京总教区总主教、天主教辅仁大学在台复校首任校长。

进锐（锋芒，锐不可当），**似精而去速**。精躁之人，不能久任。

有位同学，说他三天就把《易经》读完。吓得我不敢再说话了！可能三天看一遍，懂不懂自己知。

读《人物志》，不能当书读，要好好玩味，想，然后用以处世。

《人物志》《冰鉴》很重要，仔细看，有用。曾文正一生有知人之明，对此二部书，都到一境界。

我讲书讲得慢，是在培养你们的耐力。夸一人，说"这小子真有能耐"，"耐"字最难了，超出自己能力之所能耐，还能够"忍"下去。

今天社会风气净是"百日通"，其实什么事也学不好。我年轻时，就有这些书，日后才明白都无用。

办教育不容易，必要有耐力，天下无易得之事。

诃者，似察而事烦（不简）。谴诃之人，每多烦乱。**讦施，似惠**（赐）**而无成**。当时似给，终无所成。**面从**（表面顺从），**似忠而退违**。阿顺目前，却则自是。

暗施小惠，乃妾妇行，小家碧玉，放不开的样子。

人必节之以义，做事不能不懂术，但不能都用术。

此似是而非者也。紫色乱朱，圣人恶之。

做事，就怕用面从之士，应用忠心肯干者。

太聪明的，总以为自己有过人之处，快做，但一赶就出错，忙中有错。我就怕聪明人！做事不在乎聪明，不在找参谋，必要找忠心者，按照既定的政策做事。

当差的，则必要找鬼精灵，因为每天必要说几次假话。用人，若是尽用聪明人，则难以约束。

亦有似非而是者（大才干者）：事同于非，其功实则是。**大权**（权变），**似奸而有功。**伊尹去太甲，以成其功。

"可与适道，未可与权"，权，乃是知所以用理。

"大权"，似奸而有功，离于经，而不违于道。管仲，离于经而不违于道。一个特别懂得权变者，似为奸者，结果能成功。此必真正有智慧，且必识时。

宇宙间即如此，胜者王侯，败者贼寇。政争的丑化不重要，历史的裁判才重要。

"大权，似奸而有功"，极为不易。识时，最重要。

历史，必在无利害关系的人后，才有定论。

大智，似愚而内明。终日不违，内实分明。

"大智，似愚而内明"，好说话都是假的。

学人之流弊，说而不能行，能行则成圣。如行中掺伪，后面就跟着诈。

萧规曹随,萧何、曹参二人智慧一般高。知人长处、知己不及的,皆大智者。今人到哪儿都必要改变,即缺萧规曹随的精神,总要另立一套。一切从头开始,怎么会有建设?此乃欠缺"接着"的精神。人要懂得跑接力,社会就会有进步。

千杯不醉,才是会喝酒。

成就事业,不要立障碍,而是要去除障碍。了解过去,可是一句话不说,接着做,结束残局。谁都不对,就是等你想出办法。

到哪个地方,绝不能批评过去。在言谈间,绝对要赞美过去,因过去不行了才换人,要你表现。是非者就是是非人。

博爱,似虚而实厚。泛爱无私,似虚而实。**正言,似讦而情忠。**譬帝桀纣,至诚忠爱。

博爱,泛爱众,似虚而实。

夫察似明非,御(迎,统)**情之反,**欲察似类审,则是非御,取人情反覆明之。**有似理讼,其实难别也。**故圣人参讯广访,与众共之。

要能驾御情,使情返性,情即性、性即情,发而皆中节,不易!

"舜其大智也与,舜好问,而好察迩言",圣人参讯广访,与众人共之。

非天下之至精,其孰(谁)**能得其实?**若其实可得,何忧乎驩兜?何迁乎有苗?是以昧旦晨兴,扬明仄陋,语之三槐,询之九棘。

精,纯一不杂,是"居敬"的功夫,如参禅、打坐。

"文王之德之纯"，乃是纯一不杂，人必修到"精纯"的境界。

儒讲"定静安虑得"，佛讲"戒定慧"。修行方法：儒以"克己复礼"，佛先参禅以定于一。心杂，则不能修。

故听言信貌，或失其真；言讷貌恶，仲尼失之子羽。**诡情御反，或失其贤**。疑非人情，公孙失之卜式。**贤否之察，实在所依**。虽其难知，即当寻其所依而察之。

"君子者乎？色庄者乎？"昔日骂男孩"色庄"，今天骂"不要脸"。

失正，为"诡"。说话有正道，无按正理说，亦诡之。

是故观其所依，而似类之质可知也。虽其不尽得其实，然察其所依似，则其体气粗可几矣。

有经验者，你一进门，就了解你一半。

汉医看病，下"望闻问切"四部功夫。望，一进门看气色，即可看出几分病。闻，自气喘可知。问，详细了解。切，切脉做参考。

人不宁静，自其一举一动可以看出。但医生只能看病，不能看命。"医不三世，不服其药"（《礼记·曲礼下》），当医生、老师的，经验很重要。

人生怎么活很重要，要把病情当乐趣，有心境去治。

要练达智慧。一团体有五人，五人绝对不同，分析分析，天长地久就知。

"豪杰之士，不待文王犹兴"，特殊人物的气质绝对不同。"待

文王而兴者，凡民也。"（《孟子·尽心上》）

何谓观其爱敬，以知通塞？

在社会做事无阻，曰"通"；反之，为"塞"。

盖人道之极，莫过爱敬。<small>爱生于父子，敬立于君臣。</small>

"爱生于父子，敬立于君臣"，此解有毛病。

《孝经》云"爱敬尽于事亲，而德教加于百姓""养父母曰严"，"严"，敬也。"爱敬"，完全用于事奉父母上；"德教"，则加于百姓。

人道之极，莫过于爱敬。称己父，曰"家严"，"严"，乃敬也，即家中所敬之人。称己母，曰"家慈"。

称别人的父母，为"令尊""令堂"。

今人之野！回家问："你妈在吗？"同父亲叫妈。

书信称"父母亲大人膝下"，乃因孩提之时，在父母亲的膝下。

是故《孝经》以爱为至德，<small>起父子之亲，故为至德。</small>**以敬为要道。**<small>终君臣之义，故为道之要。</small>

《孝经·开宗明义章》称："先王有至德要道，以顺天下，民用和睦，上下无怨。"至德，爱；要道，敬。

当父母的都有私心，第一部书要儿女背《孝经》，教一句，背一句。我那时还以为是"笑经"。

昔日教小孩，第一字认"孝"字，用筷子摆字。

《易》以感为德，<small>气通生物，人得之以利养。</small>**以谦为道。**<small>尊卑殊别，</small>

道之次序。

《易》以"感"为德，"天地感而万物化生，圣人感人心而天
下和平，观其所感，而天地万物之情可见矣"。乾坤，上经之始，
天地、阴阳之感。咸，下经之首，男女之感。夫妇感情好，才能
够生生不息，以情相感，感情不错。

《易经·谦卦》云："天道亏盈而益谦，地道变盈而流谦。鬼
神害盈而福谦，人道恶盈而好谦。谦尊而光，卑而不可逾，君子
之终也。"谦卦，六爻皆吉。

《老子》以"无"为德，施化无方，德之则也。以虚为道。
寂寞无为，道之伦也。

《老子·第四十章》："天下万物生于有，有生于无。"《老子·第
十一章》："三十辐，共一毂，当其无，有车之用。埏埴以为器，当其
无，有器之用。凿户牖以为室，当其无，有室之用。故有之以为利，
无之以为用。"

"无为而无不为"，天地、自然界所施之化，无有方所，无所
不在。无为，即顺自然。

《礼》以敬为本，礼由阴作，肃然清净。**《乐》以爱为主。**乐由
阳来，欢然亲爱。

诗书传家久，礼乐继世长。

读《礼记·乐记》，可以了解乐。"立于礼，成于乐"，"乐由

中出，礼自外作"，"礼者，殊事合敬者也；乐者，异文合爱者也"，"仁近于乐，义近于礼"，礼主敬，而乐主爱。

人最难的是守正，即居敬的功夫。

人皆喜人说假，但说假，他会骂你一辈子。人再笨，没关系，但必要有所守。焉能叫所有人都说好？

然则人情之质，有爱敬之诚，方在哺乳，爱敬生矣。则与道德同体，动获（得）人心，而道无不通也。体道修德，故物顺理通。

行之得于道为德，心行合一，行与理合，非空的。

自"有生于无、无中生有"，可悟出许多道理。

然爱不可少于敬，少于敬则廉（敛，俭）**节**（节制）**者归之，**廉人好敬，是以归之。**而众人不与。**众人乐爱，爱少是以不与。

爱，不可少于敬，少于敬就乱。

《诗经·关雎》有"乐而不淫（过分），哀而不伤（伤生人之性）"。淫，过量，如淫雨霏霏，即久雨。男女交往高兴了，但在未举行婚礼之前，也不能过分。人皆喜生，不可伤生人之性；失恋了，既不可伤己，也不可伤人。

爱多于敬，则虽廉节者不悦，而爱接者死之。廉人寡，常人众；众人乐爱致其死，则事成业济。是故，爱之为道，不可少矣。**何则？敬之为道也，严而相离，其势难久。**动必肃容，过之不久。逆旅之人，不及温和而归也。**爱之为道也，情亲意厚，深而感物。**煦渝笃密，感物深感，是以斮桑之人，倒戈报德。**是故观其爱敬之诚，而通塞之理可得而知也。**笃于慈爱，则温和而上下之情通；务在礼敬，则严肃而内外之情塞。然必爱敬相须，不可一时而无。然行其二义者，常当务令爱多敬少，然后肃穆之风可得希矣。

百姓喜人爱之，不喜严肃之士。多用爱，比多用敬好。

殉情、逊国，乃因为爱多。

何谓观其情机，以辨恕惑？夫人之情有六机，杼(长)其所欲则喜，为有力者誉乌获，其心莫不忻焉。**不杼其所能则怨。**为辨给者称三缄，其心莫不忿然。**以自伐历之则恶，**抗己所能以历众人，众人所恶。**以谦损下之则悦。**卑损下人，人皆喜悦。

损益，乃是相对的。你损，对方就益你、尊敬你。己有短，怕人说，即护短。闻善言则拜、闻过则喜，才不是护短。

人家有缺失，也不能直接说出，因为"说者无意，听者有意"，所以"话到舌边，要留半句"。不能轻视任何人，因其虽成事不足，但败事有余。

这个社会，任何人说一句对你不好的话，于你都有影响。社会事，应疏通之，不可覆冒之。疏通之，即把气给放了。

犯其所乏则媢（音hù，护短），人皆悦己所长，恶己所短，故称其所短，则媢庚忿肆。**以恶犯媢则妒。**自伐其能，人所恶也；称人之短，人所媢也。今伐其所能，犯人所媢，则妒害生也。

人情于社会上无服输的，总不以自己为输家。以自己之长驳正别人之短，正是侵犯别人，刺激人家发现护短的劣根性。

人一旦有嫉妒心，最易做出最坏的事。自己如真好了，也没有义务去管别人之短。但是颜回"犯而不校（计较）"的修养，岂是人人能有的？必要有冷静的功夫。

许多事，不是争吵所能解决的，必要过灵性生活。

自有人类以来，就有战争，但没有一事是战争能解决的，应在未战前就冷静地谈。冷血，是败德；冷静，是功夫。

有人犯你，越是计较，越易受害。因为人受刺激过度了，都会不择手段。

此人性之六机也。

"机"，枢机。门轴下有石头做的碗，便于门的转动。一开一合，为"机"。说"做事有转机""机会到了"。

"六机"为六个变，机变。以其情之变，辨其恕惑（惑于欲）。多少人在刀尖上跳舞，还很高兴，就因不见"机"。

"天地闭，贤人隐"（《易经·坤卦·文言》），因为贤人达嫉害之"机"。

如自己的立脚不稳，千万不要扯其他。根深了，叶才能茂。

夫人情莫不欲遂（成）其志，志之所欲，欲遂己成。**故烈士乐奋力之功**，遭难而力士奋。**善士乐督政之训（导）**，政修而善士用。**能士乐治乱之事**，治乱而求贤能。**术士乐计策之谋**，广算而求其策。

自由，是在于自己要不要享，并非他人给不给；如他不给，你就不敢要，以后他不给你的会越多。大家都要享宪法赋予的自由，他不敢不给你，因为宪法是大家所制定的。

尊严、自由是争取来的，如他怎么做，你都接受，就会越来越糟。

辨士（辩士）**乐陵讯**（凌犯质问）**之辞，**宾赞而求辨给。

"陵"，本义：大土山。引申义：凌驾，凌驾他人之上，句句都占上风。

夏元瑜（1909—1995）的父亲，是真正翰林，世家子，但自己高兴一辈子。在人面前老夸己，谁都不喜。

人皆喜人客气，明知道人家是戴假高帽，但他真高兴。人在哪儿夸谁，也不必信以为真，哪有真的是非？人就怕读书，明理一多，什么都不在乎了！

在矬子面前，可不能说"短"话。

贪者乐货财之积，货财积，则贪者容其求。**幸**（宠幸）**者乐权势之尤**（特异，突出）。权势之尤，则幸者窃其柄。**苟赞其志，则莫不欣然，是所谓杼其所欲则喜也。**所欲之心杼尽，复何怨乎？**若不杼其所能，则不获其志；不获其志，则戚**（忧愁）。忧己材之不展。

人可以不爱财，但必要有足够生活的能力。许多同学好施舍，但是必须自己不要饭了，再有余力，才可以施舍。

豪杰之士手中一块钱，此耍光棍可，有家的人则不可。必要行有余力了，才可以去助人。不可以助了人，社会又添一位要饭的。

助朋友，是助一饥，不可以助百饱。一碗饭养恩人，一斗米养仇人。

你们若连坐着看《人物志》十遍的功夫都没有，那可真是向老师纳税来的。

台南的大天后宫，为宁靖王（**朱术桂，1617—1683**）王府。

宁靖王，为明太祖朱元璋第十五皇子辽王朱植的后代，受封宁靖王，为太祖九世孙。

南明时期，先后在方国安、郑鸿逵、郑成功军中任监军。明郑王朝来台后，朱术桂亦随之。郑克塽降清时，朱术桂与五位妃子殉国明志。

后人于台南市建有五妃庙祭祀五位妃子，在高雄市湖内区建有"宁靖王墓"，在路竹区有华山殿。

郑氏到第三代克塽降清，施琅引路攻台。鹿港的施琅之后，不敢承认为其后。

施琅，郑氏降将，对郑政权内幕知道极多。郑第三代降施琅，宁靖王自杀殉国，五妃亦吊死在大天后宫的后殿，葬于五妃墓。二侍从将他们埋了之后，也吊死在墓旁，后人亦为他二人修墓，称义灵君墓。

1953年，我第一次拜宁靖王墓，下车在平地即摔跤，所穿的白袍为血所污。墓旁，有一小水泥屋。有一陈姓青年招待我，请吃午饭，有炒米粉、鱼丸汤。后来，他又寄来宁靖王的相片。

上周六，我又去台南。找了三个钟头，却未寻到那个人。一乡人愿为我上警察局找陈姓青年，再寄信告诉我。

给人吃一餐饭，人记一辈子。但是朋友有苦难，可以在外帮助他，千万勿请入家中。不是明白人，"请神容易，送神难"，助人得有分寸。世路人情皆学问。

任何朋友求我，我都给五万元，也不要他写借据。我的想法是："还我应该的，不还我也应该的。"朋友出问题，非个人力量可以挽救，帮他一部分。助人，得有忍耐力，并非易事。

读书，应每天持之以恒，早晚有成就，此积也。写字，天天写，亦是积也。无论学什么，如不天天学，永远不会到境界。天天写字，才能成为书法家。

溥二爷（溥心畲）常告诉我："你也应写写。"我答说："将来再说吧！"意即：你死后，我再写。三年前，有一位同学修家庙，我上台南，为他写家训。

写字，如没有感觉，字不必看。写楷书，不出汗不行。

学书，自篆书入手，至少要由楷书入手。许多人从隶书入手，不可以。做事都有一定的规矩。

张大千的画，虽画得好，但不是国画。国画有国画的规矩。他晚年泼墨，乃因为眼睛不好。张氏兄弟的母教好，其母画画得好，兄弟二人自小从其母学画。

"南张北溥"，"南"代表张善子，为张大千兄，早死。

张善子（1882—1940），四川内江人，名泽，字善，号虎痴。现代名画家，张大千二哥，画虎大师。

"北"代表溥心畲。

溥心畲（1896—1963），原名爱新觉罗·溥儒，初字仲衡，改字心畬，自号羲皇上人、西山逸士。满族，清恭亲王奕䜣之孙。曾留学德国，笃嗜诗文、书画，皆有成就。画工山水，兼擅人物、花卉及书法。

来台有二名人带通缉令死：张大千、李宗侗。

张大千可怜，骗尽大江南北，就二字"无品"！敦煌壁画骗尽大江南北，风流潇洒一辈子。敦煌盗壁画，张大千第一人，一层层割取之，北方通缉之。

张大千因为张群（1889—1990）而飞黄腾达。二人皆四川人，认一家子。异姓称结拜，同姓叫认一家子。

李宗侗，是国民党元老李石曾侄子。李石曾是清末大臣李鸿藻（1820—1897）之子，当年接收故宫时，一边接一边盗。国民党不好抓李石曾，乃通缉其侄李宗侗。

李石曾（1881—1973），又名李煜瀛，笔名石僧、真民，河北高阳县人。1924年10月，冯玉祥发动"北京政变"，11月5日取消清帝溥仪帝号，并将其逐出紫禁城。李石曾当即建议设立中央古物保管委员会及清室善后委员会，为故宫博物院创建人之一。

李宗侗（1895—1974），祖鸿藻，曾为清穆宗师，历任清军机大臣、协办大学士、吏部尚书等。留法，返国后受聘于北京大学，兼法文系主任，寻出任开滦矿务局督办、故宫博物院秘书长等职。抗日军兴，护送故宫文物南迁京沪，转运重庆。京沪沦陷时，匿名居于上海，被通缉侵占故宫文物。

我记此事，教后人不可以盗名，必要真有贡献。

倡宗教，修"正法明菀"，教大家有正信，有正信不必烧纸。观音菩萨，本是早已圆成佛道的"正法明如来"，佛的慈悲本怀，不忍众生流转于生死大海，乃化身乘愿再来、寻声救苦。

正信，古代祭祀用白水，"大羹不和"。佛前三杯水：一杯已喝，一杯人喝，一杯洒祭。

儒家的责任，在拨乱反正，并非揭人底，乃凡是乱的都得拨。拨者，除也。不管他是谁，他乱，就必除之。除了乱，就反（返）正了。

师生结婚，乱伦者。一个知识分子应有知识分子的责任，知识分子明白自己责任，至少自己先不乱。

今人以为批评"牛肉场"是落伍。

牛肉场，台湾地区早期表演脱衣秀的地方。当时民风未开，信息管制严格，民众难以透过合法管道获得声色的满足，于是一些机灵的野台戏业者，开始借着经营美女歌舞表演，达到娱乐乡亲的目的。

"牛肉"的意思，传闻有两种：一为台湾地区早期为农业社会，因而往往只有过年节庆时才有牛肉可吃，这种满足感很珍贵。在美女清凉歌舞秀出现后，便有人以"牛肉场"戏称这种具声色刺激的场所。另一种说法是，闽南语的"有肉"意即普通话的"牛肉"发音，因此露肉、卖肉的场所，就称为"牛肉场"。（参见《台湾大百科全书》）

但如是自己的妹妹、女儿，肯让她们做吗？如不许，而别人做，自己却去欣赏；有人反对，还说人家落伍，是表里如一吗？此为知识分子的责任，以古代言即"拨乱反正"。

自己的女儿不许去做的事，别人的女儿做，他去欣赏，此种人真是"百死不得赎其罪"。

中国人讲修身，应反求诸己，此即恕道。

中国许多事，是由良知发的理论，今天最缺少如我的顽固分子。

青年跳"迪斯科"，市长还开舞。年轻人非得做这个不可？

完全倒行逆施、丧心病狂、人欲横流！

人必要负人的责任。我必说，乃是违背良心难过，就是有人骂，也不管。

中国自"五四"开始，许多名人尽教别人时髦、唱高调，而回家管儿女则极严，儿女反对他"在外民主，在家封建"。

我的家教极严，痛定思痛，发正知正见。时代越乱，越需要有正知正见的人负起时代责任。

人活着必须干，不做不行。

做事必持之以恒，天天动手。溥儒作画，到了化境。他可以一边聊天，一边作画。其画在国际上，高过张大千。

没有高深的修养，得什么学问都没用。

做人道理必明，否则人看你不成才，不值得一交。

我看人一眼，望到底；可救救之，不可不救。

同学记忆力比不上我，我至今读书二三遍不忘。

人全靠自己成就自己，你是块料，人家才会造就你。应好自为之，才能求到真东西。人有东西都愿意传，但是你必须值得传。

女子选丈夫，不要在乎其出身，而必要看他成才与否。

到一地，人家有事，要快告辞；先走，人后来开会，泄了密不会算到你。"瓜田不纳履，李下不整冠"，君子不处嫌疑间。最要为做人，要好自为之。人未邀你，勿与其事。

替主人处处假传圣旨，此乃窃柄。

团体中必要有正人君子才可以，人太重要了。人如果不正经，则在外处处替你造谣、假传圣旨。

是故功力不建，则烈士奋。奋，愤不能尽其材也。

赵少康，国民党之"烈士奋"，自称新改革派，此人热忱有余，时见不足。

别说一个赵少康，所有国民党员都是赵少康，也无法复兴。时过境迁，虽有贤者，亦莫能如之何矣！

德行不训（教诲），**则正人哀**。哀，哀不得行其化。

国民党也有好人，"烈士奋"，"正人哀"。老的就"正人哀"，奋不起了。"烈士奋"与"正人哀"，同一事。老年人再有抱负，体力也吃不消。时也，命也，运也！

政乱不治，则能者叹。叹，叹不得用其能。**敌能未弭**（平息），**则术人思**。思，思不得运其奇。

有志治世者，应了解时事、社会潮流。

中山先生失败，国民党元老朱老先生评其"委之非人"。

朱霁青（1882—1955），汉军旗人。奉天北宁人，今辽宁省北镇人。

当时，胡汉民与汪精卫二人，都不错。

胡汉民（1879—1936），本名衍鸿，字展堂，号不匮室主，自称汉民，意为不做清朝顺民，做大汉之民。广州人，中国国民党元老和早期主要领导人之一，也是国民党前期的右派代表人物之一。

胡汉民家境贫寒，21岁中举人，1902年曾为代考枪手，获得酬劳后留学日本，1905年加入同盟会，担任评议部议员、《民报》编辑，1907—1910年，多次参加武装革命。1911年，辛亥革命后任广东都督、南京临时政府秘书长。1913年，参加二次革命，失败后于1914年随孙中山在日本成立中华革命党。

1917—1921年，随孙中山在广东活动，先后任交通部部长、总参议等职。1924年1月，中国国民党第一次全国代表大会在广州召开，胡被孙中山任命为五人大会主席团之一，并获选中央执行委员，兼任黄埔军校政治教官。这次大会确定了孙中山联俄联共、扶助农工的政策。同年9月，孙中山离广州到韶关建立北伐大本营，任胡代行大元帅留守广州。

1925年3月12日，孙中山于北京逝世，此后中国国民党内最具实力的人是汪精卫、胡汉民和廖仲恺。

汪（精卫）比胡次些，其短在个性如其貌，为一美男子，六十岁还如四十岁，柔弱，不如胡之刚。胡之短，则刚而狭，缺少量，有胆识。汪有胆，也视死如归，有量有识，就本性较懦。胡以下的人全被抓过，廖仲恺、何香凝、康同璧（1883—1969，康有为次女）。

同学中适合搞政治的无几人。有人好活动，不会搞政治，正是糟糕处，将来不是小丑，即是走狗。万般不与政事同。

货财不积，则贪者忧。忧，忧无所收其利。**权势不尤**（过，甚），**则幸者悲。**悲，悲不得弄其权。**是所谓不杼其能，则怨也。**所怨不杼其能悦也。

島内多能士，天天给美国、全世界出主意。如真那么明白，又怎么跑到台湾吃香蕉？不能笑！

人情莫不欲处前，故恶人之自伐。皆欲居物先，故恶人之自伐也。**自伐，**皆欲胜之类也。**是故自伐其善，则莫不恶也。**恶其有胜己之心。**是所谓自伐历之，则恶也。**是以达者终不自伐。
人情皆欲求胜，故悦人之谦。谦所以下之；下，有推与（推让）之意。**是故人无贤愚，接**（应接）**之以谦，则无不色怿**（悦）。不问能否，皆欲胜人。**是所谓以谦下之，则悦**（心喜）**也。**是以君子终日谦谦（《易经·谦卦》"谦谦君子，用涉大川"）。

由此知人世。

人最重要的应截长补短，"三人行，必有我师焉"。与人相处，对人客气，人皆愉悦。

刚愎自用者，两眼炯炯有光，自以为是神。

八观第九

219

人情皆欲掩（藏）**其所短，见**（现）**其所长。** 称其所长则悦，称其所短则愠。**是故人驳**（正）**其所短，似若物冒**（冒犯）**之。** 情之愤闷，有若覆冒。**是所谓驳其所乏，则姻**（恋惜）**也。** 覆冒纯塞，其心姻戾。

今天的年轻人姻短，说他短处，就拼命地辩。以前人心中再不悦，也听听别人的说法，检讨自己。但是今天年轻人，你陵犯到他所讨厌处，说到他的短处了，即恶之。

人情陵（侵犯）**上者也，** 见人胜己，皆欲陵之。**陵犯其所恶，虽见憎，未害也。** 虽恶我自伐，未甚疾害也。**若以长驳短，是所谓以恶犯姻，则妒恶生矣。** 以己之长，驳人之短，而取其害，是以达者不为之也。

凡此六机，其归皆欲处上。 物之自大，人人皆尔。**是以君子接**（交、迎）**物，犯**（冒犯）**而不校**（计较）**；** 知物情好胜，虽或以小犯己，终不校拒也。**不校，则无不敬下，所以避其害也。** 务行谦敬，谁害之哉？

颜回"犯而不校"（《论语·泰伯》）。如能对别人有谦下之心，就躲避了害处。

小人则不然，既不见机， 不达妒害之机。**而欲人之顺己，** 谓欲人无违己。**以伴**（假装）**爱敬为见异，** 孔光逡巡，董贤欣喜。**以偶邀会为轻，** 谓非本心，忿其轻己。**苟**（诚，如果）**犯其机，则深以为怨。** 小人易悦而难事。**是故观其情机，而贤鄙**（粗俗）**之志可得而知也。** 贤明志在退下，鄙劣志在陵上。是以平淡之主，御之以正，训贪者之所忱，

戒幸者之所悲，然后物不自伐，下不陵上，贤否当位，治道有序。

真，最为宝贵！我一辈子吃亏在嘴上，四十年前就因多说一句，而成终身之忧。

中视《九十分钟》节目，同学安排访问我。我以"丢我脸"叫他们访满族协会会长——父子三代为调查局人员，改名赵靖黎。赵，皇族，闲散宗室。

"爱新"，太祖高皇帝之后；"觉罗"，太祖高皇帝亲兄弟。爱新与觉罗，同一庙祭祖。

爱新觉罗氏，是清朝的国姓。"爱新"，满语"金"的意思。"觉罗"是部族姓氏。根据女真文学家、满学家清朝宗室金启孮的考证，觉罗氏源于金朝时期的交鲁氏。"爱新觉罗"这一姓氏的含义是，金子般高贵神圣的觉罗一族。

清亡以后，族人多取汉姓，如金、艾、罗、肇、赵等。但也有保留原姓者。

何谓观其所短，以知所长？夫偏材之人，皆有所短。智不能周也。**故直之失也讦，**刺讦伤于义，故其父攘羊，其子证之。

恶讦以为直，直言，对人德无损；隐私，则对人德有损。

太正直的人，有时自以为正直，将人隐私的话都说出了，还自以为知道什么说什么。

刚之失也厉，刚切伤于理，故谏君不从，承之以剑。**和之失也懦，**

懦弱不及道，故宫之奇为人挠，不能强谏。**介**（其介如石，坚强）**之失也拘**（拘泥，顽固不通）。拘愚不达事，尾生守信，死于桥下。

不能尾生之信，愚信。

"其介如石"，乃是至死不变。

夫直者不讦，无以成其直；既悦其直，不可非其讦。用人之直，恕其讦也。**讦也者，直之征也。**非讦，不能为直。**刚者不厉，无以济其刚；既悦其刚，不可非其厉**（严肃）。用人之刚，恕其厉也。**厉也者，刚之征也。**非厉，不能为刚。**和者不懦，无以保其和；既悦其和，不可非其懦。**用人之和，恕其懦也。**懦也者，和之征也。**非懦，不能为和。**介者不拘，无以守其介；既悦其介，不可非其拘。**用人之介，恕其拘也。**拘也者，介之征也。**非拘，不能为介。

"拘"，守住理，一成不变。一个人太拘谨，令人受不了。

然有短者，未必能长也。纯讦之人，未能正直。**有长者，必以短为征。**纯和之人，征必需弱。**是故观其征之所短，而其材之所长可知也。**欲用其刚，采之于厉。

用人，不能求全责备。用其长，避其短，则无不可用之人。

何谓观其聪明以知所达？夫仁者，德之基也。载德而行。**义者，德之节也。**制德之所宜也。**礼者，德之文也。**德之文理也。**信者，德之固也。**固德之所执也。**智者，德之帅**（引导）**也。**非智不成德。

今天所谓的进步，完全违反人的"良知良能"。伦理就是人性。今天进步，不谈旧道德，然而哪个男子愿意自己的妻子与别人不正经？此本性也。

有人主张"万恶孝为首"，但他也不会叫他的女儿随便拉个男人回家做临时女婿。

"礼，天理之节文也"，如日月之运、二十四节气。

夫妇只是缘分，不过嫁鸡随鸡罢了，二人虽相处了三年，但谁也不了解谁。

夫智出于明，明达乃成智。**明之于人，犹昼之待白日，夜之待烛火。**火日所以照昼夜，智达所以明物理。

明而无私。《论语·颜渊》云："子张问明。子曰：'浸润之谮，肤受之愬，不行焉，可谓明也已矣。浸润之谮，肤受之愬，不行焉，可谓远也已矣。'"以智开路，以明见远。

其明益盛者，所见及远，火日愈明，所照愈远；智达弥明，理通弥深。**及远之明难。**圣人犹有不及。

《中庸》称："人一能之，己百之；人十能之，己千之。果能此道矣，虽愚必明，虽柔必强。"

是故守业勤学，未必及材。生知者上，学能者次。

此说，将圣人真意丢了！

八观第九

223

《中庸》云："或生而知之，或学而知之，或困而知之，及其为知一也。"圣人、贤人、常人，只要是肯学，最后的成就都一样。

"学则不固"（《论语·学而》），学就有术。

材艺精巧，未必及理。因习成巧，浅于至理。

守业、勤学，刻图章亦有业。

我以为朱铭将孔子刻得像张飞，因他不懂孔子，此乃材艺精巧，未必及理。

想精巧，必要合理。国画有一定的界说，按画理画，好坏是技术问题。张大千的画，我都不承认是艺术，及于理很难。

今天谁胆大，谁就成名。画有画理，书法有书道。昔日先学画论，才能作画。学什么，必有根据，皆有一定的规矩。创造，必经过临摹。

避讳，古时遇祖宗、父母的名字，皆不发声，写时少一笔。中国规矩，"礼仪三百，威仪三千"。文化太悠久，麻烦乃多。

理义辨给（足）**，未必及智。**理成事业，昧于元智。**智能经**（经营）**事，未必及道。**役智经务，去道远矣。**道思玄远，然后乃周**（周全）。道无不载，故无不周。**是谓学不及材，材不及理，理不及智，智不及道。**道智元微，故四变而后及。

"可与适道，未可与权"（《论语·子罕》），知所以用理为难！
有智慧，未必能行道，成为有道之士。

道也者，回覆（往来）**变通。**理不系一，故变通之。

万事万物皆有理，故理不系于一，随时而变。

是故别而论之，各自独行，则仁为胜；仁者济物之资，明者见物而已。

仁为济事、济物的本钱。无仁者之心，焉能助事、助物？

仁者，必是勇者；勇者，未必是仁者。勇者，见义必为。

合而俱用，则明为将。仁者待明，其功乃成。**故以明将**（当动词）**仁，则无不怀**（少者"怀"之）；威以使之，仁以恤之。**以明将义，则无不胜**；示以断割之宜。**以明将理，则无不通。**理若明练，万事乃达。

"怀"，怀抱。子生三年，才离母之怀。中国人对父母守三年孝，意义在此。"怀"比"爱"的意义还深，关怀、怀柔、怀远人。现在不必戴三年孝，但父母对儿女犹有三年的怀抱。

女子虽柔弱，但为母则强。

明为将，"以明将理"。人如明理，焉能不孝？结婚必要住到外面？

不谈道不道，应谈人性的事。良知的警醒最为重要，要先唤回人性，否则讲什么都没有用。

然则苟无聪明，无以能遂（成）。暗者昧时，何能成务成遂？

昧于时，即暗者。不识时，何能成其务、成其遂？当务之为急。

故好声（名）**而实，不充则恢**（大，迂阔）。恢迂远于实。

"声闻过情"（《孟子·离娄下》）。好声闻（音 wèn）而实不充，则迂阔而远于实。

求为可知也，务实。好名者必作伪，因没有实。

好辨而理，不至则烦。辞烦而无正理。

好辨，而理不能达最高境界，则烦。

好法而思，不深则刻（雕琢）。刻过于理。**好术而计，不足则伪。**诡诬诈也。**是故钧**（等，同）**材而好学，明者为师；比力而争，智者为雄；等**（一般，同）**德而齐，达者称圣。**

最小的秤，为戥子。等量，"等德而齐"，等量德而齐于德。

圣之为称，明智之极名也。是以动而为天下法，言而为万世范，居上位而不充，在下位而不闷。

圣人，明智到了极点。

知人者智，不误人才。

是以观其聪明，而所达之材可知也。

鬼怕恶人，不再得罪你，放弃了！

你对我善，我对你不错；不善，来则加以颜色，碰一次壁他就不敢来了。如愈和他扯，则事愈大。谈点别的吧！

人家不找我们，我们也不找人家。人家找上门，不可以怕事。

二三朋友彼此容忍，脚踏实地干，练就独立的性格。行行出状元，何必当公务员？

挑人，有点毛病的没关系，失败就是交学费，有今天的失败才有明天的成功，不以成败论英雄。贵乎贯彻始终地做一事。有理想有抱负，干一辈子就成家，完全在乎做与不做。

尽做好事，还困难重重。懂得解决困难，就能处理事情。有志，就懂得奋斗；念兹在兹，就能成功。

不要依靠什么，苦不苦皆一阵子，完全在自己立志。

聪明，也必得有真才智。聪明而是浮灵，则为害器。两眼很会转，很会说话，然而没有自己的主宰，大可以做汉奸，小能出卖朋友，害完人则自害。此种人不可用。

真有才智的人，遇事沉静。对一事，有所感触，接着有应变，而应变离不开时。

学术思想，随时有变，此变完全是自然情势造成的，并非人为所致。每人每日必有所感，有所感必有所变，应审常度，而非一成不变。

古人为学，先求己立己达，自己必真明白，然后叫人去做。今人完全说教式的，自己缺少功夫，根基不稳，应世时乃随波逐流。

读书，真想发挥作用，必读"有德者必有言"之书。乱世中，要学什么必效什么？能应天下之万事，有其常度。

人没有碰到变的环境，很难去应变。

扫一扫，进入课程

七种谬误，因情生谬误，故不客观。如有正知正见，就不会有谬了。

人物之理，妙而难明。以情鉴察，缪犹有七。

情，净主观，无法客观。天下人懂得用情者少，能以道理情，必功夫深，道行高。

鉴察，推己及人，"己所不欲，勿施于人"，此即"忠恕"之道。

七缪（同"谬"，错误）：**一曰察誉有偏颇**（不正）**之缪**，征实不明，故听有偏颇也。

察誉有偏颇之谬，乃因征实不明，故听有偏颇也。

二曰接物有爱恶（音 wù）**之惑**，或情同忘其恶，或意异违其善也。

接物有爱、恶之惑，即"爱之欲其生，恶之欲其死。既恶其生，又爱其死，则惑矣"（《论语·颜渊》）。

两人好得不得了，如胶似漆，但不好时则连什么也不是。故处世不应以己之好恶作为标准。

三曰度 (度量) **心有大小之误**，或小知而大无成，或小暗而大无明。

三岁知老。依一己之小智揣度事情，终一事无成。

四曰品 (品评) **质有早晚之疑**，有早智而速成者，有晚智而晚成者。

"大器晚成"，如周武王，晚智晚成则站得住。早成，多大年纪即不长（部长）。

许多丈夫的事业，就毁在太太手中。女人当有智慧，有识时的智慧。今天，更得识时。"物必自腐而后虫生"，绝不能造自毁的机会。

要少说话，自以为比别人聪明，说话比别人多，坏！说话，必要有分寸，"言行，君子之枢机；枢机之发，荣辱之主也。言行，君子之所以动天地也，可不慎乎？"言行，为一君子人的转折点，"乱之所生，则言语以为阶，君不密则失臣，臣不密则失身，几事不密则害成，是以君子慎密而不出也"（《易经·系辞上传》）。

人各有其机密。聪明人应是说玄而不说闲，忽说天、忽说地。不是知心的，扯不着边的话，就嘻哈过去。闲话，最易伤人。

人生知己二三人，比亲兄弟还近。你自己事对人说，人家不一定同情，反而将你当作笑话；能为你分忧者，才能对他说真心话。人嘴怎么说，都行，要见什么人说什么话。在家中与先生吵嘴，出去讲先生怎样怎样，自己脸上能有何光彩？生气时，绝不能说生气以外的事。随时皆要善智慧。

要养成随时不谈是非，是非一多，难凝聚核心力量。做事要有所成，必先学会做人，能做人则无不成功。人皆常人，少有非常人，不要在常人中找圣人，否则最后将"剩"下自己。

"无友不如己者"，天下本无事，庸人自扰之。

家中夫妇吵架，一段过去就完，必要吵得人尽皆知？夫妇最近，别人劝也没用。最难的，就是能叫太太佩服的人。

五曰变（辨别）**类有同体**（同类人）**之嫌，**材同势均则相竞，材同劳倾则相敬。

"材同势均则相竞"，一槽子拴住两只叫驴。

聪明人则"大智若愚"，把肉埋在饭碗里吃，自己香。隐藏术，最后拿出能一鸣惊人，先使人以你不是对手。雷声大，雨点小，愚人也。

"材同劳倾则相敬"，聪明人专能造错觉，以你最值得同情，使人无戒备心。

在社会上，必有人说好、说坏。都说好、都说坏，就成功了？就怕是庸人自扰！

六曰论材有申压之诡（异，反），藉富贵则惠施而名申，处贫贱则乞求而名压。

环境不同，有富贵、有贫贱，申、压有别。材虽相同，但结果不一样。

"富贵而惠施"，公门中好修行，青天。天天神化成神人，然不旋踵间，就被丢到马路边。

没有职业、事业为穷，即穷途末路。人处穷难，"小人穷，斯滥矣！"（《论语·卫灵公》）

"乞求而名压"，人到无求品自高。

七曰观奇有二尤之失。妙尤含藏，直尤虚瑰，故难察中也。

尤，心中有不悦，怨天尤人。

"妙尤含藏"，不表现自己有才。人有一手，能含藏不露不易。

"直尤虚瑰"，真阴险的，大智若愚。势不均、力不敌，则同情你，帮那永远赶不上他的人。

夫采（采，搜集）**访**（访问）**之要，不在多少。**事无巨细，要在得正。

"采访之要，不在多少"，揽太多事，做不好。会办事的，真能干一事，而且干得漂亮。显功，也必要有智慧。

"事无巨细，要在得正"，不在多少、大小，贵乎得正，必要有正知正见。大、小事皆必慎重，小事没注意，可能因此而失败，但无批上"小事失败"者。"小大由之"（《论语·学而》)，又何分大小？

然征（征询）**质**（质量）**不明者，信耳而不敢信目。**目不能察，而信于耳。

"信目不信耳"，要善用智慧。对事不明其所以然，就"信耳不信目"，一般人不就如此？

故人以为是（正确），**则心随而明之；人以为非，则意转而**

化（改变）之。信人毁誉，故向之所是，化而为非。**虽无所嫌，意若不疑。**信毁誉者，心虽无嫌，意固疑矣。

听许多闲话，意上也慌张。

"人以为非，则意转而化之"，本来有信心，因为旁人的闲言，意乃随之转。没有决定力的，往往是"信耳不信目"，临事天天为此伤脑筋。

全在乎自己的判断力，人一生疑，则愈看愈像：以此判断自己的智慧。应相信自己的眼力，凭自己的经验去判断。

且人察物，亦自有误。爱憎兼之，其情万原（情况复杂）。明既不察，加之爱恶，是非是疑，岂可胜计？

"爱之欲其生，恶之欲其死"，爱、恶兼之，有所矛盾。

不畅（通晓）**其本，胡可必信？**去爱憎之情，则实理得矣。

是非者就是是非人，此人绝不可信，是王婆式的、三姑六婆之类。

三姑，指三种宗教的出家女性。尼姑，是佛教女性僧侣；道姑，是道教女性教徒；卦姑，是专门占卦的。

六婆：牙婆，即女性牙人，为包括贩卖人口在内之商业交易牵线搭桥的中间人；媒婆，是专为人介绍配偶的女性；师婆，是专门画符施咒、请神问命的巫婆；虔婆，是妓院内的鸨母；药婆，是专门卖药的女人；稳婆，则是专门接生的接生婆。六婆是各种专业的名称，有时一人可以身兼数职。

昔日正经人家的小姐，不可以随便让她上庙。因为六婆到处晃，净东家长西家短的。

是故知人者，以目正耳（虽听人言，常正之以目。**不知人者，以耳败目**。亲见其诚，犹信毁而弃之。

古人的接触面不广，现代人接触广，是非更多。"以目正耳"，必要相信自己的眼力与智慧。

故州间（古代地方基层行政单位，如乡里）**之士，皆誉皆毁，未可为正也**；或众附阿党，或独立不群。**交游之人，誉不三周**（完备），**未必信是也**。交结致誉，不三周，色貌取人，而行违之。

人一有爱、恶，就有主观。"爱之欲其生，恶之欲其死。既欲其生，又欲其死，是惑也"（《论语·颜渊》）。

不要盲从。智者必有正常的看法，不要特殊的看法，索隐行怪。必要冷静思考，要善用智慧。

大家天天忙，但是又有几人知道自己在忙些什么？若再跟人跑，那岂不是盲从？做一事，必要知其所以。

烈士为己志而死，谭嗣同因信"革命必流血，流血自我始"，故不逃。价值因人而异，活得长否，在乎个人之所识与所志。

做事，一定要知其所以，知道其价值再做，才有意义。人多了，反而不能成事。

信仰生力量，信仰即力量，至死不变到锻炼自己见地，全视自己的见地是否高明。不高明而固守之，则为刚愎自用。自己真有见地了，就不用在乎别人说对不对。

人类传万年之久，中国文化生生不息，必要善用自己智慧。

夫实厚之士，交游之间，必每所在肩称（一视同仁）。言忠信，行笃敬，虽蛮貊之邦行矣。**上等援**（攀）**之，下等推之**，蛮貊推之，况州里乎？**苟不能周，必有咎毁。**行不笃敬者，或谄谀得上而失于下，或阿党得下而失于上。**故偏上失下，则其终有毁；**非之者多，故不能终。**偏下失上，则其进不杰**（苗之先长者，突出）。众虽推之，上不信异。

得奖者，绝对有渊源。要视为什么而活，奉行真理的奖赏。

有智，应知自己的结果。正常的事，若以此为苦，就苦得不得了！历史总是历史，你自己没有翻案，但历史总会为你翻案的。

张学良几十年不自由，但是自由与否其实是心理问题。活得长了，就有那个自由。我就等坐飞机回家，不必太麻烦等那一天到来。

孙立人，"偏下失上"，饱受排挤。"主义、领袖、国家、责任、荣誉"五个，他强调后面三个。

孙立人（1900—1990），是国民党中极少数从美国军校毕业的高级将领，擅长以客攻主、以少战多、以弱敌强而皆能克敌制胜。他长期在补给完善的精锐部队任职，在中缅印对日战役中，面对各种艰苦复杂的作战环境，有深刻的认识与卓越的战绩。但因个性心直口快、人际关系处理得不圆通，再加上深得部属们的尊敬与美国政府的青睐，使他于不知不觉中，陷入政治漩涡，而遭人构陷。

到孙的境界，必遇"幽人贞吉"。有修养，才能活到九十岁。

《易经·履卦》云："履道坦坦，幽人贞吉，中不自乱。"隐居以求其志，居易以俟命，人到无求品自高。

不要没有认清自己，就去做事。人在某方面能有所突破，对国家就会有贡献。智者押宝式的冒险；不行，则遇"幽人贞吉"。

任何团体都怕结党营私，拉拢群众，巩固自己的地位。学校都如此，其他更不必谈了。

故诚（真的）**能三周，则为国所利。此正直之交也。**由其正直，故名有利。

色、貌、行，无法三周。

对事未识大本，何可必信？信耳，不信目也！

朋友相交多年，许多皆看过，若因闲言而生疑，能有知己之交？现在最缺知己之交，是最薄情的一代。自小学到大学，没有几个真朋友就糟！社会上皆势利之交，无不凶终隙末！

一辈子没有朋友，自以为没有遇到知音人，真是悲哀！亲弟兄间犹有不能谈的，只有真朋友可以无所不谈，朋友之所以可贵在此。

我一生是非善恶碰的太多了，对人可以认识八成，此为经验。人物，可因地区而分出其类。

必建立自主的智慧，要有知人之能。在是非人面前，最好少说话。你不说，他都有话说，何况你说了？

社会即是与非，人相接触，就会有是非，猫狗皆然。我一生小心，犹碰到许多笑话。听完，笑笑！有时，你不找他，他还找你。为人事而苦闷，那将一生都苦闷。人天天在人事中，遇事应一笑置之！敏感者就不敢再说。耳不听，心不烦。

一个人要是有人批评，那也不容易，韩愈《原毁》中有"事修而谤兴，德高而毁来"句。有几个扫马路的在争吵？在社会上，应尽量少谈是非。

故皆合而是，亦有违比（党同伐异）。或违正阿党，故合而是之。**皆合而非，或在其中。**或特立不群，故合而非之。

违比，违背正道，结党营私。"君子周而不比，小人比而不周。"（《论语·为政》）

若有奇异之材，则非众所见。奇逸绝众，众何由识？**而耳所听采，以多为信。**不能审察其材，但信众人言也。**是缪**（谬，失误）**于察誉者也。**信言察物，必多缪失。是以圣人如有所誉，必有所试。

"若有所誉，必有所试"（《论语·卫灵公》），一犬吠虚，百犬吠实。大则误国，小则误事。

夫爱善疾恶，人情所常。不问贤愚，情皆同之也。**苟**（真的）**不明质**（本质），**或疏善**（疏远善者）、**善非**（交友不善者）。非者见善，善者见疏，岂故然哉？由意不明。**何以论之？夫善非者，虽非犹有所是。**既有百非，必有一是。**以其所是，顺己所长，**恶人一是，与己所长同也。**则不自觉情通意亲，忽忘其恶。**以与己同，忘其百非，谓矫驾为至孝，残桃为至忠。**善人虽善，犹有所乏。**虽有百善，或有一短。**以其所乏，**

不明己长。善人一短，与己所长异也。**以其所长，轻己所短，则不自知**（不知不觉间），**志乖**（不谐）**气违**（不和），**忽忘其善**。以与己异，百善皆弃，谓曲杖为匕首，葬櫄为皮具耶？**是惑于爱恶者也。**征质暗昧者，其于接物，常以爱恶惑异其正。

此章真是道尽了人情之短！人有所长，必有所短。缺乏功夫，不明别人之所长，就不能用上。

我来台，一件事也没做，国民党也不认识我。请吃饭，我守时前往；到开饭时，却说"某人未来"，还骂我。我虽老，但也有儿子、孙子。社会欺负人，还受传染病。

我每天不敢见人，人未起床时，我就出门。几十年过去了，真是不容易！

到任何团体，千万不要结党营私，对你也未必不好。如是特立不群，则小人乃合而非之。真有特异之材，绝非一般人能见，也得是刘备见诸葛亮，张飞就不耐烦了。千万不要以自己有奇异之才而人不知。若是人人皆知你有奇异之才，那你也绝非奇异之才。

我在台，就天天坐屋里，哪有机会做坏事？要自得其乐，千万不要自苦。我天天把家人弄得乐呵呵，小孙子天天快乐。

我可说什么都有，也什么都没有，"国破、家亡、妻离、子散、矜寡、孤独"，系于一身，即我的自传。

但人不能自苦，进而还必得自得其乐。自苦，即是作茧自缚，永远跳不出去，活下去太苦了，经常打不起精神，于做事会有影响。天天乐，精神好，做事亦好。

择人太重要！恨一人，恨得不得了，即受了"恶之欲其死"

的影响，是"惑于爱恶者也"。

夫精（纯一不二）欲深微（深刻入微），质（本）欲懿重（美好充实），志欲弘大（弘伟远大），心欲嗛（音 qiàn，不足）小。

"心欲嗛小"，"嗛"，亦小也，谦虚谨慎。

精微，所以入神妙也；粗则失神。懿（专久而美）重，所以崇（推重）德宇（仪表）也；躁则失身。志大，所以裁（同"堪"，胜也）物任也；小则不胜。心小，所以慎咎悔也。大则骄陵。

"志大"，并不是妄想，而是要察人与事之任。知人善任，因知人，才能知其能担什么责任；不懂得知人善任，则常对有才者废之。

"心小"，并不是小心眼，而是能慎过错、悔恨，弭祸于无形。

长于理事者，理事能井井有条；长于外交者，就能随机应变。但用其所长，最难。尽用其所长了，则人才难以驾驭。

千万不能以外行领导内行。否则，尽用废物，累死自己。治小地方犹可，治大地方行吗？

用八人，一个不看着，就出错了，那又何必用？若是自己的儿子，还没办法，因无先选才再生儿子的。但是用人，大可不必。

我不敢用太聪明、太精灵的人，做事做不到五分钟。

任人、任事，特别重要。若要天天看，就等于没用人。真会用人，不必天天跟着。

记住"志大所以裁物任，心小所以慎咎悔"，则做事绝对成功，所用皆得其人。

郑孝胥，号苏勘，志大也。他最后的职位是"总理大臣"。"苏"与"躁"对，性不急躁，曰苏。苏民困，使百姓不受苦。他又号太夷先生；夷，平也，没有等级。中国讲平，不患寡而患不均。郑太傅确实能负起自己的责任。

罗振玉，活得久，其大弟子为王国维。

写文章，要仔细，用字才能恰当。

故《诗》咏文王，"小心翼翼"（《诗·大雅·大明》），"不大声以色"（《诗·大雅·皇矣》），小心也；言不贪求大名，声见于颜色。"王赫（怒斥声）斯怒"，"以对于天下"（二句皆出于《诗·大雅·皇矣》），志大也。故能诛纣、定天下，以致太平。

连周文王都"愠于群小"，做人真是不易！周文王"三分天下有其二"，又有德，尚且愠于群小。常人更是"愠于群小"，何必不能"动心忍性"（《孟子·告子下》）？

"大声"，靠宣传；"以色"，显出两目炯炯有神，装腔作势也。但是文王"不大声以色"。

由此论之，心小志大者，圣贤之伦（辈，类）也；心小，故以服事殷；志大，故三分天下有其二。心大志大者，豪杰之隽（俊，英隽）也；志大，而心又大，故名豪隽。心大志小者，傲荡（大也，放荡）之类也；志小，而心阔远，故为傲荡之流也。心小志小者，拘懦之人也。心近、志短，岂能弘大。众人之察，或陋（轻视）其心小，见沛公烧绝栈道，谓其不能定天下。或壮（佩服）其志大，见项羽号称强楚，便谓足以匡诸侯。是误于小大者也。由智不能察其度，心常误于小大。

"懦"，软也。既拘束又软懦，连蚂蚁都坐不死。

学文史哲的，将来可以把圣庙挤破了。

夫人材不同，成有早晚。有早智速成者，质气清朗，生则秀异；故童乌苍舒，总角曜奇也。**有晚智而晚成者**，质重气迟，则久乃成器，故公孙含道，老而后章。

六祖，晚智者，大器晚成。

有少无智而终无所成者，质浊气暗，终老无成，故原壤年老，圣人叩胫而不能化。**有少有令材**（美好才质）**遂**（进而）**为隽器者**。幼而通理，长则愈明，故常材发奇于应宾，效德于公相。**四者之理，不可不察**。当察其早晚，随时而用之。

必要追根究底。

夫幼智之人，材智精达，然其在童髦（古代称幼儿垂在前额的短发）**皆有端绪**（凡事皆有绪可缵）。仲尼戏言俎豆，邓艾指图军旅。

三岁知老。刻薄的人长大适合做老板，如母亲再帮着刻薄，就没有救了！

小孩第一个学的对象就是妈妈，为人母的太重要了！伟人的父亲不必是伟人，而伟人的母亲必是伟人。小孩读第一名，往往是妈妈得第一名。

小孩如自小什么都放不开，将来长大就什么都怕，怕黑暗、怕这怕那的，怎能有出息？乡下母亲常对小孩说："有鬼""警察来了"！

母亲对小孩说的话最重要，必要懂得心理学。怀孕时，要看有关育儿书，早作准备。

带小孩的人知识境界不高，就如同养小猪般，带了三年，小孩都呆头呆脑！妈妈对儿女就不一样，就是无话可说，也要说话。

既然生了，那就要把孩子照顾好了，再去做事；如果要做事，那就不要生小孩。

小孩拿人家的东西，应使他明白：不能随便拿人家的东西。要懂得：什么是我的，什么是人家的；不要"我的是我的，你的也是我的"。

一辈子糊涂的人，最是有福。但是至少不要糊涂到连饭都不会自己吃，那就悲哀了！

故文本辞繁，初辞繁者，长必文丽。**辩始给**（音jǐ，足）**口**（《论语·公冶长》"御人以口给"，辩才无碍），幼给口（言语便给）者，长必辩论也。**仁出慈恤**，幼慈恤者，长必矜人。**施发过与**，幼过与者，长必好施。**慎生畏惧**，幼多畏者，长必谨慎。**廉起不取**。幼不妄取，长必清廉。

早智者浅惠（小聪明）**而见速**，见小事，则达其形容。**晚成者奇识**（思想深奥）**而舒**（缓慢，从容）**迟**，智虽舒缓，能识其妙。**终暗者**（终生无才智者）**并困于不足**，事务难易，意皆昧然。**遂务者周达而有余**。事无大小，皆能极之。

"生而知之"者少，"学而知之"者亦不多，至少要"困知勉行"。"困而不学，斯为下矣！"

成其务者，"周达而有余"，即事无大小，皆能达到最高的境界。

定力、耐力如都没有，能做好一件事吗？自小事，可以察微知著。

你们将来到一地方填表格时，不要超出框格外，否则何必画表格？写出格，即是失常。

做事，必要养成细心的习惯。写字不忙，又何必写得如此潦草！

你们平常没事时，也应拿纸、笔，练习写写字。

字怕习，练上几个月了，就有个样子。字，可是个门面。

而众人之察，不虑其变，常以一概，责于终始。**是疑于早晚者也。**或以早成而疑晚智，或以晚智而疑早成，故于品质常有妙失也。

人虽有百非，也有一是。我这些年不厌其烦，是在唤醒年轻人的自觉，练习能有担当。

"登泰山而小天下"（《孟子·尽心上》），人不要在自己左右环境内故步自封，感到环境不适应，那就应快快到另一个环境，马上能把那个环境看清了。

什么都看清了，才知那算得了什么！不要老在一个环境中打转，否则一旦再想不开，慢慢地就自杀了。

我活到八十几岁，见什么都笑一笑。"久入鲍鱼之肆，不知其臭；久入芝兰之室，不闻其香。"

孔子"以貌取人，失之子羽"。王永庆的相貌，"两耳煽风，山地祖宗"，与其财富绝不相称。大家对王皆有同感，其结局如何，不得而知。可能不在面上，可以研究其八字，必是有特殊之处。

昔日读书人，医、卜、星、相，都懂一点。

韩信，贫贱之相，但他既未贫也没贱，然终不得善终。

康熙帝、雍正帝、乾隆帝为福皇帝，光绪帝、宣统帝则不如平民百姓。

命由天定，何需巧机关？

有苦难，和尚要你念经，那是做买卖。

信佛，不一定能消除苦难。天定不变，由其相，可略知一二。

夫人情莫不趣（趋）**名利、避损害。名利之路，在于是得；**是得在己，名利与之。**损害之源，在于非失。**非失在己，损害攻之。**故人无贤愚，皆欲使是得在己。**贤者尚然，况愚者乎？**能明己是，莫过同体。**体同于我，则能明己。

人都"趋利避害"，见有所损，都要避开，何况是害乎？

每个人对"得"皆肯定，对"失"皆不满意。其实，有时"得"，还是"害"。"名利"，自"是得"来；"损害"，从"非失"致。

《易》为君子谋，不为小人谋"。

张载《正蒙·易篇第十四》：《易》为君子谋，不为小人谋，故撰德于卦，虽爻有小大，及系辞其爻，必谕之以君子之义。一物而两体，其太极之谓与？阴阳天道，象之成也；刚柔道地，法之效也；仁义仁道，性之立也；三才两之，莫不有乾坤之道。

孙传芳（1885—1935）没知识、没学问，民初军人都没知识、学问。孙老年时，想求佛，还要讲道，以为有地位就有学问。孙杀人，还讲经，后来被一女子打死。

无德，巧取之名足以坏事。

相面、风水，不容易看。风水的书，比经书还难看。台湾地区既没风也没水，谈不到大风水。小风水出造反的人，地形上是旗鼓倒置，有反性，但是不会成功。

是以偏材之人，交游进趋之类，皆亲爱同体而誉之，同体能明己，是以亲而誉之。**憎恶对反**（与己相反）**而毁之，**与己体反，是以恶而疏之。**序**（排列）**异杂**（既非同体，亦非对反）**而不尚**（推崇）**也。**不与己同，不与己异，则虽不憎，亦不尚之。**推而论之，无他故焉，夫誉同体、毁对反，所以证彼非而著己是也。**由与己同体，故证彼非，而著己是也。

知此，那对别人的毁誉又何必动心？人家赞美你，必然有其目的。

要天天看自己是属于哪一类。男女之间，不要净是感情用事，"贤贤易色"，是要看重对方的贤德，而看轻对方的色相。你要他，他有德与否？你爱他什么？他是否顺你说话？如你说什么，他都同意，如此男人，能有出息？

我选侄孙女婿。他俩出门散步。侄孙女要男方拿手提包，他问侄孙女："你没手？"侄孙女气得跑来。我说："就选他。"

帮一个人，必得帮她需要帮助的。男的净是做跟班的，能有出息？一个"贤"字，包含有人格、有能力，可以维持一个家庭。婚前先问自己："到底爱对方什么？"

侄孙女结婚后，有一天小两口吵闹、生气，打电话给我。我告诉她："简单，就收拾小包，回来跟爷爷过。"她气得直摔电话。

男人必要有男人气概，女人不能糊里糊涂许终身。野小子，见女人就说好听的话，就差没有叫声妈。

自小节看一个人。"出门如见大宾"，出门必要穿戴得整齐，既恭敬了别人，也尊重了自己。

至于异杂之人，于彼无益，于己无害，则序而不尚（尊重）。不以彼为是，不以己为非，都无损益，何所尚之？

"异杂"，既不属于同体，又不在偏材之类。

"序异杂而不尚也"，讨论那些与你没关系的，又无所尚的。

是故同体之人，常患于过誉，譬俱为力人，则力小者慕大，力大者提小，故其相誉，常失其实也。**及其名敌**（名声势均力敌），**则鲜**（音xiǎn，少）**能相下**（处于对方之下）。若俱能负鼎，则争胜之心生，故不能相下。

人家赞美，一笑置之；人家骂，亦一笑置之！在人前，不因人的一言一语，而自己患得患失。

证明人性，自古至今，皆一样坏。真知了，遇事，必要冷静。我也是从年轻过来的，拿人消愁解闷。

书呆子！如有棒子，终挨他的棒子。

同学中是非不少，最近又有两对有事来看老师。人遇感情，必定要冷静，要善用理智。

是故直者性奋，好人行直于人，见人正直，则心好之。**而不能受人之讦**。剌己之非，则讦而不受。**尽者**（性情直率）**情露**（情感外露），**好人行尽于人**，见人颖露，则心好之。**而不能纳人之径**（纳别人直言）。说己径尽，则违之不纳。

行不由径。由径，乃是走小道、抄小路。想拐弯抹角，占人便宜，尽走快捷方式。

要注意：人到中学的阶段，什么坏心理都萌芽了。

务名（追求功名）**者，乐人之进趋过人，**见人乘人，则悦其进趋。**而不能出**（超出）**陵己**（凌驾自己）**之后。**人陵于己，则忿而不服。**是故性同而材倾**（才能高低悬殊），**则相援而相赖也。**并有赞力，则大能奖小。

倾国倾城，倾念 kēng，北方音。倾人，欺骗人。

道德之交不易，多半是气味相投在一起搞，选几个真朋友不易。

一个人必要立信。立信，"财上分明大丈夫"，因人人皆爱财，则易于此上身败名裂。

性同而势均（才能不相上下），**则相竞而相害也。**恐彼胜己，则妒善之心生。**此又同体之变**（同类人的相害）**也。故或助直而毁直，**人直过于己直，则非毁之心生。**或与**（赞许）**明而毁明。**人明过于己明，则妒害之心动。

同学可以相竞，可不能相害，如庞涓与孙膑。

争名、争利，就几年，而留下千古的坏名。要与天地同寿，读书贵乎明理。

尾生之信，虽是愚信，但也是信。

诽谤尚轻，毁掉人多可怕！人生，愈平常愈好。严家淦告诉他几个儿子都不要做官。孙中山说："要做大事，不要做大官。"

不要聪明外露。事做成了，谁也无法不承认；否则谤己者多，徒生许多障碍。

而众人之察，不辨其律理（律则道理），**是嫌**（疑）**于体同也。**
体同尚然，况异体乎？

律理和合，音乐之美在此，能成为音乐家亦在此。

团体合作，有如音乐之律理。狼狈为奸亦同，缺一不可，是斗不在此调内的人。

聪明人做事，一定能和。了解一人的小毛病，各有所短，都互相明白了，就容易合作。

愈有知识，应愈能合作。但是大毛病，就不能合作。老看利，焉能合作？你一天叫四十个饺子，而我一天就只能吃十个饺子。

就是卖豆浆，也必要有容三人的量。以义合，"义"，是羊与我，羊是温驯的动物。不合作，则难以成事。既是好朋友合伙，又何必尽想不好的地方？

哪一门口不挂"礼义廉耻"的匾？

讲座，天天坐讲。"德之不修，学之不讲"（《论语·述而》），是孔老夫子之忧，也是我之忧，忧弟子。

夫人所处异势（态势有别），**势有申**（伸展）**压**（压抑）。**富贵遂达**（亨通），**势之申也。**身处富贵，物不能屈，是以佩六国之印，父母迎于百里之外。**贫贱穷匮**（穷困匮乏），**势之压也。**身在贫贱，志何申展？是以黑貂之裘弊，妻嫂堕于闺门之内。

情势不同，"申""压"，两种现象。"申"者，通达无阻；"压"者，穷困潦倒。

上材之人，能行人所不能行。凡云为动静，固非众人所能及。**是故达**（己达达人）**有劳谦**（勤谨谦虚）**之称，穷有著明**（卓著）**之节。**材出于众，其进则衰多益寡，劳谦济世；退则履道坦坦，幽人贞吉。

"达"，有谦德，不以自己有成就。"穷"，"隐居以求其志"（《论语·季氏》）。

人要是贪，就有精神，贪名也是贪。太师母天天拜佛，要上极乐世界，也是贪。立宗教，就因贪，才会有那么多的人舍钱。

"劳谦君子"（《易经·谦卦》），自己天天拼命地干。"劳而不伐"（《易经·系辞上传》），不夸自己有功，达于天下，还有劳谦的美称。

穷了，"君子亦有穷乎？""君子固穷，小人穷斯滥矣！"穷途了，仍有明显的节操在那儿。

中材之人，则随世（应是"势"）**损益，**守常之智，申压在时，故势来则益，势去则损。**是故藉**（处于）**富贵，则货财充于内，施惠周于外。**货财有余，恣意周济。**见赡者**（被救济者），**求可称而誉之；**感其恩纪，匡救其恶，是以朱建受金，而为食其画计。**见援者**（被提携者），**阐**（明，显）**小美**（小德行）**而大之。**感其引援，将顺其美。是以曹邱见接，为季布扬名。**虽无异材，犹行成而名立。**夫富与贵可不欣哉？乃至无善而行成，无智而名立，是以富贵妻嫂恭，况他人乎？

"中材之人"，则如墙上草，随风转。

周，没有分别。周济，该给的都给了。

"小人怀惠"，得人的好处，就总说多些。这就是人生！

公门中好修行，有能力助人，应尽量助人。

处贫贱，则欲施而无财，欲援而无势。有慈心而无以施，识奇材而不能援。**亲戚不能恤，朋友不见济。**内无蔬食之馈，外无缊袍之赠。

穷在街头无人问，富在深山有人知。
朋友供一饥，不能供百饱。

分义不复立，恩爱浸（渐渐地）**以离。**意气皆空薄，分意何由立？**怨望者**（心怀不满者）**并至，归非**（将错归于人）**者日多。**非徒薄己，遂生怨谤之言。**虽无罪尤**（过失），**犹无故而废**（被贬）**也。**夫贫与贱，可不慎哉？乃至无尤而生谤，无罪而见废，是故贫贱妻子慢，况他人乎？

这就是人世！韩愈所谓"事修而谤兴，德高而毁来"。
懂得人生了，才知道要如何维持下去。

故世有侈（奢则过）**俭**（俭则不及），**名由进退。**行虽在我，而名称在世，是以良农能稼，未必能穑。

侈，过分；俭，不及。俭德，指自己；吝，该给人而不给。"出纳之吝，是谓有司。"（《论语·尧曰》）

问："管仲俭乎？"答："管仲之器小哉！"又问："管仲知礼乎？"管仲忙一辈子，得既不知礼又不知俭之名。但孔子称其懂为民族尽大孝，此为其仁，"微管仲，吾其被发左衽矣！如（乃）其仁，如其仁"（《论语·宪问》）。一美可以遮百丑，此为中华民族精神。

天下皆富，则清贫者虽苦，必无委顿（疲乏困顿）**之忧。**家给人足，路人皆馈之。**且有辞施**（不受施舍）**之高，以获荣名之利。**得辞施之高名，受余光之善利。

清贫，绝不会没处安身、吃饭，还要挑挑选选。

皆贫，则求假（通"借"）**无所告**（无门求借），**家贫户乏，粟成珠玉。而有贫乏之患，且生鄙吝**（贪鄙）**之讼**（争）。乞假无遗，与嫂叔争糟糠。

人嘴两层皮，人的嘴真是太坏了！上材之人，也是自己修炼成的。绝不能随波逐流。

是故钧材（同等之人）**而进，有与之者，则体益**（名声增加）**而茂遂**（仕途通顺）。己既自足，复须给赐，则名美行成，所为遂达。

遂，成也。遂心，遂意。与"成功"之"成"，意境不同。

私理（自私动机）**卑抑**（压制），**有累之者，**己既不足，亲戚并困。**则微降而稍退。**上等不援，下等不推。

年轻人即使有才华，也要内敛，要成为谦谦君子。绝对不可以一意孤行。

而众人之观（察问题），**不理其本，各指其所在，**谓申达者为材能，压屈者为愚短。**是疑于申压者也。**材智虽钧，贵贱殊途。申压之变，在乎贫富。

报纸，是王婆的嘴，无冕之王。

"国破家亡妻离子散，矜寡孤独系于一身，贫贱穷匮无日无之"，我的碑文将来必如此写。

夫清雅之美，著乎形质，察之寡失。形色外著，故可得而察之。失缪（看错了）之由，恒在二尤（特殊）；二尤之生，与物异列。是故非常人之所见。故尤妙之人，含精于内（精华内敛），外无饰姿；譬金水内明，而不外朗。故冯唐白首，屈于郎署。

最妙之人，是精华内敛，没有装腔作势。

尤虚之人，硕（大）言瑰（奇）姿，内实乖反（违）。犹烛火外照，灰烬内暗，故主父偃辞丽，一岁数迁。

"其言之不怍，则为之也难。"（《论语·宪问》）大言不惭，净摆样子，里外不一。

而人之求奇，不可（据《长短经》删"可"）以精微测其玄机（内在奥秘），明异希（奇特）。其尤奇异，非精不察。或以貌少（欠缺）为不足，睹黩蔑貌恶，便疑其浅陋。或以瑰姿为巨伟，见江充貌丽，便谓其巨伟。或以直露为虚华，以其款尽，疑无厚实。或以巧饰（虚伪）为真实。巧言如流，悦而睹之。

是以早拔（破格提拔）多误，不如顺次（依正常程序）；或以甘罗为早成，而用之于早岁，或误复欲顺次也。夫顺次，常度（常规）也。

视自己的德、品、学，要慢慢地培养，按部就班。

苟不察其实，亦焉往而不失？征质不明，不能识奇，故使顺次，亦不能得。**故遗贤而贤有济**（成就），**则恨在不早拔。**故郑伯谢之于烛武。

把人看走眼了，漏掉贤者。贤者大有作为了，恨在不早提拔。马后课说："从小看他，就与人不同！"

拔奇而奇有败，则患在不素（平素，预先）**别**（分别）。故光武悔之于朱浮。**任意而独缪**（造成失误），**则悔在不广问**（广听意见）。秦穆不从蹇叔，虽追誓而无及。

年轻人常有此毛病，遇事少客观，就"必、固、我"，自专自用。成败皆在己。

广问而误己，则怨己不自信。隗嚣心存于汉，而为王元所误。**是以骥子**（千里马）**发足，众士乃误。**韩信立功，淮阴乃震（震惊）。

"骥称其德，不称其力。"（《论语·宪问》）蒙古人精于骑射，有马官、《马经》。

韩信的相貌，实无出众之处，全身是"贱相"，相士只好说他的粪便是四方的。

夫岂恶奇而好疑哉？乃尤物不世见（不世出），**而奇逸美异**（奇特超群）**也。**故非常人之所识也。**是以张良体弱，而精强为众智之隽也**；不以质弱，而伤于智。**荆叔**（荆轲）**色平**（气色和平），**而神勇为众勇之杰也。**不以色和，而伤于勇。

"精强"才能存智。一分精神一分财，必要培养精神，不可以过劳。

"精气神，人之三宝"，存精以存智。孟子说"我善养吾浩然之气"，要"直养而无害"，即顺自己的气培养之，不要损害它。

喝白开水，不必添加什么。有其利必有其弊，喜吃什么，都是毛病。

睡眠失常，晚睡晚起，皆非直养。"直养而无害"，子时（23时到凌晨1时）不要劳心劳力。

气功练几段，持之以恒都有效。中国文化之妙，会中国的气功，可以活到一百四十多岁。

然则隽杰者，众人之尤也；奇逸过于众人，故众人不能及。**圣人者，众尤之尤也**。通达过于众奇，故众奇不能逮。**其尤弥**（更加）**出者，其道弥远**。非天下之至精，其孰能与于此？**故一国**（郡国）**之隽**（杰出人才），**于州为辈**（等第），**未得为第**（品第，第目）**也**。郡国之所隽异，比于州郡，未及其第目。**一州之第，于天下为棍**（音wēi，门枢。喻为重要人才）；州郡之所第目，以比天下之隽，棍而不可及。**天下之棍，世有优劣**。英人不世继，是以伊、吕、管、晏，应运乃出。

"棍"，枢也。旧式门，下面有碗（石臼），可以使门转动，此为枢，门臼即枢杻。

河北，清朝时称作直隶，总督有面君的资格。直隶州，在省、府之间，可以与巡抚行文。

国家将兴，人才济济，应运而生；国家将亡，必出妖孽，应劫而出。在一团体里，就怕出一坏人，而因此遭劫。

历代开国，有开国的气势。委之非人，则使人有机可乘。

是故众人之所贵，各贵其出已之尤，智谋胜己，则以为贵。而不贵尤之所尤。尤之尤者，非众人之所识。

说一人贵，必其有贵出于天下者。

圣人者，众尤之尤也，比一般人还谦卑，不是一般人能够看出的。

是故众人之明，能知辈士之数，众人明者，粗知郡国出辈之士而已。而不能知第目之度（排列名次的标准）；乃未识郡国品第之隽。辈士之明，能知第目之度，出辈明者，粗知郡国第目之良。不能识出尤之良也；未识出尤奇异之理。出尤之人，能知圣人之教，瞻之在前，忽焉在后。不能究之入室（升堂入室）之奥（室西南隅，人所安息也）也。如有所立卓尔，虽欲从之，末由也已。

"能知圣人之教，不能究之入室之奥。"就是入室弟子，还得知"奥"。奥，至高境界。奥，室之西南角，尊者所居。堂奥，经堂入奥。

人的智慧，是由层次累积的，到某种层次了，才能再由此往前进。

由是论之，人物之理，妙不可得而穷（极）已。为当拟诸形容，象其物宜，观其会通，举其一隅而已。

知人之道，必须头脑致密，要自微小处观察一人。一个人在小事上不出毛病，大处绝不出毛病。在微上不出错，大事绝不出错。

养成习惯，懂得规格。应严格训练自己，"言中伦"，中规中矩。人能混出一个样，不容易。做事，要慎重。

我对人特别有经验。用人绝对严谨，做事以"宁缺勿滥"为原则。

　　章氏兄弟确实训练过自己，头脑致密。章孝严的文章，一般人不及。不常下功夫，则词不达意，写出的东西，过几天看即不明白。言中必有物、有思想；辞不能配合，也不行。

　　有十分定力，何以名字还写得人不认识？

　　想要有担当，必要练成铁肩。看你的东西，就判你是属于哪一类，高级和下级相差多少？有经验、有权柄者决定你，副科长乃是实习科长。"不患人之不己知，求为可知也。"

扫一扫，进入课程

才难！选拔人才，并得其成效，难！

人材精微，实自难知。知之难审，效荐之难。

盖知人之效有二难：有难知之难，尤奇游杂，是以难知。有知之而无由得效之难。己虽知之，无由得荐。

"知而无由得效"，已经了解是人才，但是没有能力用之。

何谓难知之难？人物精（专—表现）微，智无形状，奇逸精妙。能神而明，欲入其神，而明其智。其道甚难，固难知之难也。知人则哲，惟帝难之，况常人乎？

"知人则哲"，哲，智也，知人者智；"惟帝难之"，但帝尧尚有四凶，况常人？

是以众人之察，不能尽备（完备）；**各守其一方而已。故各自立度**（没有一公的标准），**以相观采。**以己所能，历观众才。**或相**（察看）**其形容**（形体容貌），以貌状取人。**或候**（诊察）**其动作**（言谈举止），以进趋取人。**或揆**（推测）**其终始，**以发正取人。**或揆其儗**（音nǐ，同"拟"）**象，**以旨意取人。**或推**（推究）**其细微**（深层思想情感），以情理取人。**或恐其过误**（失误），以简恕取人。**或循**（自）**其所言，**以辞旨取人。**或稽**（考核）**其行事**（工作成果）。以功效取人。

　　由一个人的行动看其进退，自应对进退，可看出其人之修为。

　　举止，即一行一动，或文质彬彬，或如同黑道。

　　"揆其终始"，看一人做事之终始，是否"慎始诚终"。"物有本末，事有终始。知所先后，则近道矣！"（《大学》）

　　"揆其拟象"，没见过人之前，皆有拟象。见面，与拟象必不同。有人常以拟象决定一事，此为庸人、常人、愚人，刚愎自用之士。

　　八者游杂（虚浮杂乱，不得要领），**各以意之所可为准，是以杂而无纪。故其得者少，所失者多。**但取其同于己，而失其异于己，己不必兼，故失者多。

　　此得失，乃指知人之道。乡愿，有时会占便宜。

　　是故必有草创（刚开始接触）**信形**（信其外在形象）**之误，**或色貌取人而行违。**又有居**（平时）**止**（行止）**变化之谬。**或身在江湖，心存魏阙。

　　金耀基、胡佛，明星学人。

故其接遇观人也，随行信名，失其中情。是以圣人听言观行，如有所誉，必有所试。

故浅美扬露（显），则以为有异（奇异之才）；智浅易见，状似异美。深明沉漠（稳重，沉稳），则以为空虚。智深内明，状似无实。

赞美者肤浅，乃因所见者少。
"深明沉漠"，不好说话，大智若愚者。

分别妙理，则以为离娄（离娄之明）；研精至理，状似离娄。口传甲乙（等第），则以为义理；强指物类，状似有理。

"口传甲乙"，"道听涂说，德之弃也"（《论语·阳货》）。
口耳之学，"学而不思则罔"（《论语·为政》）。

好说是非，则以为臧否；妄说是非，似明善否。讲目（议论品评）成名（排列名次），则以为人物；强讥贤愚，似明人物。平道（评论）政事，则以为国体（国家大计方针）。妄论时事，似识国体。犹听有声之类，名随其音。七者不能明物，皆随行而为之名，犹听猫音而谓之猫，听雀音而谓之雀，不知二虫竟谓何名也。世之疑或，皆此类也。是以鲁国儒服者，众人皆谓之儒，立而问之，一人而已。

夫名非实，用之不效（效验）。南箕不可以簸扬，北斗不可把酒浆。故曰：名犹（由）口进，而实从事退。众睹形而名之，故用而不验也。中情之人，名不副实（名实不相称），用之有效。真智在中，众不能见，故无外名，而有内实。

用名做事，不能生效。没真功夫，则无不露！

故名由众退（进退），**而实从事章**（彰明），效立则名章。**此草创之常失也。**浅智无终，深智无始，故众人之察物，常失之于初。

众不赞则名退，自办事彰显实。没经验者，常出错误。

故必待居止，然后识之。视其所止，观其所居，而焉不知。**故居**（平素家居），**视其所安；**安其旧者，敦于仁。**达，视其所举**（举用人才）；举刚直者，厚于义。**富，视其所与**（援助）；与严壮者，明于礼。**穷，视其所为；**为经术者，勤于智。**贫，视其所取。**取其分者，存于信。**然后乃能知贤否。**行此者贤，反此者否。

《论语·为政》称："视其所以，观其所由，察其所安。人焉廋哉？人焉廋哉？"

自居、达、富、穷、贫，进行观察：

"居，视其所安"，是否安仁、利仁？

"达，视其所举"，发达了，看一人有地位了，净用些什么人？

"富，视其所与"，富裕了，看他救济些什么？给哪些人？

"穷，视其所为"，穷途末路、没有职业时，许多事到没办法了，用什么术？人每天皆有所穷，看用什么办法达到所为？

"贫，视其所取"，没钱，"贫贱，人之所恶也"，看与谁交往？所取是否失德？

人在最没办法时，也绝不能伤品败德。富贵荣华，皆过眼之云烟，应重视孝子贤孙所不能改之事。历史上，人为的，除了万里长城以外，什么也没能存在。

为达目的不择手段，损人利己，皆不可为。

阿图（毓老学生）错用"动乎险中，大亨贞"，因为读错一句话，而愈陷愈深。读书真不易！聪明、智慧应用于正途。

此又已试，非始相（初次相见，自外貌观察）**也**。试而知之，岂相也哉？

我的用人办法："若有所用，必有所试；如有所试，必有所悟。"因为无先见之明，试验一个人，大小事皆可以试。如于路上置一张白纸，就可以看出其属于哪种人，可知怎么用人。任何环境皆可试。

所以知质，未足以知其略（变化）。略在变通，不可常准。**且天下之人不可得皆与游处**（交游相处）。故视其外状，可以得一，未足尽知。**或志趣**（志向情趣）**变易，随物而化**。是以世祖失之庞萌，曹公失之董卓。**或未至**（达到）**而悬欲**（牵挂），**或已至而易顾**（改变方向）。李轶始专心于光武，终改顾于圣公。

"随物而化"，物交物，心无所主，随波逐流，偶俗。

"未至而悬欲"，事未至，先悬个希望；"已至而易顾"，已到边境，将所愿又变了。

或穷约（处于困境）**而力行**（努力进取），**或得志而从**（纵）**欲**。王莽初则布衣折节，卒则穷奢极侈。**此又居止**（行动）**之所失也**。情变如此，谁能定之？**由是论之，能两得其要，是难知之难**。既知其情，又察其变，故非常人之所审。

"穷约而力行"，穷，处处不遂心；约，物质缺乏。在此境况下，必要力行。

"得志而从欲"，得志了，纵其所欲，而忘了当年之苦。台湾人有无想当年吃地瓜之事？

多少人即垮在得志从欲。老蒋忘了当年寡妇孤儿之苦，在中国造成多少寡妇孤儿。中国之有今天，他要负莫大的责任。

何谓无由得效之难？上材已莫知，己难识知。**或所识者**（被鉴识者）**在幼贱之中，未达而丧；**未及进达，其人已丧。**或所识者，未拔**（选拔）**而先没**（没世）；未及拔举，已先没世。**或曲高和寡**（才智高超，难得知音），**唱**（倡导众多）**不见**（被人）**赞**（颂扬）；公叔痤荐商鞅，而魏王不能用。**或身卑**（没有地位）**力微**（势单力薄），**言不见亮**（信）；禽息举百里奚，首足皆碎。**或器**（才能）**非时好**（不合乎时尚），**不见信贵**（价值得不到承认）；窦后方好黄老，儒者何由见进？**或不在其位，无由得拔；**卞和非因匠，所以抱璞泣。**或在其位，以有所屈迫**（官官相护）。何武举公孙录，而为王氏所推。

"或"，不定之词，或许。举七例，说明"效难"，识材、用材不易，又如何"尽人之性"，使"人尽其才"！

虽然浑，犹有旧道可循。如果因环境之"屈迫"也，则虽在其位，也发挥不了效力。

是以良材识真（认识真货的），**万不一遇也。**材能虽良，当遇知己。知己虽遇，当值明王。三者之遭，万不一会。**须识真在位，识百不一有也；**虽识己真，或不在位。**以位势值**（逢）**可荐致之**（选拔出人才），**宜**（应当）**十不一合也。**识己须在位，智达复须宜。**或明足识真，有**

所妨夺（夺己之势），不欲贡荐（荐举）；虽识辨贤愚，而屈于妨夺，故有不欲。或好贡荐，而不能识真。在位之人，虽心好贤善，而明不能识。

是故知与不知，相与分（纷）乱于总猥（众多混杂）之中。或好贤而不识，或知贤而心妒，故用与不用，同于众总，纷然淆乱。

"相与分乱于总猥之中"，是非不分、善恶不明、贤愚不辨，"况乎群臣总猥治公事者？"（《潜夫论·考绩》）。

实知者，患（忧）于不得达效（没机会贡献给国家）；身无位次，无由效达。不知者，亦自以为未识。身虽在位，而不能识。所谓无由得效之难也。故曰知人之效，有二难。是以人主当常运其聪智，广其视听，明扬侧陋，旁求俊乂，举能不避仇雠，拔贤不弃幽隐，然后国家可得而治，功业可得而济也。

能识真货又在位的，百不及一。韩愈《马说》云："世有伯乐然后有千里马，千里马常有，而伯乐不常有，故虽有名马，只辱于奴隶人手中。"

一个人必要有特殊的立场，才有特殊的地位。

人无言便是德，含蓄之美！才难！虚浮之士，皆不足以成事。

培养自己的势力，必要有老小、新旧，用老的做温床，非做刽子手。想立新，必借旧的做温床，其成事不足，但败事有余。

扫一扫，进入课程

释，消除；争，争斗。不争，才能争最大的。

贤善不伐，况小事乎？释忿去争，必荷荣福。

释忿去争，以屈为伸，以退为进，以不争为争，最后必荷荣福。

盖（就是）善以不伐（不自夸）为大，为善而自伐其能，众人之所小。贤以自矜（自大）为损（自满则受损）。行贤而去自贤之心，何往而不益哉？是故舜让（礼让）于德，而显义登（升）闻；汤降不迟（不敢怠慢），圣敬日跻（进）。彼二帝虽天挺圣德，生而上哲，犹怀劳谦，疾行退下，然后信义登闻，光宅天位。

郤（音 xì）至（春秋时晋大夫）上人（欲处人之上），而抑（压制）下滋甚；王叔（周襄王季父王子虎）好争，而终于出奔（奔晋）。此二大夫矜功陵物，或宗夷族灭，或逃祸出奔，由此观之，争让之道岂不悬与？

"君子矜而不争，群而不党。"(《论语·卫灵公》)

然则卑让降下（以贵下贱）者，茂进之遂路（通达之路）也；江海所以为百谷王，以其处下也。矜奋（骄傲自夸）侵陵者，毁塞（毁灭困厄）之险途也。兕虎所以櫻牢槛，以其性犷噬也。是以君子举（举止）不敢越仪准（法度），志不敢凌轨（法则）等；足不苟蹈，常怀退下。内勤己以自济，外谦让以敬惧。独处不敢为非，出门如见大宾。是以怨难不在于身，而荣福通于长久也。外物不见伤，子孙赖以免。

《荀子·正名》云："有兼听之明，而无奋矜之容。"

内里有力量，外面才能去做，内外皆相应。

蒸蒸日上的家庭，院子有脏东西都会理之，败家则油瓶倒了也没人理，甚至跨过去。

彼小人则不然。矜功伐能，好以陵（躐，凌驾）人；初无巨细，心发扬以陵物。是以在前者人害之，矜能奔纵，人情所害。有功者人毁之，恃功骄盈，人情所毁。毁败者人幸（幸灾乐祸）之。及其覆败，人情所幸。是故并辔（并驾齐驱）争先，而不能相夺；小人竞进，智不相过，并驱争险，更相蹈籍。两顿（不快不利）俱折，而为后者所趋（赶上）。中道而毙，后者乘之，譬兔殛犬疲，而田父收其功。由是论之，争让之途，其别（不同）明矣。君子尚让，故涉万里而途清；小人好争，足未动而路塞。

势均力敌，不相上下。"两顿俱折"，皆不成才，终两败俱伤；"为后者所趋"，螳螂捕蝉，黄雀在后，渔翁得利。

应是各尽己能，各有所成，最后功满全期一般同。

争事者，并不一定皆是才者，不过是瞎猫碰死耗子！

然好胜之人，犹谓（还说）**不然。**贪则好胜，虽闻德让之风，意犹昧然，乃云古人让以得，今人让以失，心之所是，起而争之。

争强好胜，就不买账！

以在前为速锐，以处后为留滞（凝滞，不爽），故行坐汲没，不暇脂车。**以下众**（居众人之下）**为卑屈，以蹑等**（踩着同辈往上爬）**为异杰，**苟矜起等，不羞负乘。**以让敌**（对手）**为回**（屈也）**辱，以陵上**（犯上）**为高厉。**故赵穿不顾元帅，鼍子以偏师陷。**是故抗**（高）**奋遂往**（进取前往），**不能自反**（反求诸己）**也。**譬虎狼食生物，遂有杀人之怒。

"抗奋遂往，不能自反"，过于刚愎，不能自反。

夫以抗（同"亢"）**遇贤，必见逊下**（谦逊处下）；相如为廉颇逡巡，两得其利。**以抗遇暴，必构**（构成）**敌难**（仇视和非难）。灌夫不为田蚡持下，两得其尤。**敌难既构，则是非之理必溷**（混浊）**而难明；**俱自是而非彼，谁明之耶？**溷而难明，则其与自毁**（自我诋毁）**何以异哉？**两虎共斗，小者死，大者伤，焉得而两全？

鹬蚌相争，渔翁得利。两虎相斗，必有一伤。

且人之毁己，皆发怨憾（怨恨），**而变生衅**（音xìn，嫌隙）**也。**若本无憾恨，遭事际会，亦不致毁害。**必依托于事**（利用某件事），**饰成**

端末（编造得有头有尾）。凡相毁谤，必因事类而饰成之。**其余听者，虽不尽信，犹半以为然也。**由言有端角，故信之者半。**己之校报**（计较报复），**亦又如之。**复当报谤，为生翅尾。**终其所归，亦各有半。信**（半信半疑）**著**（显出）**于远近也。**俱有形状，不知其实，是以近远之听，皆半信于此，半信于彼。

然则交气（斗气）**疾争者，为易口而自毁也。**己说人之瑕，人亦说己之秽，虽詈人，自取其詈也。**并辞竞说**（双方言语竞相指责）**者，为贷**（借）**手以自殴。**辞忿则力争，己既殴人，人亦殴己，此其为借手以自毁。**为惑**（迷惑）**缪**（谬误）**岂不甚哉？**借手自殴，借口自詈，非惑而何？

骂人无好口，打人无好手。换别人的口，自我伤害；借别人的手，自我殴打。

然原（动词，探究）**其所由，岂有躬**（身）**自厚责，以致变讼**（突发争辩）**者乎？**己能自责，人亦自责。两不言竞，变讼何由生哉？**皆由内恕不足，外望不已。**所以争者，由内不能恕己自责，而外望于人不已也。

《论语·卫灵公》称："躬自厚而薄责于人。"要自讼。

"内恕不足"，自己德不够；"外望不已"，对外的盼望不止，此争讼之所由作。"必也使无讼乎！"（《论语·颜渊》）不想讼，才是大本所在。

或怨彼轻我，或疾（嫉妒）**彼胜己。是故心争，终无休已。夫我薄而彼轻之，则由我曲**（理亏）**而彼直；**曲而见轻，固其宜矣。**我**

贤而彼不知，则见（被）轻非我咎（过失）也。亲反伤也，固其宜矣。若彼贤而处我前，则我德之未至也。德轻在彼，固所宜也。

"君子不重则不威"，又何必恨！

若德钧（平等）而彼先我，则我德之近次（仅仅次于）也。德钧年次，固其常矣。夫何怨哉？且两贤未别（未分别），则能让者为隽（最）矣。材均，而不争优劣，众人善其让。争隽未别，则用力者为惫（极度疲乏）矣。隽等，而名未别，众人恶其斗。是故蔺相如（战国赵上卿）以回（回避）车决胜于廉颇（战国赵上将），寇恂（辅东汉光武帝定天下）以不斗取贤于贾复（东汉光武帝时名将）。此二贤者，知争途不可由，故回车退避，或酒炙迎送。故廉贾肉袒，争尚泯矣。

"由仁义行，非行仁义也"（《孟子·离娄下》），居仁由义。

物势之反，乃君子所谓道也。龙蛇之蛰以存身，尺蠖之屈以求伸。虫微物耳，尚知蟠屈，况于人乎？

"物势之反"，"反者，道之动也"，相反相成。
"尺蠖之屈，以求信（伸）也；龙蛇之蛰，以存身也"（《易经·系辞下传》），屈，即为达伸，为达目的而不择手段，君子无所不用其极，无入而不自得也。
"二月二，龙抬头"，春回大地，万象更新，生生不息。

是故君子知屈之可以为伸，故含辱而不辞；韩信屈于胯下之辱。知卑让（谦让）可以胜敌，故下之（礼贤下士）而不疑。展喜犒齐师之谓也。**及其终极，乃转祸而为福**，晋文避楚三舍，而有城濮之勋。**屈雠**（仇）**而为友**。相如下廉颇，而为刎颈之交。

"屈信（伸）相推而利生焉。"（《易经·系辞下传》）

屈的情势已造成，想把它改过，如能旋乾转坤，即有扭转时势、环境之智，乃能"转祸为福，屈仇为友"。

使怨雠不延（延续）**于后嗣**（后世），**而美名宣**（遍）**于无穷。**子孙荷其荣荫，竹帛纪其高义。**君子之道，岂不裕**（宽绰）**乎**？若偏急好争，则身危当年，何后来之能福？

"美名宣于无穷"，"仁者寿"（《论语·雍也》），与天地同寿。"裕"，丰美、丰盛，比"育"更美！

且君子能受纤（细）**微之小嫌**（履霜，坚冰至），**故无变斗之大讼**；大讼起于纤芥，故君子慎其小。**小人不能忍小忿之故，终有赫赫**（盛大）**之败辱**。小人以小恶为无伤而不去，故罪大不可解，恶积不可救。

刘备告诉阿斗："莫因善小而不为，勿以恶小而为之。"

怨在微而下之，犹可以为谦德也；怨在纤微，则谦德可以除之。**变在萌**（始生）**而争之，则祸成而不救矣**。涓涓不息，遂成江河；水漏覆舟，胡可救哉？

谨小慎微，如逞一时之口快，则贻无穷之后患。《中庸》云："莫见乎隐，莫显乎微，故君子必慎其独也。"《易》由隐之显，《中庸》与《大易》相表里。

《孔子家语·观周》记载，孔子观周太庙金人铭："焰焰不灭，炎炎若何？涓涓不壅，将为江河。绵绵不绝，或成网罗。毫末不札，将寻斧柯。诚能慎之，福之根也。口是何伤？祸之门也。"对弟子说"此言虽实而中，情而信"。

　　是故陈余（秦末大梁人，与张耳为刎颈之交）**以**（因）**张耳之变，卒**（终）**受离身之害**；思复须臾之忿，忘终身之恶，是以身灭而嗣绝也。**彭宠**（东汉光武大将军）**以朱浮**（东汉光武大将军）**之隙**（结怨），**终有覆亡之祸**。恨督责之小故，违终始之大计，是以宗夷而族覆也。**祸福之机**（几），**可不慎哉？**二女争桑，吴楚之难作。季郈斗难，鲁国之衅作。可不畏欤！可不畏欤！

　　"知几，其神乎"，"几者，动之微，吉之先见者也"，"君子见几而作，不俟终日"（《易经·系辞下传》）。

　　是故君子之求胜也，以推让（谦逊退让）**为利锐**（进攻武器），推让所在，前无坚敌。**以自修为棚橹**（敌楼与大盾，用以自卫）。修己以敬，物无害者。

　　"推让"，让者，德之基、礼之主。应受而推曰让。人就怕客气，故"以推让为利锐"。"利锐"，快刀为利，尖锐为锐；锐利的进攻武器。

　　子路总是抢先，孔子以"为国以礼，其言不让，是故哂之"。

　　自修，修身为先，"行己有耻"（《论语·子路》），"修己以敬"（《论语·宪问》），"恭则不侮"（《论语·阳货》），是最好的自卫武器。"以自修为棚橹"，"棚橹"，坚固的防卫武器。

静则闭嘿（同"默"）泯（闭口不言）之玄（深不可测）门，动则由（从）恭顺之通路。时可以静，则重闭而玄嘿；时可以动，则履正而后进。

"时可以动则进，可以静则默"，动静不失其时，"知进退存亡而不失其正"。

是以战胜，而争不形（未现）；动静得节，故胜无与争。争不以力，故胜功见耳。敌服，而怨不搆（构结）。干戈不用，何怨搆之有？若然者，悔吝（悔恨）不存于声色，夫何显争（大争执）之有哉？色貌犹不动，况力争乎？

不打笑脸人！

战胜，不露争之形；敌服，何怨构之结？不现、不结，祸焉有之？

彼显争者，必自以为贤人，而人以为险（阴险）诐（音bì，不正）者。以己为贤，专固自是，是己非人，人得不争乎？

"险诐"，诐，以嘴骗人。言语险恶，行为违道，"诐辞知其所蔽"（《孟子·公孙丑上》）。

实无险德，则无可毁之义。若信（真的）有险德，又何可与讼乎？险而与之讼，是柙（关野兽的笼子）兕（音sì，似牛）而撄（音yīng，触怒）虎，其可乎？怒而害人，亦必矣！《易》曰："险而违者讼，讼必有众起。"（《易经·序卦》"饮食必有讼，故受之以讼。讼必有从起"，此处与原话有异）言险而行违，必起众而成讼矣。

《易经·讼卦》称："天与水违行，讼。"有口讼，有心讼，"讼，必有众起"，王婆的嘴无边，就爱谈八卦。

争道不可由，"何莫由斯道"（《论语·雍也》）？"小大由之"（《论语·学而》）。

《老子》曰："夫惟不争，故天下莫能与之争。"以谦让为务者，所往而无争。**是故君子以争途之不可由也**。由于争途者，必覆轮而致祸。

《老子》，以柔克刚之道。不争，是要争最大的。

颜回"犯而不校"（《论语·泰伯》），人犯我，没有时间与之计较。

是以越俗（超越平庸之辈）**乘高**（超过他人），**独行于三等之上**。

颜回"无伐善、无施劳"（《论语·公冶长》），不夸功，虚其心。

何谓三等？大（或作"本"）**无功而自矜**（此最低），**一等；**空虚自矜，故为下等也。**有功而伐之，二等；**自伐其能，故为中等。**功大而不伐，三等。**推功于物，故为上等。

愚而好胜（愚者好自用，贱者好自专），**一等；**不自度量，故为下等。**贤而尚人**（在别人之上），**二等；**自美其能，故为中等。**贤而能让，三等。**归善于物，故为上等。

人有东西就争、抢，从小就不让，故赞美"融四岁，能让梨"。

缓己急人，一等；性不恕人，故为下等。**急己急人，二等；**褊庚峭刻，故为中等。**急己宽人，三等。**谨身恕物，故为上等。

凡此数者，皆道之奇、物（事）**之变也。**心不纯一，是为奇变。
三变而后得之，故人莫能逮（及）**也。**小人安其下等，何由能及哉？
夫惟知道通变者，然后能处之。处上等而不失者也。

《孙子·兵势》云："战势，不过奇正。奇正之变，不可胜
穷也。"

《老子》称："以正治国，以奇用兵。"

是故孟之反以不伐，获圣人之誉。不伐其功，美誉自生。

我批：没读通《论语》！

孟之反奔而殿。将入门，策其马，曰："非敢后也，马不进也。"
此乃"不伐之伐"也。

管叔（为"管仲"之误）**以辞赏，受嘉重之赐。**不贪其赏，嘉赐自致。
夫岂诡遇（以不正当方法）**以求之哉？乃纯德**（从自修功夫得来的）
自然之所合也。岂故不伐、辞赏，诡情求名邪？乃至直发于中，自与理
会也。

"人之生也直"，乃因情性弄坏了，故不直。

要修身养性，使"情性"成为"性情"，到了情即性、性即情，
则为性情中人。

彼君子知自损之为益，故功一而美二；自损，而行成名立。**小
人不知自益之为损，故一伐而并失。**自伐，而行毁名丧。

"一伐并失"，一次吹牛，什么都丢了！

由此论之，则不伐者，伐之也；不争者，争之也；不伐而名章，不争而理得。**让敌者，胜之也；下众者，上之也。**退让而敌服，谦尊而德光。

不伐、不争，《老子·第八章》云："以其不争，故天下莫能与之争。"道家贵柔、守弱、处下。

《易》谦卦，六爻皆吉。"谦谦君子，卑以自牧"，"君子比德于玉"（《礼记·聘义》），温润如玉。

君子诚能睹争途之名险，独乘高（乘高独行）**于玄路**（谦逊退让，以屈求伸），**则光晖**（光辉）**焕**（显著）**而日新**（日新其德），**德声**（美德声望）**伦**（等同）**于古人矣。**避忿肆之险途，独逍遥于上等，远燕雀于喝啾，足鸣凤于玄旷，然后德辉于来今，清光俦于往代。

学了，应好好往前研究。人最可怕的是无知，因为不学无术；知此，必要学，则夜里都不敢睡。你们至少要应世半个世纪。

真想成就事业，必要培养胆、量、识。读书人有识、有量，但多半缺胆。

仁者多半优柔寡断，焉能决？仁而能决，养德不易，知己有仁，必要修能决之德，才能达到中庸。

智者利仁，不会做糊涂事，所做事绝对有利于仁。仁者安仁，其心三月不违仁，素患难行乎患难，素富贵行乎富贵。

一个人活着要有生命力，不要看官，释迦牟尼"唯我独尊"，不要尽同人凑热闹。

刘劭《人物志》三卷，推重人材之道、辨析人材之论、荐拔人材之识，堪称千古奇文，虽坊间不传，但金玉自重。因而迄今百余年，其文尘封匮角，其理却纵横天下，惟有大智见、大胸怀者方可窥其堂奥，得之尤丰。

是故，反躬自省者读之，可以知命运；心系天下者读之，可以成大局；淡然自处者读之，可以明清浊；游戏人间者读之，可以正进退。无上下不变之事，只有古今通性之人。在崇尚人治的国度里，《人物志》遂有洞穿历史的大智慧、大哲理、大价值。

于是，曾国藩不吝置之案头，朝夕研磨，参较时事，而成清末柱石者，实为本书学可致用的典范。

——《〈人物志〉评注》(刘劭著，王枚评注，红旗出版社，1996 年)

扫一扫，进入课程

刘劭传

刘劭字孔才，广平邯郸人也。建安中，为计吏，诣许。太史上言："正旦当日蚀。"劭时在尚书令荀彧所，坐者数十人，或云当废朝，或云宜却会。劭曰："梓慎、裨灶，古之良史，犹占水火，错失天时。《礼记》曰诸侯旅见天子，及门不得终礼者四，日蚀在一。然则圣人垂制，不为变异豫废朝礼者，或灾消异伏，或推术谬误也。"或善其言。敕朝会如旧，日亦不蚀。

御史大夫郗虑辟劭，会虑免，拜太子舍人，迁秘书郎。黄初中，为尚书郎、散骑侍郎。受诏集五经群书，以类相从，作《皇览》。明帝即位，出为陈留太守，敦崇教化，百姓称之。征拜骑都尉，与议郎庾嶷、荀诜等定科令，作《新律》十八篇，著《律略论》。迁散骑常侍。时闻公孙渊受孙权燕王之号，议者欲留渊计吏，遣兵讨之，劭以为"昔袁尚兄弟归渊父康，康斩送其首，是渊先世之效忠也。又所闻虚实，未可审知。古者要荒未服，修德而不征，重劳民也。宜加宽贷，使有以自新"。后渊果斩送权使张弥等首。劭尝作《赵都赋》，明帝美之，诏劭作许都、洛都赋。时外兴军旅，内营宫室，劭作二赋，皆讽谏焉。

青龙中，吴围合肥，时东方吏士皆分休，征东将军满宠表请中军兵，并召休将士，须集击之。劭议以为"贼众新至，心专气锐。宠以少人自战其地，若便进击，不必能制。宠求待兵，未有所失也。以为可先遣步兵五千，精骑三千，军前发，扬声进道，震曜形势。骑到合肥，疏其行队，多其旌鼓，曜兵城下，引出贼后，拟其归路，要其粮道。贼闻大军来，骑断其后，必震怖遁走，不战自破贼矣。"帝从之。兵比至合肥，贼果退还。

时诏书博求众贤。散骑侍郎夏侯惠荐劭曰："伏见常侍刘劭，深忠笃思，体周于数，凡所错综，源流弘远，是以群才大小，咸取所同而斟酌焉。故性实之士服其平和良正，清静之人慕其玄虚退让，文学之士嘉其推步详密，法理之士明其分数精比，意思之士知其沈深笃固，文章之士爱其著论属辞，制度之士贵其化略较要，策谋之士赞其明思通微，凡此诸论，皆取适己所长而举其支流者也。臣数听其清谈，览其笃论，渐渍历年，服膺弥久，实为朝廷奇其器量。以为若此人者，宜辅翼机事，纳谋帏幄，当与国道俱隆，非世俗所常有也。惟陛下垂优游之听，使劭承清闲之欢，得自尽于前，则德音上通，辉耀日新矣。"

景初中，受诏作《都官考课》。劭上疏曰："百官考课，王政之大较，然而历代弗务，是以治典阙而未补，能否混而相蒙。陛下以上圣之宏略，愍王纲之弛颓，神虑内鉴，明诏外发。臣奉恩旷然，得以启蒙，辄作《都官考课》七十二条，又作《说略》一篇。臣学寡识浅，诚不足以宣畅圣旨，著定典制。"又以为宜制礼作乐，以移风俗，著《乐论》十四篇，事成未上。会明帝崩，不施行。正始中，执经讲学，赐爵关内侯。凡所选述，《法论》《人物志》之类百余篇。卒，追赠光禄勋。子琳嗣。

——《三国志·魏书·刘劭传》

刘昞传

刘昞，字延明，敦煌人也。父宝，字子玉，以儒学称。昞年十四，就博士郭瑀学。时瑀弟子五百余人，通经业者八十余人。瑀有女始笄，妙选良偶，有心于昞。遂别设一席于坐前，谓诸弟子曰："吾有一女，年向成长，欲觅一快女婿。谁坐此席者，吾当婚焉。"昞遂奋衣来坐，神志肃然，曰："向闻先生欲求快女婿，昞其人也。"瑀遂以女妻之。

昞后隐居酒泉，不应州郡之命，弟子受业者五百余人。李暠私署，征为儒林祭酒、从事中郎。昞好尚文典，书史穿落者亲自补治，昞时侍侧，前请代昞。昞曰："躬自执者，欲人重此典籍。吾与卿相值，何异孔明之会玄德。"迁抚夷护军，虽有政务，手不释卷。昞曰："卿注记篇籍，以烛继昼。白日且然，夜可休息。"昞曰："朝闻道，夕死可矣，不知老之将至，孔圣称焉。昞何人斯，敢不如此。"昞以三史文繁，著《略记》百三十篇、八十四卷，《凉书》十卷，《敦煌实录》二十卷，《方言》三卷，《靖恭堂铭》一卷，注《周易》《韩子》《人物志》《黄石公三略》，并行于世。

蒙逊平酒泉，拜秘书郎，专管注记。筑陆沉观于西苑，躬往礼焉，号"玄处先生"，学徒数百，月致羊酒。牧犍尊为国师，亲自致拜，命官属以下皆北面受业焉。时同郡索敞、阴兴为助教，并以文学见举，每巾衣而入。

世祖平凉州，士民东迁，昺闻其名，拜乐平王从事中郎。世祖诏诸年七十以上听留本乡，一子扶养。昺时老矣，在姑臧。岁余，思乡而返，至凉州西四百里韭（本或作"悲"，亦作"匪"）谷窟，遇疾而卒。昺六子：长子僧衍，早亡。次仲礼，留乡里。次字仲，次贰归，少归仁，并迁代京。后分属诸州，为城民。归仁有二子，长买奴，次显宗。

太和十四年，尚书李冲奏："昺河右硕儒，今子孙沉屈，未有禄润，贤者子孙宜蒙显异。"于是除其一子为郢州云阳令。正光三年，太保崔光奏曰："臣闻太上立德，其次立功、立言。死而不朽，前哲所尚；思人爱树，自古称美。故乐平王从事中郎敦煌刘昺，著业凉城，遗文兹在，篇籍之美，颇足可观。如或恩釐，当蒙数世之宥；况乃维祖逮孙，相去未远，而令久沦皂隶，不获收异，儒学之士，所为窃叹。臣忝职史教，冒以闻奏，乞敕尚书，推检所属，甄免碎役，用广圣朝旌善继绝。敦化厉俗，于是乎在。"四年六月诏曰："昺德冠前世，蔚为儒宗，太保启陈，深合劝善。其孙等三家，特可听免。"河西人以为荣。

——《魏书·刘昺传》（北齐）魏收撰

· 读懂中华文化　构建中国心灵 ·

道善书院国学新经典丛书

毓老师说论语（修订版）	爱新觉罗·毓鋆　讲述
毓老师说中庸	爱新觉罗·毓鋆　讲述
毓老师说庄子	爱新觉罗·毓鋆　讲述
毓老师说大学	爱新觉罗·毓鋆　讲述
毓老师说老子	爱新觉罗·毓鋆　讲述
毓老师说易经（全三卷）	爱新觉罗·毓鋆　讲述
毓老师说（礼元录）	爱新觉罗·毓鋆　讲述
毓老师说吴起太公兵法	爱新觉罗·毓鋆　讲述
毓老师说公羊	爱新觉罗·毓鋆　讲述
毓老师说春秋繁露（上、下册）	爱新觉罗·毓鋆　讲述
毓老师说管子	爱新觉罗·毓鋆　讲述
毓老师说孙子兵法（修订版）	爱新觉罗·毓鋆　讲述
毓老师说易传（修订版）	爱新觉罗·毓鋆　讲述
毓老师说人物志（修订版）	爱新觉罗·毓鋆　讲述
忧患：刘君祖讲易经忧患九卦	刘君祖
乾坤：刘君祖讲乾坤大智慧	刘君祖
新解论语（上、下册）	刘君祖
刘君祖完全破解易经密码（全六册）	刘君祖
四书的第一堂课	刘君祖
易经的第一堂课（全新修订版）	刘君祖
新解冰鉴	刘君祖
新解黄帝阴符经	刘君祖
老子新解	刘君祖
中国哲学史话	吴　怡
禅与老庄	吴　怡
逍遥的庄子	吴　怡
道德经讲透彻	吴　怡
哲学与人生	吴　怡
中庸的智慧	吴　怡

购书渠道：道善书院微信　　　　**手机淘宝**